L'Enlèvement

ISBN 2-84700-071-2

Cet ouvrage est la traduction française du livre : *The Rapture*
Traduit de l'anglais par Dominique Ourlin

THE RAPTURE
Formerly titled *No Fear of the Storm* and *Rapture Under Attack* by Multnomah Publishers

Published by Harvest House Publishers
Eugene, Oregon 97402

www.vida-editions.com

Sauf indication contraire, les textes bibliques sont tirés de la version Louis Segond révisée, dite « à la Colombe ».

L'Enlèvement

Qui devra affronter la Grande Tribulation?

Tim LaHaye
coauteur de la série
« Les survivants de l'Apocalypse »

Éditions Vida

Je dédie ce livre aux membres du groupe de recherche sur le pré-tribulationnisme, des gens consacrés, érudits dans le domaine de la prophétie, auteurs, enseignants, et prédicateurs de diverses dénominations qui sont attachés à communiquer un enseignement équilibré sur les enseignements bibliques concernant la seconde venue de Christ.

Cette seconde venue est une promesse fréquente de l'Écriture. Leurs recherches minutieuses, leur enseignement et leurs écrits ont contribué à remettre à l'honneur notre « bienheureuse espérance », cet aspect essentiel du retour de Christ pour son corps, l'Église.

Ils proposent ainsi des réponses bibliques aux questions sincères que soulève ce sujet, encourageant les croyants à une consécration renouvelée dans la sainteté, l'évangélisation et la vision de la mission.

Remerciements

Aucun auteur n'est une île de créativité par lui-même. Nous sommes tous influencés par les autres, parfois consciemment, et d'autres fois sans le réaliser. Ceux dont les noms suivent m'ont certainement influencé dans la rédaction de ce livre, et je tiens à leur exprimer la plus profonde gratitude.

Les auteurs que je cite et dont les noms figurent dans la bibliographie.

Par-dessus tout, ma femme, Beverly, qui a supporté avec beaucoup de patience un mari absorbé dans ses pensées pendant la rédaction de ce livre.

Tous ceux qui ont correspondu avec moi sur ce sujet et m'ont envoyé du matériel :

- Dr James Combs, Springfield, Missouri
- Dr Thomas Ice, Arliongton, Texas
- Dr David Allen Lewis, Springfield, Missouri
- Dr Richard Mayhue, Sun Valley, California
- Dr Ray Stedman, Palo Alto, California
- Dr Robert Sumner, Murfreesboro, Tennessee
- Tricia Tillin, Derbyshire, England

Et enfin la maison d'édition pour avoir publié ce livre et l'avoir ainsi rendu accessible à la communauté chrétienne.

Introduction

Le succès étonnant de la série de romans prophétiques *« Les survivants de l'Apocalypse »* (série disponible aux Éditions Vida) que j'ai co-écrits avec Jerry Jenkins se poursuit, prouvant ainsi à quel point les croyants attachés à ce que dit littéralement la Bible s'appliquent à croire ce qu'elle enseigne, à savoir que Jésus-Christ *« à un signal donné, à la voix d'un archange, au son de la trompette de Dieu, descendra du ciel, et les morts en Christ ressusciteront en premier lieu. Ensuite, nous les vivants, qui serons restés, nous serons enlevés ensemble avec eux dans les nuées, à la rencontre du Seigneur dans les airs, et ainsi nous serons toujours avec le Seigneur »* (1 Thessaloniciens 4 : 16-18). Ils s'accordent aussi à croire que cela se produira avant les temps terribles de la Grande Tribulation dont notre Seigneur a dit : *« Car alors, il y aura une grande tribulation telle qu'il n'y en a pas eu depuis le commencement du monde jusqu'à maintenant, et qu'il n'y en aura jamais plus »* (Matthieu 24 : 21).

Et pourquoi ne le croiraient-ils pas ? C'est là ce qu'enseigne clairement le Nouveau Testament si vous prenez en compte tous les passages prophétiques concernant la seconde venue du Seigneur et que vous les acceptez tels qu'ils sont, sauf quand le contexte immédiat indique clairement une autre interprétation. Quand Jésus a promis qu'il reviendrait et qu'il prendrait ceux qui l'auront suivi avec lui dans la maison de son Père (Jean 14 : 1-3), c'est exactement ce qu'il voulait dire. Nous croyons que l'Enlèvement aura lieu avant la Grande Tribulation, temps pendant lequel nous jouirons de la maison du Père qu'il nous prépare depuis près de deux mille ans, avant de revenir régner avec lui sur terre lorsqu'il établira son règne de paix pendant mille ans.

Ce concept n'est pas nouveau ; il a été accepté pendant des siècles. En fait, je montrerai plus loin qu'il a été enseigné dans le monde antique aussi loin qu'en 376 après Jésus-Christ et en Amérique dès 1784, bien avant que M. Darby ne soit né. M. Darby peut être accusé à raison d'avoir rendu ce concept populaire en Angleterre, aux États-Unis et au Canada pendant le XIXe siècle, mais il ne l'a certainement pas inventé.

Le fait est cependant que cet enseignement qui a apporté tant de réconfort et d'espérance à des millions de chrétiens tout au long de l'histoire de l'Église, a été bien mis à mal ces soixante dernières années par ceux qui refusent de prendre la prophétie littéralement alors même qu'ils le font du reste des Écritures. Certaines de ces attaques ont pris la forme d'attaques personnelles en règle contre ceux qui affirment ces choses, d'autres ont grossièrement déformé les faits. Malheureusement, ceux qui ont lancé une véritable *vendetta* contre la doctrine de l'Enlèvement avant la Tribulation ont amené bien des victimes innocentes à abandonner leur espérance de voir l'Enlèvement se produire de leur vivant, les privant ainsi non seulement de leur espérance, mais aussi de leur zèle pour le service.

En fait, la rédaction de ce livre a été déclenchée par la lettre d'un vieil ami qui contenait une attaque féroce et frénétique contre la doctrine de l'Enlèvement avant la Tribulation. De toute évidence, mon ami avait changé de point de vue sur le sujet ! Nous avions correspondu en détail au moment où il me semblait qu'il travaillait trop avec des « reconstructeurs » qui refusent d'accepter l'enseignement clair et simple de la Bible quant à la nature du royaume de Dieu.

Dans une de ses lettres, ce diplômé du séminaire théologique de Dallas, qui disait lui-même avoir été « trempé dans l'enseignement dispensationnaliste, y compris sur l'Enlèvement de l'Église avant la Tribulation », a soudain pris une tangente pour condamner cette « fausse doctrine » dans des termes que je n'avais jamais vu employés dans ce contexte. J'étais abasourdi et très préoccupé.

Quelques semaines plus tard, un ami pasteur a voulu s'assurer que, lors d'un séminaire sur la famille que j'allais tenir dans son Église, je n'allais pas injecter mes opinions sur la prophétie. La raison était qu'il ne croyait plus que l'Église serait enlevée avant la Tribulation. Il semblait même impatient de la traverser.

C'est à cette même période que j'ai reçu un livret sur l'Enlèvement qui avait été écrit par un évangéliste qui se disait fondamentaliste et formé dans une école pré-tribulationniste. Il y attaquait le point de vue pré-tribulationniste avec une véhémence telle que les chrétiens ne la manifestent que pour combattre des hérétiques qui trompent impunément les gens en niant la divinité de notre Seigneur. Il y accusait certains de mes héros théologiques par des affirmations que je ne pouvais ignorer.

Puis, un matin, j'écoutais en faisant mon jogging une cassette d'un de mes amis pasteurs, que j'admire et que j'aime beaucoup, pour découvrir qu'il avait changé de position, croyant désormais que le Seigneur reviendrait au milieu de la Tribulation. Peu de temps après, un ami télévangéliste bien connu m'envoya son nouveau livre sur le royaume, dans lequel il enseigne que l'Église sera enlevée après la Grande Tribulation.

Cela me poussa au plus grand projet de recherche de ma vie. Après avoir lu quelques dix milles pages, visité toutes sortes de bibliothèques chrétiennes ou non, fait des recherches à l'aide de mon ordinateur, arpenté les librairies d'occasion, lu des centaines de lettres et tenu bien des conversations aux États-Unis comme en Angleterre, et après avoir scruté tous les versets bibliques en rapport avec ce sujet, je peux dire honnêtement que je suis plus convaincu que jamais que l'Église sera enlevée avant la Tribulation.

Ce livre est le fruit de mes recherches. Ma prière est qu'il puisse réaffirmer la foi des lecteurs dans le fait que la Bible enseigne que Jésus-Christ revient bientôt et qu'il enlèvera son Église pour que nous soyons avec lui dans la maison du Père, au moins sept ans avant qu'il ne descende « avec puissance et une grande gloire » pour établir son royaume de paix sur terre pendant mille ans. Cette vérité devrait à la fois réconforter le peuple de Dieu en des temps de chaos et nous stimuler à le servir fidèlement jusqu'à son retour.

Après avoir publié ce livre en 1992, j'ai invité un certain nombre d'érudits, d'écrivains et d'enseignants dans le domaine de la prophétie à passer trois jours avec moi à Dallas en vue d'une discussion en profondeur autour de ce thème de l'Enlèvement avant la Tribulation. Le Dr. John Walvoord était là, doyen de tous les spécialistes de la prophétie, ainsi que les Dr Charles Ryrie, Dwight Pentecost, Stanley Toussaint, Gerald Stanton, Hal Lindsey, Thomas Ice, et bien d'autres. Nous avons tous été d'accord pour dire que ce groupe devait devenir permanent, et c'est ainsi que nous avons fondé notre centre de recherche sur l'Enlèvement avant la Tribulation. Depuis lors, près de deux cents érudits nous ont rejoints, issus de diverses universités chrétiennes, écoles bibliques, églises et autres ministères.

Depuis dix ans, ce groupe s'est ainsi réuni fidèlement chaque année pour une durée de trois jours pour examiner les attaques portées contre notre position, étudier leur fondement scripturaire et apporter des réponses bibliques aux questions ainsi soulevées. Nous sommes profondément réjouis de voir la pléiade de livres, cassettes et autres vidéos de qualité que nos membres ont produit concernant la fin des temps. Certains sont même allés jusqu'à lancer leur propre ministère sur la fin des temps.

En mars 1998, nous avons tenu notre première conférence prophétique régionale dans la banlieue de Washington. Cette rencontre eut un succès retentissant. Nous sommes à présent en contact avec les pasteurs de grandes églises afin de tenir de telles conférences dans chaque région de notre pays. Nous sommes convaincus que le temps passé à étudier de tels sujets sous la tutelle d'experts prophétiques reconnus peut dynamiser l'ensemble du corps de Christ et l'amener plus loin dans la consécration, l'évangélisation et l'accomplissement de sa mission dans ces temps de la fin. Nous espérons que ce livre contribuera non seulement à stimuler votre foi, mais aussi à répondre aux questions que vous pouvez vous poser sur l'Enlèvement précédant la Grande Tribulation. .

Après avoir participé à bien des conférences organisées par notre centre, écouté et réécouté les cassettes et considéré les diverses attaques et objections contre la doctrine de l'Enlèvement avant la Tribulation, je suis plus convaincu que jamais que la position que nous défendons est biblique. En fait, je vois même au sein du corps de Christ tout un courant qui va dans ce sens, non seulement pour y croire mais pour défendre cette conviction sur la base des Écritures.

Je crois que lorsque vous aurez fini de lire ce livre, vous serez d'accord avec moi pour dire qu'un jour, très bientôt, Jésus reviendra sur les nuées pour prendre son Église et la ramener dans la maison de son Père *avant la plus grande Tribulation que cette terre ait jamais connue*, et que les prophètes appelaient *un temps d'angoisse pour Jacob* (Jérémie 30 : 7). Les prophètes l'ont ainsi nommée parce que ce temps concerne directement Israël, et non pas l'Église. Puis, après cette période de sept ans de Tribulation sous la houlette de l'antichrist, *« l'homme impie »* (2 Thessaloniciens 2 : 3), période qu'une élite de dirigeants préparent inlassablement en cherchant à implanter un gouvernement mondial unique, Jésus notre Seigneur parachèvera son retour en intervenant dans la bataille d'Armaguédon afin de reprendre le contrôle de ce monde et d'introduire son merveilleux règne de paix pendant mille ans.

Ce projet glorieux que Dieu prépare pour l'avenir de ses enfants est le plus grand et le plus stimulant des défis au monde. Ne laissez personne vous en priver !

Puisse la lecture de ce livre contribuer à rendre cette *« bienheureuse espérance »* (Tite 2 : 13) plus réelle que jamais dans votre vie.

Première partie

LA « BIENHEUREUSE ESPÉRANCE » DU RETOUR DE CHRIST

Chapitre premier

Une formidable attente

Au fil des siècles, des millions de chrétiens ont vécu leur existence, jour après jour, année après année, animés d'une formidable attente.

Si cette attente n'était pas toujours la première de leurs pensées, elle n'était cependant jamais absente de leur esprit. Elle planait à l'horizon de leurs occupations et préoccupations quotidiennes, comme la lumière pâle du soleil levant. Elle les accompagnait dans leur solitude, leur souffrance et parfois même dans leurs tourments. Un compagnon silencieux. Une présence réconfortante. Dans les temps de sécheresse, d'aridité et d'espoirs déçus, elle refaisait surface du plus profond de leur être. Une source secrète de rafraîchissement et de joie. Une espérance au-delà de tous les espoirs.

L'objet de cette attente n'a jamais été qu'à un souffle, un clin d'œil, un tic-tac de pendule, un battement de cœur, un bruissement du vent dans les feuilles, un soupir ; je veux parler du retour du Seigneur Jésus-Christ qui peut revenir du ciel d'un instant à l'autre, *« au signal donné »,* pour nous ramener à la maison.

Les prisonniers ont regardé, pleins d'espérance, à travers les fenêtres des donjons ; les esclaves ont levé les yeux vers le ciel alors qu'ils travaillaient dans les champs ; les enfants ont levé la tête pleine d'effervescence alors que la lueur du soleil perçait soudain à travers les nuages. Jésus revient. Bientôt ! Peut-être aujourd'hui. Peut-être ce soir. Peut-être avant que je ne reprenne mon souffle.

Et pourtant, cette formidable source de réconfort est aujourd'hui la cible de toutes les attaques, et ce plus que jamais dans toute l'histoire récente. Les mamans chrétiennes en viennent à redouter de voir leurs précieux enfants traverser les horreurs de la Grande Tribulation. Les pères s'inquiètent devant le défi de maintenir leur famille en vie à travers la période la plus lugubre que le monde connaîtra jamais.

Je me demande...

Je me demande si vous êtes en mesure de regarder jouer vos enfants au soleil tout en croyant fermement dans votre cœur qu'ils n'auront pas à endurer les horreurs et les monstruosités de la Grande Tribulation.

Je me demande si vous êtes capable de vous tenir au chevet d'un être cher qui aime le Seigneur et de vous accrocher à l'espérance de le retrouver en un instant dans les nuées, peut-être même avant la fin de votre vie.

Je me demande si vous êtes en mesure de montrer à vos enfants adolescents le besoin de vivre dans la pureté avec cette attente constante du proche retour du Seigneur.

Je me demande si vous pouvez relever la tête au milieu même de votre dur labeur, à la maison ou au travail, pour puiser énergie et joie dans votre conviction que le Seigneur Jésus pourrait vous rappeler à lui ce jour même.

Si vous aviez cette assurance, mais que vous ne l'ayez plus, vous n'êtes pas le seul. Les récents assauts contre la croyance en un Enlèvement avant la Grande Tribulation ont laissé de nombreux chrétiens confus et parfois même désorientés. Certains ont même renoncé à cette bienheureuse espérance, et ne s'attendent plus à ce que leur Seigneur revienne d'un moment à l'autre. Pourquoi renoncent-ils à cette espérance si rassurante et biblique? Parce que nombre de ces attaques semblent plausibles, quoiqu'en les examinant de plus près, elles ne tiennent pas vraiment la route.

Le Seigneur lui-même a fait la promesse qu'il pourrait apparaître à tout moment pour emmener son Église avec lui dans la maison du Père (Jean 14 : 1-3). L'apôtre Paul nous donne plus de détails sur cet Enlèvement dans 1 Thessaloniciens 4 : 16-18 :

> *« Car le Seigneur lui-même, à un signal donné, à la voix d'un archange, au son de la trompette de Dieu, descendra du ciel, et les morts en Christ ressusciteront en premier lieu. Ensuite, nous les vivants, qui serons restés, nous serons enlevés ensemble avec eux dans les nuées, à la rencontre du Seigneur dans les airs, et ainsi nous serons toujours avec le Seigneur. Consolez-vous donc les uns les autres par ces paroles ».*

Depuis vingt siècles, les chrétiens attachés à la Bible, Parole de Dieu, ont puisé un merveilleux réconfort dans ces paroles. Mais les attaques incessantes de ces dernières années, y compris certaines distorsions honteuses des faits, ont amené bien des croyants à douter de cette vérité. Cela a conduit certains à une profonde confusion, d'autres à une forme de complaisance, ce qui a amené les uns et les autres à réorienter leurs affections des *« choses d'en haut »* vers celles qui sont sur la terre (Colossiens 3 : 2).

Certaines des attaques portées contre le pré-tribulationnisme ne sont qu'une résurgence de théories anciennes et discréditées. Elles sont aisément surmontées. D'autres, nouvelles et d'apparence assez convaincantes, ont besoin d'être réfutées. Le reste est constitué d'affirmations tellement bizarres que je me demande comment quelqu'un peut bien les accepter.

Une des ces attaques très répandues s'appuie sur une théorie chère à ses partisans. Elle affirme que la croyance en l'Enlèvement avant la Tribulation s'appuie sur une vision qu'une jeune fille de quinze ans aurait reçue dans les années 1830. Une autre suggère que le théologien jésuite Lacunza a été le premier à la formuler. Une autre encore soutient que cet enseignement fait partie de la conspiration des *Illuminati* afin de réduire les chrétiens au silence sur le plan politique et que les humanistes puissent faire avancer leur cause. Des livres récents [tels que *The Pre-Wrath Rapture* (« L'Enlèvement avant la colère ») paru en 1990] soutiennent encore une autre théorie pré-tribulationniste.

Ceux qui mettent en doute la vérité d'un Enlèvement avant la Grande Tribulation font souvent référence à la brièveté de son histoire (175 ans sur presque deux mille ans d'histoire de l'Église) et demandent : « Pourquoi Dieu aurait-il tant tardé pour nous révéler une telle vérité ? » De plus, de nombreux leaders chrétiens actuels adhèrent à la position selon laquelle l'Église sera enlevée pendant ou après la Tribulation. Tous ces points seront abordés plus en détail un peu plus loin.

Je propose dans ce livre de montrer clairement ce que la Bible enseigne à ce sujet. Puis, nous examinerons les principales critiques à l'encontre de cette théorie et nous apporterons des réponses convaincantes afin que vous soyez encouragé et conforté dans cette assurance que le Seigneur pourrait à tout moment *« descendre du ciel au signal donné »* pour enlever son Église. Enfin, nous considérerons brièvement les options doctrinales et expliquerons pourquoi la position selon laquelle l'Église sera enlevée avant la Grande Tribulation est la plus digne de foi.

Après avoir étudié avec soin quantité de livres, articles et lettres défendant les deux points de vue, je suis convaincu qu'il n'y a aucune raison d'abandonner cette espérance réconfortante. Les nouvelles attaques, tout comme les anciennes, ne sont tout simplement pas convaincantes. Après avoir soupesé les arguments, je suis plus convaincu que jamais que nous pouvons croire en toute confiance à l'Enlèvement de l'Église avant la Grande Tribulation.

Nous n'avons pas suivi *« des fables habilement conçues »* (2 Pierre 1 : 16), des visions ou les prophéties d'une jeune fille, ni une étude superficielle des textes bibliques : nous pouvons au contraire présenter des raisons scripturaires, historiques et logiques de croire que notre Seigneur peut revenir à tout moment. C'est d'ailleurs la position qui a toujours prédominé dans les églises évangéliques attachées à la Bible pendant les deux derniers siècles.

Pourquoi cette question est-elle si importante ?

Il n'est pas difficile de nommer les deux périodes où l'évangélisation a le plus marqué l'histoire de l'Église. L'Église Primitive a *« bouleversé le monde entier »* (Actes 17 : 6) pendant les trois premiers siècles ; ces deux derniers siècles, l'Évangile s'est propagé jusqu'à couvrir chaque continent du globe.

Quels sont les points communs de ces deux périodes de croissance de l'Église ?

1- La foi dans une Bible inspirée par le Saint-Esprit, et ayant une autorité inhérente.
2- L'attente du retour imminent de Christ pour son Église.

La foi ferme en ces deux vérités est ranimée dans ces temps de la fin. Après un siècle de scepticisme, de critique, et de sécularisation, nombreux sont ceux qui reviennent à la foi au second retour du Seigneur comme étant la meilleure espérance que l'on puisse offrir à ce monde tourmenté. Cette dernière décennie, la plus grande dénomination protestante aux États-Unis, les baptistes du

Sud, a remporté la bataille contre ceux qui la reléguaient au rang d'une allégorie dont tout le sens serait symbolique. Ceux qui croient que la Bible est inspirée, inhérente et qu'elle a toute autorité pour le croyant reprirent le contrôle de cette dénomination des mains ce deux qui n'y croyaient pas. C'est la première fois dans l'histoire de l'Église qu'un tel renversement de situation se produit.

D'autres Églises vont aussi dans le sens de reconnaître le sens littéral de la Bible et son autorité. Il est intéressant de remarquer que ceux qui prônent l'autorité de la Bible dans leur prédication et apportent ainsi des réponses concrètes aux problèmes d'aujourd'hui semblent produire des églises qui grandissent. La plupart des « méga Églises » aux États-Unis enseignent la Bible ; quelle que soit leur dénomination, je ne connais aucune église libérale qui grandisse ainsi de façon explosive. En fait, les églises traditionnelles qui ont accepté la « haute critique » dans les années 30 et 40 sont moribondes. Elles n'ont aucun message à offrir à toutes les victimes de notre société sécularisée, accablées par la culpabilité et submergées par le vide intérieur. Certains de leurs membres se tournent donc vers des Églises qui ont foi en la Bible et qui offrent des réponses bibliques aux questions de la vie, tandis que d'autres se laissent séduire par diverses sectes. Les âmes perdues se tournent rarement vers les Églises libérales qui prennent beaucoup de liberté avec la Bible. Souvent inconsciemment, même l'homme de la rue sent bien que l'homme d'église qui ne reconnaît pas l'autorité de la Bible n'a rien à lui offrir.

En conséquence, nous voyons et continuerons de voir une résurgence de la foi en l'imminence du retour de Christ pour son Église. Accepter une interprétation littérale de la Bible suscite toujours un intérêt renouvelé pour l'étude de la prophétie biblique. Quand les étudiants de la Bible l'interprètent littéralement, ils en viennent naturellement à la conclusion que notre Seigneur a bel et bien promis de revenir un jour sur cette terre pour y établir son règne. Une étude plus approfondie révèle qu'avant cet événement, un temps de Tribulation viendra éprouver les habitants de la terre. C'est ainsi que ceux qui acceptent le sens littéral de la Bible parviennent généralement à la conclusion que le Seigneur reviendra avant la Grande Tribulation et s'attendent donc à son retour d'un jour à l'autre.

D'un point de vue historique, la foi en un retour imminent de Christ a eu trois effets dans la vie des chrétiens qui y adhèrent et de leurs églises :

1 - Elle produit une vie sainte dans une société impie. Jean a écrit : *« Quiconque a cette espérance en lui* (celle du retour de Christ) *se purifie comme lui-même est pur »* (1 Jean 3 : 3).

2 - Elle produit une église qui évangélise parce que ses membres sont motivés par le souci du salut des âmes. Si vous croyez que Christ peut revenir à tout moment, vous chercherez à partager son message avec vos amis afin qu'ils ne soient pas laissés derrière lors du retour du Seigneur.

Une statistique intéressante est ressortie des sondages réalisés par George Gallup sur la religion. Il a trouvé que 62 % des Américains croient au retour littéral de Jésus-Christ sur terre ; toutefois, selon un autre sondage de cette même organisation, moins de 40 % de la population des États-Unis se considère comme née de nouveau.

Autrement dit, environ 22 % de ceux qui croient en son retour ne s'y sont pas préparés. Cela signifie que deux personnes sur dix que nous côtoyons aujourd'hui ont assez de foi pour croire en son retour, mais ne l'ont pas reçu comme leur Sauveur personnel. J'espère qu'en lisant ce livre, vous serez stimulé à aller au devant de ces personnes afin de leur expliquer la Bonne Nouvelle de l'Évangile.

3 - La foi au retour imminent de Christ pousse les chrétiens et les églises à développer une vision missionnaire mondiale afin

d'atteindre les perdus pour Christ. Nous avons davantage de raisons de croire que Christ reviendra dans notre époque que dans toutes les autres qui nous ont précédés depuis qu'il est remonté au ciel après avoir promis de revenir. Cela devrait nous remplir du désir passionné d'atteindre nos amis avec sa Bonne Nouvelle.

Le fait de croire au proche retour de Christ pour son Église aura un profond impact sur notre façon de vivre. Il est bien plus facile d'*« affectionner les choses d'en haut plutôt que celles qui sont sur la terre »* (Colossiens 3 : 2) quand on croit que Christ pourrait revenir à tout moment.

Un homme d'affaires chrétien s'est récemment engagé à donner 5 000 dollars américains (NDT: environ 6 500 euros) pour aider à la publication d'un livre d'évangélisation en polonais. « J'ai 66 ans, a-t-il déclaré. Ma femme et moi sommes convaincus que Jésus revient très bientôt, et la dernière des choses que l'on voudrait qu'il trouve sur la terre, c'est de l'argent sur notre compte en banque. Nous voulons l'utiliser maintenant pour le salut des perdus. » Une telle décision semble naturelle à quelqu'un qui est pleinement convaincu de l'imminence du retour de Christ.

Une telle conviction ne peut laisser intacte votre façon de vivre. Croire fermement qu'à tout instant, on pourrait se retrouver en train de voler à travers le ciel pour y rencontrer le Seigneur face à face fait toute la différence dans la façon dont on oriente sa vie. Cela rend un peu plus prudent. Un peu plus conscient. Un peu plus vigilant. Un peu plus attentionné. Un peu mieux préparé.

C'est notre Seigneur qui a dit à ses disciples :

> *« Mettez une ceinture à vos reins, et que vos lampes soient allumées. Et vous, soyez semblables à des hommes qui attendent que leur maître revienne des noces, afin de lui ouvrir aussitôt qu'il arrivera et frappera. Heureux ces serviteurs que le maître, à son arrivée, trouvera veillant. En vérité, je vous le dis, il se ceindra, les fera mettre à table et s'approchera pour les servir... Vous*

aussi, tenez-vous prêts, car le Fils de l'homme viendra à l'heure où vous n'y penserez pas » (Luc 12 : 35-37,40).

Croire que le Seigneur reviendra nous prendre avant la Grande Tribulation remplit le chrétien d'une attente impatiente qui le garde sur le qui-vive. Comme nous le verrons, toutes les autres positions affirment qu'autre chose doit se produire avant que Jésus puisse revenir.

La fièvre du Millenium

Dans les décennies qui conduisirent à la guerre du Golfe Persique, bien des chrétiens ont perdu leur intérêt pour l'étude de la prophétie. Mais quand cette guerre éclata, la littérature apocalyptique est revenue en première ligne dans les librairies chrétiennes. Même le magazine *Time* a présenté un article de deux pages sur les temps de la fin.

Une femme qui n'était pas allée à l'Église depuis des années appela une Église évangélique pendant la guerre du Golfe et demanda : « Est-ce la bataille d'Harmaguédon ? » Bien sûr, ce n'était pas le cas !

Mais tout comme les pensées des gens gravitaient autour de la seconde venue de Christ après la Révolution française et les bouleversements qui s'ensuivirent en Europe, les gens voient l'effervescence actuelle au Moyen Orient comme un « signe des temps ». Et ils n'ont pas tort. En fait, les attentats terroristes contre le World Trade Center à New York et le Pentagone le 11 septembre 2001 ont amené les gens à se tourner vers la Bible dans l'espoir d'y trouver des réponses. Les ventes de Bibles se sont envolées, celles de livres tels que *Les survivants de l'Apocalypse* et la série qui a suivi ont augmenté de 50 %. Les attentats et les événements qui s'ensuivirent ont rendu le partage de la foi bien plus facile pour les chrétiens du fait de la crainte sans précédent que cela a provoqué dans l'esprit des gens. Les prophètes hébreux avaient prédit que, dans les derniers jours, les événements mondiaux attireraient l'attention du monde sur le Moyen Orient, Babylone, les nations arabes, Israël et la Russie, ces pays qui ont fait la Une des journaux de ces derniers temps.

Que signifie tout cela ? Permettez-moi de suggérer que l'horloge prophétique de Dieu avance et que les gens sont plus intéressés que jamais par la prophétie biblique. Sans parler de la « fièvre du Millenium » qui a été provoquée par le passage au XXIe siècle ! Un tel phénomène s'était produit à la fin du premier millénaire, provoquant toutes sortes de spéculations autour d'un retour de Christ que l'on supposait devoir arriver entre l'an 990 et l'an 1000. Cela se reproduisit à l'approche du passage à l'an 2000. Mise à part cette « fièvre du Millenium », l'intérêt que les gens manifestent actuellement pour la prophétie biblique est réel et croissant. Il y a d'ailleurs de plus en plus de bonnes raisons de croire que Christ pourrait revenir de notre vivant plus qu'à toute autre époque passée dans l'Histoire.

La plus ancienne théorie sur le retour de Christ

La plus ancienne théorie sur le retour de Christ date d'avant… le christianisme. Certains Juifs croyaient que le Messie viendrait établir son règne selon sa promesse lors du septième millénaire après la création. Cette conjoncture se basait sur la combinaison des sept jours de la Création avec la déclaration biblique selon laquelle, pour Dieu, *« un jour est comme mille ans »* (2 Pierre 3 : 8; cf. Psaume 90 : 4). Puisqu'il a créé le monde en six jours puis s'est reposé et puisque *« un jour est comme mille ans »*, les quatre mille ans d'histoire de l'Ancien Testament déjà passés suggéraient que le Messie viendrait dans deux mille ans. Ce temps serait suivi par le règne messiannique qui correspondrait au septième jour de la Création. Ces Juifs partaient du principe qu'Israël jouirait du royaume de Dieu pour un temps de repos de mille ans après la venue du Messie. Quand, dans l'Église du Ier siècle, certains remarquèrent dans Apocalypse 20 que le royaume durerait mille ans, ils en déduirent que Christ reviendrait pour son Église vers l'an 2000.

Il est facile de comprendre que de telles idées, même si elles ne sont pas soutenables sur le plan biblique, ont largement contribué à susciter un énorme intérêt pour le retour de Christ et divers enseignements prophétiques à l'approche de l'an 2000. Les sectes ont su tirer profit de cette tendance. Maintenant que cette fièvre du nouveau millénaire est retombée, nous pouvons nous attendre à tout moment qu'une nouvelle fantaisie vienne séduire beaucoup de monde. Il nous faut connaître la vérité sur les événements à venir afin de ne pas devenir la proie d'enseignants sans scrupules. Souvenez-vous que lorsque les disciples ont demandé à Christ : *« Quel sera le signe de ton avènement et de la fin du monde ? »* (Matthieu 24 : 3), il les a promptement mis en garde par ces mots : *« Prenez garde que personne ne vous séduise. Car plusieurs viendront sous mon nom, en disant : C'est moi qui suis le Christ. Et ils séduiront beaucoup de gens »* (v. 4-5). Le meilleur antidote à la séduction est la vérité qui est seule capable de satisfaire notre curiosité et de fournir des réponses dignes de foi à ceux qui sont dans la confusion.

L'avertissement de Jésus à l'Église concernant les derniers jours

Il doit bien y avoir une raison importante et significative pour laquelle notre Seigneur a mis ses disciples en garde contre le danger que représentent les faux docteurs, lors de son discours sur le Mont des Oliviers (Matthieu 24-25), qui est le message le plus complet dont nous disposions sur les événements à venir dans la

Bible. À treize reprises, il a averti ou mis en garde ses disciples afin qu'ils ne se laissent pas séduire, qu'ils veillent et restent vigilants.

Si nous sommes conscients d'être les disciples de la fin des temps, c'est-à-dire ceux qui voient les signes des temps annonçant le glorieux retour de Christ sur terre, nous avons tout lieu d'être sur nos gardes face à toute séduction, qu'elle vienne de l'intérieur ou de l'extérieur. Satan, le séducteur par excellence, ne veut pas nous voir nous réjouir des signes plus nombreux que jamais dans l'histoire de l'Église du proche retour de Christ. Nous pouvons donc nous attendre à ce qu'il envoie toutes sortes de séducteurs dans l'Église pour nous priver de cette ferveur qui découle du fait de vivre à la lumière du retour imminent de Christ.

Mes études prophétiques m'ont convaincu que nous, chrétiens, vivons aujourd'hui avec plus de raisons que toutes les générations précédentes de croire que nous sommes la génération qui le verra revenir.

Je ne suis donc pas surpris par la confusion croissante que certains alimentent en s'opposant à l'attente de l'Enlèvement de l'Église avant la Grande Tribulation dans les temps de la fin.

Ce livre, en plus de répondre à certaines questions et autres critiques quant à cette position, vous aidera aussi à vous préparer à ce qui pourrait bien être « les derniers jours » avant que Christ ne descende du ciel *« au signal donné »* pour enlever son Église.

Chapitre deux

Saisis - transportés - enlevés !

L'idée selon laquelle Dieu transporte ses enfants de la terre jusqu'au ciel ne se limite pas à l'Enlèvement de l'Église ; il existe déjà des précédents dans l'Ancien Testament.

Le premier incident de ce genre impliqua Hénoc. Dans Genèse 5 : 18-24, nous apprenons qu'un homme d'avant le déluge était tellement juste aux yeux de Dieu qu'il est écrit de lui : *« La durée totale de sa vie fut de 365 ans. Hénoc marcha avec Dieu ; puis il ne fut plus, parce que Dieu l'enleva »* (v. 23-24). De toute évidence, il fut par là même introduit dans la présence de Dieu.

Élie, le grand prophète d'Israël, fut aussi transporté par Dieu directement de la terre jusqu'au ciel, sous les yeux de son disciple Élisée. Là encore, un être humain a été transporté, ou comme le décrira bien plus tard l'apôtre Paul, *« lorsque ce corps corruptible aura revêtu l'incorruptibilité, et que ce corps mortel aura revêtu l'immortalité, alors s'accomplira la parole qui est écrite : La mort a été engloutie dans la victoire »* (1 Corinthiens 15 : 54).

Comme nous le verrons dans ce chapitre, ce moment (où les chrétiens qui sont morts seront transportés) sera l'instant où Christ descendra du ciel *« à un signal donné »* pour enlever son Église et la transporter dans le ciel. Leurs restes ou les cendres de leurs corps, ou leurs membres, quel que soit leur état et où qu'ils se trouvent, seront rassemblés pour constituer des corps nouveaux et célestes qui seront transportés à la rencontre du Seigneur. Tous les chrétiens vivants seront aussi saisis et transportés immédiatement avec eux : *« Ensuite, nous les vivants, qui serons restés, nous serons enlevés ensemble avec eux dans les nuées, à la rencontre du Seigneur dans les airs, et ainsi nous serons toujours avec le Seigneur »* (1 Thessaloniciens 4 : 17).

Dans Hébreux 11 : 5, l'apôtre montre clairement que, même dans l'Ancien Testament, cet Enlèvement, ou cette résurrection, dépend de la foi de la personne :

> *« C'est par la foi qu'Hénoc fut enlevé, de sorte qu'il ne vit pas la mort ; et on ne le trouva plus, parce que Dieu l'avait enlevé. Car avant son enlèvement, il a reçu le témoignage qu'il plaisait à Dieu »* (Hébreux 11 : 5).

Hénoc était en un lieu et un moment particuliers dans le temps et l'espace, et il vivait son existence humaine, quand Dieu l'a tout simplement transféré dans un autre monde. Dieu a fait quelque chose de semblable avec Élie. Ce ne sera pour lui en rien plus difficile de faire de même pour chaque croyant en un clin d'œil.

Dès le jour où notre Seigneur a promis aux premiers chrétiens qu'il retournait vers le Père pour leur préparer une place, et qu'il leur dit : *« Je reviendrai et je vous prendrai avec moi, afin que là où je suis, vous y soyez aussi »* (Jean 14 : 3), les croyants ont attendu avec impatience d'être enlevés plutôt que de devoir passer par la mort.

Même l'apôtre Paul parlait à la première personne du pluriel : *« nous »* dans 1 Corinthiens 15, texte que l'on a souvent appelé « le chapitre de la résurrection ». Il nous y explique ceci : *« Voici, je vous dis un mystère : nous ne mourrons pas tous* (littéralement : nous ne nous endormirons pas tous), *mais tous nous serons changés, en un instant, en un clin d'oeil, à la dernière trompette. Car elle sonnera, et les morts ressusciteront incorruptibles, et nous, nous serons changés »* (1 Corinthiens 15 : 51-52). Depuis des siècles, les chrétiens ont attendu avec une grande impatience le jour où notre Seigneur transporterait son Église afin qu'elle ne passe pas par la mort mais qu'elle soit plutôt enlevée et conduite par lui dans la maison du Père. Comme nous le verrons, cela est appelé un « mystère », l'Enlèvement, ou la *« bienheureuse espérance »* (Tite 2 : 13) de l'Église.

Les apôtres et l'Église des trois premiers siècles s'attendaient de tout leur cœur à voir Christ revenir les prendre de leur vivant. L'espérance bénie qui motivait l'Église du Ier siècle était l'attente du retour imminent de Christ, c'est-à-dire sa venue soudaine et inattendue qui pouvait se produire d'un instant à l'autre.

La petite église de Thessalonique était troublée parce que quelqu'un y prétendait que le jour fixé était déjà passé et que les croyants avaient été laissés en arrière. Paul leur répond dans les deux épîtres aux Thessaloniciens en leur donnant probablement encore plus de raisons de croire au retour imminent de Christ que dans aucun autre passage de l'Écriture. Bien sûr, le retour du Seigneur est clairement enseigné dans d'autres textes bibliques. La plupart des chrétiens du Ier siècle croyaient si intensément au retour imminent de Christ qu'ils étaient animés d'une formidable passion pour partager leur foi avec les autres partout où ils allaient. Cela était vrai des chrétiens de Thessalonique auxquels Paul écrivait :

> *« Vous êtes devenus nos imitateurs et ceux du Seigneur, en recevant la parole au milieu de beaucoup*

de tribulations, avec la joie de l'Esprit Saint. Ainsi vous êtes devenus un modèle pour tous les croyants en Macédoine et en Achaïe. Car la parole du Seigneur a retenti de chez vous, non seulement en Macédoine et en Achaïe, mais votre foi en Dieu s'est fait connaître en tout lieu, à tel point que nous n'avons pas besoin d'en parler. On raconte, à notre sujet, quel accès nous avons eu auprès de vous, et comment vous vous êtes convertis à Dieu, en vous détournant des idoles pour servir le Dieu vivant et vrai, et pour attendre des cieux son Fils qu'il a ressuscité d'entre les morts, Jésus, qui nous délivre de la colère à venir » (1 Thessaloniciens 1 : 6-10).

Si l'Église des premiers siècles n'employait pas le terme d'« Enlèvement » pour décrire la résurrection des croyants après leur mort et leur départ dans les airs à la rencontre du Seigneur, elle s'y attendait ardemment. Même pendant le Moyen Âge, quand l'interprétation littérale de la Bible fut éclipsée, certains s'attendaient néanmoins à l'Enlèvement imminent de l'Église.

Les Églises du IIe siècle connurent des persécutions si sévères qu'elles considéraient qu'elles étaient déjà dans la Grande Tribulation.

Plus tard, des saints tels Hugh Latimer, qui allait être brûlé vif pour sa foi en 1555, exprima son assurance en l'Enlèvement à venir : « Il se pourrait qu'il survienne de mon vivant, aussi vieux que je suis, ou du vivant de mes enfants... Les saints seront emportés à la rencontre de Christ dans les airs pour revenir ensuite avec lui »[(1)].

N'est-ce pas là la substance même de l'espérance ?

« Il se pourrait qu'il survienne de mon vivant... ou du vivant de mes enfants. » Que je passe par de terribles épreuves ou par une persécution farouche. Que j'aie connu des jours paisibles, une belle existence sous un soleil radieux ou que j'aie dû marcher sur des sentiers de douleur, de deuil et de ténèbres.

Ce sera peut-être de mon vivant. Il peut venir de mon vivant et me délivrer. Mais si tel n'est pas le cas, alors ce sera du vivant de mes enfants ! Mais il viendra. Quoi qu'il advienne sur cette planète parfois obscure et terrifiante, il reviendra !

Depuis le temps de Latimer, la Bible a été traduite en bien des langues. Partout où elle est allée, cette espérance d'être un jour avec Christ avant même la mort est devenu l'attente précieuse de l'Église. Cette attente de cet événement a eu une formidable influence sur l'Église au cours des deux derniers siècles alors que des millions de chrétiens ont accepté le message littéral de la promesse du Seigneur de revenir pour son Église.

Un Enlèvement soudain et instantané

Les chrétiens d'aujourd'hui appellent cet événement l'Enlèvement, c'est-à-dire cet instant qui aura lieu « en un clin d'œil », où Christ viendra *« à un signal donné, à la voix d'un archange, au son de la trompette de Dieu, descendra du ciel, et les morts en Christ ressusciteront en premier lieu. Ensuite, nous les vivants, qui serons restés, nous serons enlevés ensemble avec eux dans les nuées, à la rencontre du Seigneur dans les airs »* (1 Thessaloniciens 4 : 16-17).

Le mot grec traduit par *« enlevés »* est *harpazo.*

Dans le contexte de l'enseignement biblique, le mot Enlèvement suggère une joyeuse exaltation plutôt qu'un *kidnapping* commis par quelqu'un de mal intentionné.

Nous sommes appelés à être enlevés pour découvrir une vie meilleure.

Appelés à la vie.

Appelés à sortir de l'ombre d'une pièce renfermée pour entrer dans un ciel lumineux.

Appelés à découvrir au loin le sourire d'un bien-aimé qui vous accueillera en vous tendant les bras.

Appelés comme un enfant saisi et emporté dans les bras de son père dans des éclats de rire.

Pour le chrétien, *enlèvement* est synonyme de *ravissement* (NDT : en anglais, le même mot *rapture* traduit les deux), car ce moment de joie indicible le délivrera de la mort dont la crainte envahit le cœur de tous les hommes.

L'Enlèvement : un mystère appelé à être révélé

Douze mystères révélés dans le Nouveau Testament étaient inconnus des saints de l'Ancien Testament. Ils ne nous ont pas été laissés pour faire du christianisme une religion mystérieuse, mais pour nous révéler des choses qui n'avaient jamais été annoncées auparavant. C'est ce que Paul nous explique dans 1 Corinthiens 2 : 7-10 :

> *« Nous prêchons la sagesse de Dieu, mystérieuse et cachée, que Dieu avait prédestinée avant les siècles, pour notre gloire ; aucun des princes de ce siècle ne l'a connue, car s'ils l'avaient connue, ils n'auraient pas crucifié le Seigneur de gloire. Mais... Dieu nous l'a révélé par l'Esprit. »*

Le plus grand de ces mystères, selon moi, est l'Enlèvement des saints. Paul y fait référence dans 1 Corinthiens 15 : 51, 53 en décrivant la résurrection du corps humain et en affirmant : *« Nous ne mourrons pas tous, mais tous nous serons changés... Il faut en effet que ce corps corruptible revête l'incorruptibilité. »* Quand cela arrivera-t-il ? Lors de la résurrection des croyants qui seront morts.

La foi en la résurrection était le lot de tous les Juifs au temps de l'apôtre Paul. Le récit de la résurrection de Lazare dans le Nouveau Testament nous le montre clairement. Marthe, une femme juive typique de son temps, exprima sa compréhension de la résurrection des morts à venir quand elle répondit au Seigneur qui l'appelait à croire qu'il ramènerait son frère à la vie : *« Je sais qu'il ressuscitera à la résurrection, au dernier jour »* (Jean 11 : 24). Paul construit sur cette assurance avec son enseignement sur l'Enlèvement, qui se produira au retour du Seigneur, et plus précisément, quand il descendra du ciel à un signal donné.

Dans 1 Corinthiens 15, Paul donne plus de détails que jamais auparavant en expliquant que ce vieux corps corruptible ne peut entrer dans le royaume éternel de Dieu mais qu'il faut qu'il soit d'abord rendu semblable à celui de notre Seigneur après sa résurrection. Puis il révèle ce mystère d'une importance capitale qu'est celui de l'Enlèvement :

> *« Voici, je vous dis un mystère : nous ne mourrons pas tous, mais tous nous serons changés, en un instant, en un clin d'oeil, à la dernière trompette. Car elle sonnera, et les morts ressusciteront incorruptibles, et nous, nous serons changés. Il faut en effet que ce corps corruptible revête l'incorruptibilité, et que ce corps mortel revête l'immortalité »* (1 Corinthiens 15 : 51-53).

C'est ici la deuxième fois que Paul présente ce mystère en détail. Trois ans plus tôt, il traita ce sujet quand il rédigea sa première épître à l'église de Thessalonique (cf. 4 : 13-18). Si nous voulons avoir une vue d'ensemble de l'Enlèvement, il nous faut considérer ces deux passages ensemble, ainsi que la promesse de notre Seigneur d'enlever son Église dans Jean 14 : 1-3, afin que nous soyons ainsi avec lui dans la maison de son Père.

Quand Paul écrivit 1 Corinthiens 15, c'était probablement la première fois que quelqu'un rédigeait un récit aussi détaillé pour expliquer que ce corps « corruptible » ne pouvait entrer dans le royaume éternel de Dieu mais qu'il faudrait qu'il soit d'abord rendu semblable à celui de notre Seigneur après sa résurrection. Ces deux groupes seraient transformés et réunis avec le Seigneur. Nous allons à présent observer les détails spécifiques de tout ce qui doit se passer lors de cet Enlèvement. En parcourant la liste qui suit, gardez présent à l'esprit qu'aucune autre religion au monde n'offre un enseignement aussi sublime sur la résurrection.

L'ordre des événements lors de l'Enlèvement

En combinant 1 Corinthiens 15 : 51-53 et 1 Thessaloniciens 4 : 13-18 ainsi que Jean 14 : 1-3, et en les étudiant attentivement, nous pouvons en déduire l'ordre dans lequel les événements liés à l'Enlèvement vont se dérouler.

Ces événements sont entièrement différents de ceux qui doivent se produire lors du retour de Christ sur terre en gloire, dont nous parlerons au chapitre 7.

Les chiffres de cette liste correspondent à ceux qui figurent sur le tableau de la page 39 qui vous permet de localiser le temps où chaque événement doit se produire.

Chronologie de l'Enlèvement

1. Le Seigneur lui-même descendra de la maison du Père où il est en train de nous préparer une place.
(Jean 14 : 1-3 et 1 Thessaloniciens 4 : 16)
2. Il reviendra pour nous accueillir dans sa présence.
(Jean 14 : 1-3)
3. Il ressuscitera ceux qui se sont endormis en lui (les croyants décédés que nous ne précèderons pas, 1 Thessaloniciens 4 : 14-15).
4. Le Seigneur descendra à un signal donné (1 Thessaloniciens 4 : 14-15). Tout cela se passera *« en un clin d'œil »* (1 Corinthiens 15 : 52).

5. Nous entendrons la voix d'un archange (peut-être pour conduire Israël pendant les sept années de la Grande Tribula-tion comme il le fit dans l'Ancien Testament, 1 Thessalo-niciens 4 : 16).
6. Nous entendrons aussi retentir la trompette de Dieu (1 Thessaloniciens 4 : 16), sa dernière trompette pour l'Église (à ne pas confondre avec la septième trompette de Apocalypse 11 : 15).
7. Les morts en Christ se relèveront les premiers (les restes corruptibles et les cendres de leurs corps seront rendus incorruptibles et réunis à leur esprit, et Jésus les emmènera avec lui, 1 Thessaloniciens 4 : 16-17).
8. Puis, nous qui sommes vivants seront changés et rendus incorruptibles, nos corps étant rendus « immortels » (1 Corinthiens 15 : 51, 53).
9. C'est alors que nous serons emportés, enlevés ensemble (1 Thessaloniciens 4 : 17).
10. Nous irons à la rencontre du Seigneur dans les airs (1 Thessaloniciens 4 : 17). Jésus a dit qu'il ferait cela pour nous « prendre avec lui »; il nous conduira dans la maison du Père, *« afin que là où je suis, vous y soyez aussi »* (Jean 14 : 3).
11. Pour rencontrer le Seigneur dans les airs (1 Thessaloniciens 4 : 17).
12. Jésus a dit qu'il fera cela pour « vous recevoir auprès de moi ». Jésus nous prendra à la maison du Père « pour que là où je suis, vous soyez aussi » (Jean 14 : 3).
13. « Et ainsi nous serons toujours avec le Seigneur » (1 Thessa-loniciens 4 : 17).

Autres événements

14. Le tribunal de Christ (2 Corinthiens 5 : 10). Ce verset nous apprend que lorsque Christ appellera les croyants à lui, il

jugera de toutes choses. Les chrétiens se tiendront devant le tribunal de Christ (Romains 14 : 10 ; 2 Corinthiens 5 : 10), qui est décrit en détail dans 1 Corinthiens 3 : 11-15, et qui se tiendra de toute évidence dans la maison du Père. Ce jugement préparera les chrétiens à l'événement qui suivra, à savoir…

15. Les noces de l'agneau. Juste avant la venue en gloire de Christ sur terre, Christ viendra à la rencontre de l'Épouse, l'Église, et les noces et le festin des noces auront lieu. Entre-temps, après que l'Église ait été enlevée, le monde souffrira et passera par le temps de la colère de Dieu comme jamais auparavant : c'est ce temps que notre Seigneur a appelé la « Grande Tribulation » (Matthieu 24 : 21).

L'Enlèvement et le retour en gloire du Seigneur : deux événements bien distincts

Il est impossible de confondre ces quinze événements et les textes traitant de l'Enlèvement, y compris ceux en rapport avec la résurrection des croyants morts ou vivants faisant partie de l'Église, avec la venue de Christ avec gloire et puissance pour établir son royaume terrestre. Il s'agit de toute évidence de deux événements bien distincts. Certes, les chrétiens peuvent avoir des avis différents quant à la durée qui peut séparer ces deux événements, mais tous doivent s'accorder pour reconnaître qu'ils sont bien différents et distincts l'un de l'autre.

Remarquez ce qui manque dans les événements autour de l'Enlèvement. Christ ne vient pas sur terre avec puissance et avec les saints anges tel qu'il l'a promis. Au lieu de cela, il vient dans les airs, ou comme dit l'Écriture, *« dans les nuées »* (1 Thessaloniciens 4 : 16-17). Il n'établit pas non plus son règne sur la terre, mais

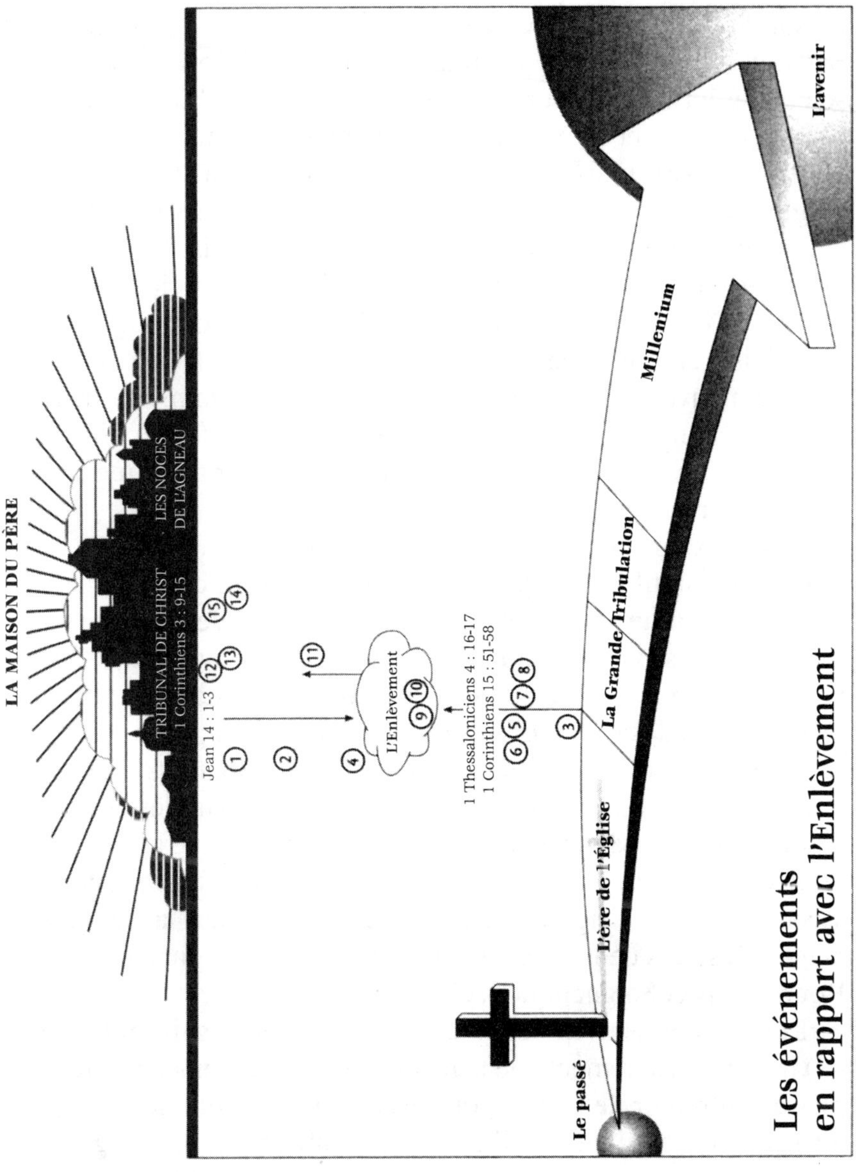
Les événements
en rapport avec l'Enlèvement
LA MAISON DU PÈRE
TRIBUNAL DE CHRIST
1 Corinthiens 3 : 9-15
LES NOCES
DE L'AGNEAU
Jean 14 : 1-3
L'Enlèvement
1 Thessaloniciens 4 : 16-17
1 Corinthiens 15 : 51-58
1
2
3
4
5
6
7
8
9
10
11
12
13
14
15
Le passé
L'ère de l'Église
La Grande Tribulation
Millenium
L'avenir

il rassemble plutôt son Église pour l'introduire dans la maison de son Père. Il n'affronte pas l'antichrist, pas plus qu'il ne lie Satan et qu'il ne détruit les rois de la terre qui doivent se rassembler à Jérusalem pour s'opposer à lui. Lors de l'Enlèvement, Christ quitte bel et bien la maison du Père, mais ce n'est pas pour venir sur terre, mais pour appeler *« les morts en Christ »* et l'Église vivante à sa rencontre. C'est ainsi qu'il rassemble son peuple et l'enlève avec lui, tel qu'il l'avait promis. Il faudrait vider ces passages de leur substance et de leur sens évident pour ignorer le fait que Christ viendra en deux temps, une fois pour son Église, et l'autre pour le monde.

Nous pouvons aussi voir ces deux événements comme les deux étapes de son retour. Je ne vois aucune contradiction à voir le retour du Seigneur comme étant un événement unique qui s'accomplira en deux temps.

Ces deux épisodes, l'Enlèvement et le retour du Seigneur en gloire, sont si différents qu'il est impossible de les confondre ou de n'y voir qu'un seul événement. L'un implique Jésus revenant pour son Église ; l'autre concerne son apparition avec puissance pour juger la terre. Je réalise que certains m'accuseront d'enseigner qu'il y a deux retours de Christ, mais tel n'est pas le cas. Sa seconde venue est un événement de la fin qui montre Christ triomphant et accomplissant les prophéties de la fin des temps. Avant qu'il ne paraisse aux yeux de tous, et pour toute l'humanité, il viendra enlever son Église, ce qui est bien différent de la seconde venue du Seigneur, mais qui n'en constitue que la première étape. C'est lors de la deuxième phase qu'il sera reconnu comme Roi des rois et Seigneur des seigneurs.

Les diverses activités énumérées sur le tableau suivant (page 42) montrent clairement que personne ne peut combiner ces deux phases du retour de Christ pour les considérer comme un seul événement. Le fait est qu'il reviendra d'abord pour son Église, puis pour régner sur terre avec puissance et gloire. À titre d'exemple, les cinq points suivants qui décrivent son retour en gloire (sur le tableau) ne ressemblent en rien aux cinq premiers événements en rapport avec l'Enlèvement.

1. Christ descend sur terre sur un cheval blanc accompagné des armées célestes (Apocalypse 19 : 11-14).
2. Il combat les habitants de la terre (Apocalypse 19 : 11).
3. Les armées du monde se rallient contre lui et il entre en guerre avec elles (Apocalypse 19 : 18-21).
4. La bête et le faux prophète sont jetés dans l'étang de feu (Apocalypse 19 : 20).
5. Satan est lié et jeté dans l'abîme pendant mille ans (Apocalypse 20 : 2-3).

En étudiant l'Enlèvement et le retour en gloire du Seigneur dans les Écritures et en les situant sur ce tableau, nous sommes contraints d'en déduire que nous ne parlons pas d'un seul et même événement. Si la seconde venue de Christ est l'événement prédominant de l'Écriture, c'est-à-dire le temps de son retour en gloire et avec puissance pour établir son règne sur terre pendant mille ans, la Bible parle aussi de sa venue dans les airs pour son Église. L'Enlèvement et le glorieux retour de Christ ne sont pas identiques et ne peuvent intervenir simultanément sans tordre et déformer plusieurs passages de l'Écriture.

Un Enlèvement en cachette ?

Au fil des ans, certains ont essayé de discréditer l'enseignement sur l'Enlèvement avant la Grande Tribulation en l'appelant l'« Enlèvement en cachette ».

Bien sûr, dans l'Écriture, cet événement n'a jamais rien de secret. Par contre, il est vrai que ceux qui ne seront pas enlevés ne le verront pas se produire, car il aura lieu *« en un clin d'œil »*. L'expression « clin d'œil » veut décrire un éclair de lumière si

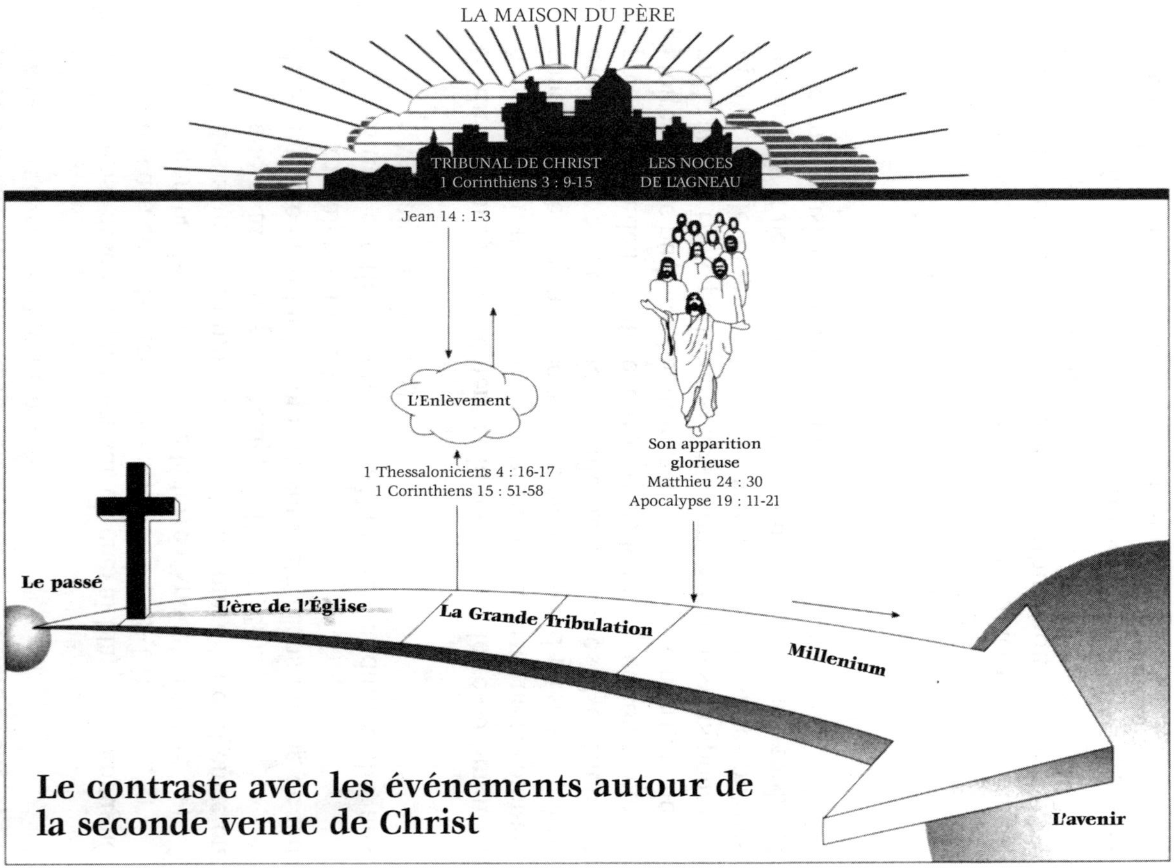

LA MAISON DU PÈRE
TRIBUNAL DE CHRIST
1 Corinthiens 3 : 9-15
LES NOCES
DE L'AGNEAU
Jean 14 : 1-3
L'Enlèvement
1 Thessaloniciens 4 : 16-17
1 Corinthiens 15 : 51-58
Son apparition
glorieuse
Matthieu 24 : 30
Apocalypse 19 : 11-21
Le passé
L'ère de l'Église
La Grande Tribulation
Millenium
L'avenir
Le contraste avec les événements autour de
la seconde venue de Christ

rapide qu'il échappe à l'œil nu. Il serait plus juste de parler d'un « Enlèvement soudain » plutôt que caché.

Mais jusqu'à quel point sera-t-il soudain ? Il aura lieu en moins de temps qu'il n'en faut pour le dire. L'Écriture décrit ainsi l'Enlèvement de Noé : *« Hénoch marcha avec Dieu ; puis il ne fut plus, parce que Dieu l'enleva »* (Genèse 5 : 24). *« Il ne fut plus »* ! L'instant d'avant, il marchait avec Dieu, les pieds sur la chaude poussière de la planète Terre, le soleil réchauffant ses épaules, le parfum des champs emplissant ses narines, puis *« il ne fut plus »*. Sans avertissement, sans signe avant-coureur, sans le moindre bruissement dans les airs, il disparut tout simplement. Aussi vite que cela. Ici l'instant d'avant, dans le ciel l'instant d'après.

Je m'attends à ce que l'Enlèvement soit aussi soudain qu'un choc électrique, mais certainement pas secret. En effet, quand Christ appellera les saints encore en vie pour les prendre avec lui, des millions de gens vont ainsi disparaître soudain de la terre.

Un non chrétien qui se trouvait être en compagnie d'un chrétien saura tout de suite que son ami s'est évanoui dans les airs. Ce fait sera certainement mondialement reconnu, car au moins un demi milliard d'habitants quittant soudain cette terre et laissant tous leurs biens derrière eux laisseront certainement place à une confusion et à un désordre indescriptibles et durables.

Un million de conversations seront interrompues au milieu d'une phrase.

Un million de téléphones deviendront silencieux.

Une femme tendra en vain la main vers son mari dans l'obscurité.

Un homme lèvera la main en riant pour frapper un collègue dans le dos mais ne trouvera que de l'air.

Un joueur de basket fera une longue passe à son coéquipier qui ne sera plus là pour réceptionner le ballon. Pas plus que l'arbitre pour donner le coup de sifflet.

Une maman se penchera sur un berceau pour sentir l'odeur de son tendre bébé et l'embrasser pour découvrir qu'il n'est plus là.

Pensez à tous ces foyers où, *« en un clin d'œil »*, des vêtements resteront seuls amassés sur la chaise qu'occupait un croyant quelques instants auparavant. Pensez aux passagers d'un avion dont les pilotes étaient chrétiens. Nombreux sont ceux qui croient que l'Enlèvement engendrera un chaos titanesque tandis que des conducteurs et chauffeurs de bus, conducteurs de train, pilotes et tant d'autres disparaîtront soudain dans les airs. L'Enlèvement pourrait bien s'avérer provoquer le plus gros embouteillage sur les routes de toute l'Histoire !

Bon gré, mal gré, le monde devra se rendre à l'évidence que quelque 500 millions à un milliard de chrétiens auront disparu ! Le désarroi, la tristesse et le chaos qui s'ensuivront feront de l'Enlèvement le titre de toutes les Unes, accaparant les médias pour longtemps.

Si ce que je crois est exact, tous les enfants en dessous de l'âge de responsabilité seront considérés comme innocents de tout péché personnel par le sang de Christ (Romains 5 : 13-21) ; tous les bambins en dessous de cet âge dont Dieu seul connaît la limite disparaîtront avec les chrétiens. Si tel est le cas, des mères non chrétiennes pleureront la perte de leurs enfants. Cela seul suffirait à enlever toute chance à l'Enlèvement de passer inaperçu. Inattendu ? Certainement. Invisible ? Certes. Mais pas secret ! L'absence de millions de gens occupera l'esprit de ceux qui seront restés jusqu'à ce que commencent les événements de la Grande Tribulation ainsi que la révélation de l'antichrist, l'impie, qui détournera leur attention de l'Enlèvement.

Le monde reconnaîtra la réalité de l'Enlèvement… mais il sera trop tard pour s'y préparer.

L'Enlèvement n'est pas une nouveauté

Le fait que Dieu enlève des hommes pour les amener dans son ciel n'a rien de nouveau dans l'histoire biblique. Cela s'est déjà produit trois fois.

Hénoch : *« Hénoch marcha avec Dieu ; puis il ne fut plus, parce que Dieu l'enleva »* (Genèse 5 : 24). Le Nouveau Testament ajoute : *« C'est par la foi qu'Hénoc fut enlevé, de sorte qu'il ne vit pas la mort ; et on ne le trouva plus, parce que Dieu l'avait enlevé. Car avant son Enlèvement, il a reçu le témoignage qu'il plaisait à Dieu »* (Hébreux 11 : 5).

Élie : *« Comme ils continuaient à marcher en parlant, voici qu'un char de feu et que des chevaux de feu les séparèrent l'un de l'autre. Alors Élie monta au ciel dans un tourbillon »* (2 Rois 2 : 11).

Jésus-Christ : Après sa résurrection, lui qui est *« les prémices de ceux qui sont décédés »* (1 Corinthiens 15 : 20), remonta au ciel. *« Après avoir dit cela, il fut élevé pendant qu'ils le regardaient, et une nuée le déroba à leurs yeux. Et comme ils avaient les regards fixés vers le ciel pendant qu'il s'en allait, voici que deux hommes, en vêtements blancs, se présentèrent à eux et dirent : "Vous Galiléens, pourquoi vous arrêtez-vous à regarder au ciel ? Ce Jésus, qui a été enlevé au ciel du milieu de vous, reviendra de la même manière dont vous l'avez vu aller au ciel" »* (Actes 1 : 9-11).

Ces trois événements décrivent un corps de chair qui est transformé et transporté dans la présence de Dieu. Nous ne pouvons entrer dans sa présence dans ce corps fini et limité : une transformation soudaine est donc nécessaire.

Personne n'a assisté à l'Enlèvement d'Hénoch. Il marchait sur la terre, puis l'instant d'après il avait été enlevé. Par contre, l'Enlèvement d'Élie a eu lieu sous les yeux d'un témoin en la personne d'Élisée. Quand notre Seigneur fut enlevé, ses apôtres en furent témoins.

La puissance de l'Enlèvement

Ceux qui sont en Christ et qui seront pris lors de l'Enlèvement n'auront pas à générer leur propre puissance pour y parvenir. Comme dans tous nos rapports avec Dieu, c'est lui qui fournit l'énergie ! Il n'a pas confié notre résurrection à un ange ni à quelque autre être créé, car *« le Seigneur lui-même, à un signal donné, à la voix d'un archange, au son de la trompette de Dieu, descendra du ciel »*. Autrement dit, c'est lui qui se chargera de nous attirer à lui. Dans Jean 5 : 21, 28-29, il affirme explicitement posséder la puissance de se ressusciter lui-même, prouvant ainsi qu'il est bel et bien Dieu fait chair.

Puisqu'il y a tant en jeu, y compris notre destinée éternelle, puis-je attirer votre attention sur une vérité des plus réconfortantes ? Christ a déjà démontré sa puissance pour ressusciter les morts. Il l'a fait à trois occasions pendant son bref ministère ; la plus remarquables fut la résurrection de Lazare. Il ordonna à ce dernier : *« Lazare, sors ! »* (Jean 11 : 43). À la stupéfaction des habitants de Béthanie, un homme mort depuis quatre jours fut ainsi délivré du tombeau. Quand cette même voix qui a déjà fait ses preuves crie du haut du ciel lors de l'Enlèvement, tous ceux qui auront placé leur foi en Christ répondront à son appel. Le Seigneur Jésus lui-même a déclaré : *« Moi, je suis la résurrection et la vie. Celui qui croit en moi vivra, quand même il serait mort ; et quiconque vit et croit en moi ne mourra jamais »* (Jean 11 : 25-26). Depuis plus de deux mille ans, les chrétiens qui sont morts ont tout de suite rejoint Christ dans le ciel en esprit. Comme le dit Paul :

« Être absent du corps, c'est être présent avec le Seigneur » (2 Corinthiens 5 : 8). Quand Christ viendra pour son Église, il ressuscitera les corps des saints décédés, et ces derniers s'uniront ainsi à lui au ciel en esprit ; il transportera ensuite tous les croyants encore en vie pour être avec lui pour toujours. Il n'est pas étonnant que les premiers chrétiens aient pris l'habitude de se saluer entre eux en s'exclamant : *« Maranatha ! »*, ce qui signifie *« Le Seigneur revient ! »*

Oui ! Christ reviendra pour ressusciter en emporter avec lui son Église. C'est ce que nous appelons l'Enlèvement.

L'argument selon lequel l'enseignement sur l'Enlèvement est d'origine récente

Un argument populaire contre la position prônant l'Enlèvement avant la Tribulation, « bienheureuse espérance » du retour de Christ, affirme qu'elle fut inventée par John Darby au XIXᵉ siècle (1828), tandis qu'elle ne figurerait nulle part chez les Pères de l'Église ni en dix-neuf siècles d'Histoire de l'Église. Cela est tout simplement faux ! En fait, un défenseur du point de vue selon lequel l'Enlèvement aurait lieu après la Tribulation a offert une prime de 500 dollars à quiconque prouverait que cette doctrine existait avant que John Darby ne la rende populaire en Grande Bretagne, aux États-Unis et au Canada dans les années 1840. Il finit par devoir payer les 500 dollars quand il fut mis en évidence que le pasteur Morgan Edwards enseignait cette vérité en 1742. Ce pasteur a fini par reconnaître son erreur et retirer son offre.

Le pasteur Morgan Edwards vivait à Philadelphie. Il avait inclus une discussion sur le retour de Christ pour son Église avant la Tribulation dans son livre *Millenium, Last Days Novelties (« Le Millénium et diverses nouveautés des temps de la fin »)* écrit en 1788. Il croyait que la Tribulation ne durerait que trois ans et demi, mais dans tous les cas, il était clair pour lui que l'Église serait enlevée avant la Tribulation. Il est encore plus intéressant de noter qu'il déclare avoir écrit les mêmes choses dès 1742. Peut-être avait-il été influencé par John Gill qui l'avait précédé, ou même par d'autres dont les écrits et les enseignements de l'époque n'ont pas été préservés.

Historiquement parlant, la Réforme protestante a suscité une prolifération de traductions et d'éditions de la Bible qui est ainsi devenue accessible au grand public pour la première fois en dix-sept siècles. En commençant à la lire, ils furent impressionnés par tous les enseignements prophétiques qu'elle contient.

J'ai en ma possession un exemplaire d'un commentaire sur le livre de l'Apocalypse écrit par Sir Isaac Newton au milieu du XVIIè siècle. C'était un avide étudiant de la Bible, ainsi que l'un des plus grands scientifiques de son temps. De toute évidence, ses écrits montrent qu'il avait lui-même été influencé par ceux qui l'avaient précédé. Sur le plan historique, le développement de l'intérêt pour la prophétie est donc compréhensible ; il a suivi l'évolution de l'accessibilité de la Bible et de son étude.

Au XIXè siècle, la Bible était bien plus disponible, si bien que des millions d'habitants des pays anglophones la lurent. On disait que « la prophétie était dans l'air », en particulier à l'Université Trinity de Dublin, en Irlande, où John Darby et d'autres érudits de la prophétie étudièrent dans les années 1800-1830. Il ne fait aucun doute que les enseignants bibliques de cette université ont fortement influencé sa pensée, tel S.R. Maitland, qui défendait un certain futurisme, affirmant que la plupart du livre de l'Apocalypse et d'autres prophéties bibliques devaient s'accomplir dans l'avenir. Il écrivit son premier livre sur ce sujet en 1826.

John Darby affirma avoir reçu son inspiration concernant l'Enlèvement avant la Tribulation en 1828 après avoir observé la distinction entre l'Église et Israël dans son étude de l'épître aux Éphésiens. Peu d'érudits ne faisant pas cette distinction conçoivent que l'Enlèvement de l'Église ait lieu avant la Grande Tribulation. En fait, séparer Israël de l'Église est une des clés essentielles en vue de comprendre la prophétie biblique. La seconde clé consiste à prendre les textes prophétiques littéralement, autant que faire se peut.

Grant Jeffrey étudie et enseigne la prophétie. Il a fait beaucoup de recherches sur les écrits de nombreux spécialistes de la prophétie du XVIIIe siècle. Dans son livre sur l'Apocalypse, il cite nombre d'entre eux qui avaient une compréhension bien claire de la différence qui existe entre les deux phases de la venue de notre Seigneur, en particulier par rapport à sa venue pour son peuple avant la Tribulation et la révélation de l'impie dont nous parlerons plus loin.

La découverte la plus importante de Jeffrey fut une déclaration tirée d'un sermon apocalyptique du IV^è siècle. L'auteur est appelé « Pseudo Ephrem » car il y a certains doutes quant au fait qu'il s'agisse bien de Ephrem de Nisibis (environ 306-373), un père syrien de l'Église. Certains pensent que ce sermon, intitulé « Sermon sur la fin du monde », date de plus tard et qu'il a pu être écrit entre 565 et 627.

En ce qui concerne notre étude, cela ne change pas grand chose, car cela prouve que, même onze siècles avant John Darby, des chrétiens voyaient l'Enlèvement venir *avant* la Grande Tribulation. Voici donc ce texte traduit des versions grecques et latines de cette époque. L'auteur exhorte les chrétiens à vivre dans la sainteté par ces propos :

> « Pourquoi ne rejetons-nous donc pas toute inquiétude liée à nos actions terrestres pour nous préparer à rencontrer Christ le Seigneur, afin qu'il nous arrache à la confusion qui envahit ce monde ?... Tous les saints et les élus seront rassemblés avant la Tribulation qui est à venir, et seront emportés vers le Seigneur, afin qu'ils n'aient pas à voir la confusion qui va envahir ce monde à cause de ses péchés. » (3)
>
> – Pseudo Ephrem, en 372

Il ne fait aucun doute que cet érudit du IVè (ou du VIIè) siècle était convaincu que les saints seraient réunis au Seigneur avant la Grande Tribulation. Ses affirmations portent toutes les marques d'un Enlèvement des saints avant la Tribulation, et distinctement de son glorieux retour, dont le Seigneur a promis qu'il surviendrait *« aussitôt après ces jours de Tribulation »* (Matthieu 24 : 29).

En fait, Ephrem interprétait que la Tribulation ne durerait que 42 mois ou trois ans et demi, comme il le précise plus loin dans son message. Le fait demeure qu'il s'attendait à un Enlèvement de l'Église avant la Tribulation, et ce bien avant le XIXè siècle, période où certains prétendent sans fondement que cet enseignement est né. Si l'on considère que l'on évalue à 10 % le nombre de livres qui ont été écrits à cette époque préservés jusqu'à nos jours, il ne fait aucun doute que, même si les détails sur l'Enlèvement de l'Église avant la Tribulation n'étaient peut-être pas reconnus au IVè siècle, tout porte à croire que d'autres étudiants de la Bible de l'époque d'Ephrem ont bien dû découvrir aussi cet enseignement sur notre *« bienheureuse espérance »*.

Il devrait être évident à tout lecteur que l'Enlèvement tel que l'enseigne les Écritures doit avoir lieu avant la Tribulation, c'est-à-dire avant la révélation de « l'impie » (2 Thessaloniciens 2 : 8), et avant qu'il ne souille le Temple au milieu de cette période.

Il ne s'agit pas d'une nouvelle théorie, car de nombreux chrétiens y ont cru au fil des siècles. Vouloir nier ce fait a conduit certains à enseigner que les chrétiens devront traverser la Grande Tribulation, contrairement à la promesse du Seigneur de nous *« délivrer de la colère à venir »* (1 Thessaloniciens 1 : 10).

Le peuple de l'Enlèvement

La Bible est claire : la venue de Christ pour son Église ne concernera pas tout le monde. L'Enlèvement n'est pas pour tous. Seulement certains seront enlevés. Certains seront pris, d'autres laissés. Deux des principaux passages ayant trait à l'Enlèvement les appellent *« ceux qui appartiennent au Christ, lors de son avènement »* (1 Corinthiens 15 : 23) et *« ceux qui se sont endormis »* ou *« les morts en Christ »* (1 Thessaloniciens 4 : 14,16).

L'Enlèvement ne concerne que les croyants (cf. 1 Thessaloniciens 4 : 14, 17). La précision : *« si nous croyons que Jésus est mort et qu'il est ressuscité »* (v. 14) montre clairement qu'il s'agit de ceux qui ont accepté le message de l'Évangile selon lequel *« Christ est mort pour nos péchés, selon les Écritures ; il a été enseveli, il est ressuscité le troisième jour, selon les Écritures »* (1 Corinthiens 15 : 3-4). Christ ne vient pas pour ceux qui sont membres de telle ou telle église, ni pour des gens qui seraient considérés comme bons. Il n'emmènera avec lui que ceux qui sont en lui par la foi en son nom et qui l'auront reçu comme Sauveur et Seigneur.

Cela m'amène à vous poser quelques questions : avez-vous placé votre confiance en Christ en le recevant dans votre vie ? Pouvez-vous dire en toute honnêteté : « Je suis en Christ » ?

Si vous le désirez, il n'est pas difficile d'être en Christ. Mais le terme biblique « croire » implique la confiance et le fait de s'engager envers la personne en qui l'on croit. Si vous ne vous êtes pas consacré à Christ, puis-je vous exhorter en cet instant même à le prier et à l'inviter dans votre vie ?

Vous pourrez alors être certain que l'Enlèvement est aussi pour vous.

Chapitre trois

Gardés à l'heure de l'épreuve

Nous attendons *« des cieux son Fils qu'il a ressuscité d'entre les morts, Jésus, qui nous délivre de la colère à venir »* (1 Thessaloniciens 1 : 10).

Un des aspects les plus étonnants du mystère révélé dans 1 Thessaloniciens 4 : 3-18 et 1 Corinthiens 15 : 51-54 est la promesse selon laquelle l'Église de Jésus-Christ ne passera pas à travers la Grande Tribulation. C'est là une des raisons pour lesquelles la Bible appelle l'Enlèvement la *« bienheureuse espérance »* (Tite 2 : 13), sujet que nous aborderons dans un autre chapitre.

La plupart des croyants comprennent bien que le fait de devenir chrétien ne les immunise pas contre les tribulations qui sont le propre de tous les humains à un moment ou à un autre. L'histoire de l'Église regorge des témoignages de martyrs qui endurèrent toutes sortes de persécutions, en particulier pendant les trois premiers siècles de l'Église, pendant l'Inquisition, et au siècle dernier comme dans le nôtre. Nombre d'entre eux étaient des hommes pieux qui menaient une vie consacrée à Dieu. Mais la persécution les amena à une mort prématurée.

C'est la raison pour laquelle bien des chrétiens, quand ils découvrent pour la première fois que l'Enlèvement de l'Église aura lieu avant la Tribulation, réagissent souvent d'une de ces deux façons : « C'est trop beau pour être vrai », ou « Je ne mérite pas d'échapper à la colère à venir ; je mérite plutôt de souffrir. L'apôtre Pierre n'a-t-il pas averti les chrétiens qu'ils auraient à souffrir ? » (cf. 1 Pierre 4 : 12-13).

Nous sous-estimons souvent le principe selon lequel les épreuves font partie de la réalité d'un monde déchu. Par contre, le Seigneur parle ici de façon très précise d'une tribulation qui est un jugement particulier de Dieu. Le Seigneur Jésus a dit de ce jour-là : *« Car alors, la détresse sera si grande qu'il n'y en a point eu de pareille depuis le commencement du monde jusqu'à présent, et qu'il n'y en aura jamais. Et, si ces jours n'étaient abrégés, personne ne serait sauvé ; mais, à cause des élus, ces jours seront abrégés »* (Matthieu 24 : 21-22).

Nous accueillons avec joie la nouvelle selon laquelle les chrétiens seront enlevés avant que n'arrive cette période.

Nous ne méritons certes pas d'être délivrés de ce déferlement de colère qui s'abattra sur toute la terre, mais s'agissant d'une grâce, cela n'est pas le fait de nos mérites. C'est purement et simplement l'accomplissement des Écritures. Dieu nous fait grâce quand nous nous tournons vers lui par la foi, et ce principe inclut le fait de nous délivrer avant la Grande Tribulation. L'Église moderne, si souvent charnelle et mondaine, infiltrée par le péché, ne peut espérer échapper à la Grande Tribulation. Mais comme le veut sa miséricorde, Dieu ne nous sauvera pas parce que nous le mériterions mais en vertu de sa grâce.

Nous ne méritions pas Emmanuel, Dieu fait homme, ce petit enfant né dans une sombre étable dans un coin égaré de notre monde. Et pourtant, il est venu.

Nous ne méritions pas un Sauveur, le Fils de Dieu sans péché qui a enduré toute la furie de l'enfer ainsi que la terrible colère de Dieu en portant nos péchés et nos transgressions cloué sur une croix jusqu'à son dernier souffle. Mais il l'a fait quand même.

Nous ne méritons pas d'avoir un avocat, un conseiller éternel plaidant pour nous devant le Père siégeant sur le trône de l'Univers. Il n'est est pas moins vrai qu'il est là, et qu'il ne reste pas silencieux.

Nous ne méritons pas le don du Saint-Esprit, consolateur et compagnon de chaque jour, qui marche avec nous et nous enseigne, nous tenant par la main à chaque pas au fil des années. Il ne demeure pas moins en chacun de nous.

Nous ne méritons pas le ciel, un héritage qui ne peut jamais périr, se gâter ou faner, par lequel nous pourrons jouir de la communion de nos bien-aimés et de Dieu lui-même pour toujours. Mais Jésus nous y a pourtant réservé une place.

Non, nous ne méritons pas d'échapper à cette grande colère qui s'abattra sur ce monde. Mais c'est dans la nature même de notre Dieu que de nous accorder cette grâce en dépit de ce que nous sommes.

Laissons de côté les promesses en relation avec notre confort personnel pour considérer celles qui nous assurent que les chrétiens seront enlevés avant que ne commence la Grande Tribulation.

La promesse de Apocalypse 3 : 10

Une des plus belles promesses assurant l'Église d'être enlevée avant la Grande Tribulation se trouve dans Apocalypse 3 : 10. Souvenez-vous en la lisant qu'elle sort de la bouche même du Seigneur :

> *« Parce que tu as gardé la parole de la persévérance*
> *en moi, je te garderai moi aussi, de l'heure de l'épreuve*

qui va venir sur le monde entier pour éprouver les habitants de la terre. »

Ce texte fait partie du message de Christ adressé à l'une de ses sept églises, celle de Philadelphie. Ce texte transcende sûrement cette petite église de la province d'Asie à laquelle il s'adressait, alors qu'elle a disparu depuis bien longtemps et que *« l'heure de l'épreuve qui va venir sur le monde »* n'est pas encore survenue.

Dans mon commentaire sur le livre de l'Apocalypse, je fais remarquer que les sept églises d'Asie ont été choisies parmi les centaines de jeunes églises de l'époque parce qu'elle correspondent aux sept ères de l'Église depuis le Ier siècle jusqu'à nos jours. Tout le message des chapitres deux et trois de l'Apocalypse s'adresse à toutes les églises, et pas seulement à ces sept églises d'Asie. Autrement, la majorité des églises aurait été exclue. Le message de Christ à l'Église de Philadelphie ne s'adressait pas qu'à cette petite église, mais représentait aussi cette ère de l'Église « porte ouverte », c'est-à-dire une Église qui évangélise et qui a une vision missionnaire. C'est ce qu'elle fut depuis environ 1750 et sera jusqu'à son Enlèvement à la rencontre de Christ dans les airs.

Ces cinquante dernières années, une certaine opposition s'est élevée contre cette interprétation de Apocalypse 3 : 10. Ceux qui croient que le Seigneur viendra prendre son Église au milieu de la Grande Tribulation ou même après déclarent que le Seigneur nous gardera *à travers* l'heure de l'épreuve. Cela est cependant difficile à concilier avec d'autres passages qui enseignent que bien peu de croyants, sinon aucun, seront encore sur terre quand il reviendra avec gloire et puissance à la fin de la Grande Tribulation. Au contraire, nous trouvons que les saints à qui sera épargnée sa colère seront avec lui quand il redescendra sur terre.

Le mot *« de »* dans Apocalypse 3 : 10 signifie littéralement « hors de ». Dieu dit en fait : « Je vous garderai hors de la colère à venir ». Ce mot est un dérivé du mot grec *ek*; il est utilisé plus de huit cents fois dans le Nouveau Testament. Comme l'a souligné un érudit, la seule fois où *ek* est utilisé pour signifier autre chose que « hors de » se trouve dans Galates 3 : 8 où il est traduit « *par* la foi ». Cet enseignant, éditeur de *Our Hope Magazine* (Le magazine de notre espérance), écrivit en août 1950 :

> *Ek* est traduit par « hors de » des centaines de fois, comme par exemple : *« J'ai appelé mon fils hors d'Égypte »* (Matthieu 2 : 15) ; *« Ôte premièrement la poutre de ton œil »* (Matthieu 7 : 5) ; *« Car c'est du cœur que viennent les mauvaises pensées »* (Matthieu 15 : 19) ; *« Étant sortis des sépulcres, après la résurrection de Jésus, ils entrèrent dans la ville sainte »* (Matthieu 27 : 53) ; *« Je te vomirai de ma bouche »* (Apocalypse 3 : 16) ; etc. [(1)]

Apocalypse 3 : 10 nous enseigne que l'Église fidèle, cette Église de la « porte ouverte », qui n'aura pas renié son nom, mais qui fera des œuvres bonnes, qui évangélisera et sera impliquée dans la mission, sera tenue hors de l'heure de l'épreuve, de la Grande Tribulation qui s'abattra sur toute la terre. La garantie d'un Enlèvement avant la Grande Tribulation pourrait difficilement être plus formelle. Il n'est donc pas surprenant qu'un écrivain l'ait considéré comme « un texte biblique cardinal ».

La promesse de 1 Thessaloniciens 1 : 10

Le Saint-Esprit donna un autre texte cardinal par la plume de l'apôtre Paul à une jeune Église qu'il avait implantée lors de son deuxième voyage missionnaire. Paul n'avait eu que trois semaines pour enraciner cette église dans la Parole de Dieu avant qu'il ne soit chassé de la ville. La majeure partie de son enseignement pendant ce court temps était en rapport avec la prophétie et les temps de la fin. Cette lettre, l'une des premières épîtres du Nouveau Testament à être écrites, met l'accent sur la seconde venue de Christ, l'imminence de ce retour, l'Enlèvement, la Grande Tribulation et d'autres sujets en rapport avec la fin des temps. Cela pourrait indiquer que Paul jugeait indispensable que les nouveaux convertis saisissent ce à quoi ils pouvaient s'attendre dans l'avenir.

La première épître de Paul aux Thessaloniciens fut écrite à l'occasion de la mort de certains bien-aimés membres de cette Église. Très naturellement, puisque Paul avait prédit que les croyants seraient enlevés, les chrétiens pouvaient être perplexes alors qu'ils enterraient leurs morts. Il semble évident qu'ils ont dû écrire une lettre à Paul qui l'amena à écrire à son tour et cela non seulement pour cette Église mais pour les saints de tous les âges.

Paul s'assure que personne n'ait du mal à trouver le thème de sa lettre en parlant de la seconde venue de Christ dans chaque chapitre. Il est difficile de surestimer l'importance de ce livre par rapport à la prophétie ; c'est bien là ce qui rend la promesse du verset 10 du chapitre 1 si importante. Après avoir fait l'éloge de la foi et du bon témoignage des Thessaloniciens, il les félicita ainsi : *« ... vous vous êtes convertis à Dieu, en abandonnant les idoles pour servir le Dieu vivant et vrai, pour attendre des cieux son Fils, qu'il a ressuscité des morts, Jésus, qui nous délivre de la colère à venir »* (1 Thessaloniciens 1 : 9-10).

Le contexte de ce passage parle de l'Enlèvement, car les chrétiens n'attendent pas le retour du Seigneur en gloire. Paul leur dit dans 2 Thessaloniciens 2 : 1-12 que ce dernier ne surviendra qu'après que l'antichrist ou l'impie sera révélé (v. 8). Non, les chrétiens de Thessalonique attendaient le retour du Seigneur pour son Église lors de l'Enlèvement. Ils savaient déjà que la Grande Tribulation, la *« colère à venir »*, suivrait l'Enlèvement, et c'est bien là ce dont Christ a promis de garder le chrétien « hors de ».

Dans un de ses livres, le théologien Dr Gerald B. Stanton montre clairement que la colère dont il est question dans 1 Thessaloniciens 1 : 10 est réservée aux incroyants, tout comme de la Grande Tribulation. Stanton est un érudit qui croit que l'Enlèvement précèdera la Tribulation ; il était professeur de théologie systématique au *Talbot Theological Seminary* et à l'Université de Biola.

Il écrit :

> Romains 8 : 1 nous assure qu'il n'y a aucune condamnation ni aucun jugement pour ceux qui sont en Christ Jésus. Romains 5 : 9 déclare ouvertement : *« À plus forte raison donc, maintenant que nous sommes justifiés par son sang, serons-nous sauvés par lui de la colère ». Être sauvé de la colère signifie ici en premier lieu être délivré du jugement éternel et de l'enfer. Mais cela n'inclut-il pas aussi la délivrance de ce temps de jugement qui doit venir sur la terre et qui sera caractérisé par l'effusion des coupes de la colère de Dieu ?*
>
> 1 Thessaloniciens 5 : 9 confirme le fait que la colère de la Tribulation n'est pas en vue pour les chrétiens mais bien plutôt l'apparition de Christ pour les siens dans les airs, *« en vue de la possession du salut par notre Seigneur Jésus-Christ ».* La souffrance est souvent le lot du croyant (Romains 8 : 17 ; 2 Timothée 2 : 12 ; Philippiens 1 : 29), mais pas la colère ! La colère est destinée aux incroyants...
>
> La Tribulation et la vengeance attendent ceux qui ne connaissent pas Dieu :
>
> *« Car il est juste selon Dieu de rendre l'affliction à ceux qui vous affligent, et de vous donner, à vous qui êtes affligés, du repos avec nous, lorsque le Seigneur Jésus se révélera du ciel avec les anges puissants, au milieu d'une flamme de feu, pour punir ceux qui ne connaissent pas Dieu et ceux qui n'obéissent pas à l'Évangile de notre Seigneur Jésus »* (2 Thessaloniciens 1 : 6-8).

Les chrétiens, quant à eux, sont appelés à servir le Dieu vivant et vrai, et à *« attendre des cieux son Fils qu'il a ressuscité d'entre les morts, Jésus, qui nous délivre de la colère à venir »* (1 Thessaloniciens 1 : 10). Paul exhorta ainsi les croyants de Thessalonique :

« Au reste, frères, priez pour nous, afin que la parole du Seigneur se répande et soit glorifiée comme elle l'est chez-vous, et afin que nous soyons délivrés des hommes méchants et pervers ; car tous n'ont pas la foi. Le Seigneur est fidèle, il vous affermira et vous préservera du malin. Nous avons à votre égard cette confiance dans le Seigneur que vous faites et que vous ferez les choses que nous recommandons. Que le Seigneur dirige vos cœurs vers l'amour de Dieu et vers la patience de Christ ! » (2 Thessaloniciens 3 : 1-5). [(2)]

Les chrétiens ne sont pas destinés à la colère

1 Thessaloniciens 5 : 9 contient une autre belle promesse selon laquelle le croyant ne passera pas par la Grande Tribulation : *« Car Dieu ne nous a pas destinés à la colère, mais à l'acquisition du salut par notre Seigneur Jésus-Christ ».* Ce passage, qui suit le texte le plus explicite sur l'Enlèvement dans la Bible, doit être considéré à la lumière de son contexte.

Après avoir enseigné ses lecteurs sur l'Enlèvement, Paul parle des *« temps et des moments »* entourant le *« jour du Seigneur »* (1 Thessaloniciens 5 : 1-2). Certains suggèrent que cela fait référence au jour unique où Christ reviendra sur cette terre établir son royaume. Mais cela n'est pas en harmonie avec les références bibliques au *« jour du Seigneur ».* Cette phrase fait parfois référence au retour glorieux du Seigneur, mais ailleurs, elle fait allusion à une période qui inclut l'Enlèvement, la période de la Grande Tribulation, et le glorieux retour du Seigneur. [(3)] Autrement dit, l'expression *« jour du Seigneur »* peut s'appliquer à divers événements touchant à la fin des temps.

Pour ce qui est de notre réflexion, 1 Thessaloniciens 5 : 9 montre clairement que Dieu ne nous a pas *« destinés à la colère »* (la Grande Tribulation), mais à en être délivrés et à *« posséder le salut »*. De nombreux croyants mourront en martyrs pendant la Grande Tribulation, et peu d'entre eux seront encore en vie lors du glorieux retour du Seigneur. Cette promesse ne peut donc pas signifier qu'il délivrera les croyants pendant ce temps de Tribulation, car les saints qui sont mentionnés pendant cette période, ceux de la Tribulation, *ne seront pas* délivrés. En fait, c'est plutôt l'inverse qui se produira : ce sera là une période terrible où mourront de nombreux martyrs. Pour en être délivrée, il faudra que l'Église soit enlevée avant que ne commence la Grande Tribulation.

Pourquoi l'Église est-elle absente dans les chapitres 4 à 18 de l'Apocalypse ?

Ceux qui croient que Christ apparaîtra au milieu où à la fin de la Tribulation doivent expliquer le fait que l'Église n'est jamais mentionnée dans les chapitres 4 à 18 de l'Apocalypse. Elle est fortement présente dans les trois premiers chapitres, qui parlent essentiellement de Christ et de son message aux sept Églises. Le mot « église », au singulier ou au pluriel, y figure quelques dix-sept fois juste dans ces trois chapitres. Ces chapitres constituent un survol prophétique de l'histoire de l'Église depuis sa naissance en 33 après J.-C. jusqu'à l'Enlèvement.

Puis, au début du chapitre 4, Jean est enlevé jusque dans le ciel par ces paroles : *« Monte ici, et je te ferai voir ce qui doit arriver dans la suite »* (Apocalypse 4 : 2). Si nous ne pouvons certes pas employer ce texte pour enseigner l'Enlèvement, il est intéressant de noter que Jean, membre de l'Église, est enlevé dans le ciel juste après avoir reçu ces enseignements concernant la

Tribulation, tout comme l'Église sera enlevée juste avant la Tribulation. Le fait que Jean ait ainsi été enlevé dans le ciel afin d'être spectateur des événements entourant la Tribulation nous offre une allusion ou une image de ce que sera l'Enlèvement. Si tel n'était pas le cas, la coïncidence serait troublante.

Comment pourrions-nous expliquer autrement le fait que l'Église, acteur essentiel des événements des trois premiers chapitres, bien sûr après notre Seigneur lui-même, soit ainsi mentionnée dix-sept fois mais pas une seule fois dans les chapitres 4 à 18 qui décrivent en détail les événements en rapport avec cette Grande Tribulation de sept ans ? Ce silence impressionnant est facile à expliquer pour tous ceux qui croient que les chrétiens seront enlevés avant la Tribulation : l'Église n'est tout simplement plus là !

Ce silence des chapitres 4 à 18 de l'Apocalypse reste inexplicable pour tous ceux qui croient que l'Église reste jusqu'à la moitié ou jusqu'à la fin de la Grande Tribulation.

Si vous avez des oreilles, pourquoi ne pas entendre ?

« Que celui qui a des oreilles entende ce que l'Esprit dit aux Églises ». Cette phrase est répétée sept fois dans les seuls chapitres 2 et 3 de l'Apocalypse, concluant chacun des messages que Christ adresse à chacune des sept églises. Il n'y a plus rien de semblable jusqu'au chapitre 13, qui décrit le milieu de la Tribulation, lorsque l'antichrist accomplira toutes les prophéties blasphématoires par lesquelles il veut usurper l'adoration due à Dieu et profanera le nom du Seigneur. C'est alors que sa haine des saints de la Tribulation atteindra son zénith et mènera à leur martyre. Nous lisons soudain dans Apocalypse 13 : 9 : *« Si quelqu'un a des oreilles, qu'il entende ! »* Pourquoi Dieu n'ajoute-t-il pas comme il l'a fait chaque fois dans les chapitres 2 et 3 : *«... ce que*

l'Esprit dit aux Églises » ? La réponse est évidente : l'Église n'est plus sur terre !

La Tribulation ne concerne pas l'Église

Notre Seigneur a promis de garder fidèlement son épouse, l'Église, hors de l'heure de la tentation qui surviendra sur la terre pour éprouver ceux qui l'habitent. L'Église, quant à elle, n'a pas à être mise à l'épreuve puisque chacun de ceux qui la constituent a reconnu Christ comme Seigneur. La moindre des choses est que nous le prenions au mot.

Puisque la Tribulation de Apocalypse 4-18 ne concerne pas l'Église mais le monde qui l'a rejeté, et puisque l'Église n'apparaît dans aucun passage de l'Écriture décrivant la Grande Tribulation, il est raisonnable d'en conclure que l'Église n'aura pas à passer par cette Tribulation de sept ans.

De plus, il n'y a aucune raison pour laquelle l'Église devrait rester sur terre pendant cette Tribulation. L'Église est présentement sur la terre pour y prêcher l'Évangile et porter du fruit selon son espèce. Pendant la Tribulation, ce ne sera plus le temps de prêcher, et l'Évangile sera confié aux 144 000 évangélistes juifs (cf. Apocalypse 7 : 1-8), aux deux témoins surnaturels de Apocalypse 11, et à l'ange qui proclamera « l'Évangile éternel » (cf. Apocalypse 14 : 6-7).

En conséquence, l'Église n'a aucune raison d'être sur terre pendant ce temps de la colère de Dieu qui a été annoncé (cf. Apocalypse 6 : 1-18 : 24).

Chapitre 4

La Grande Tribulation

Ce monde se trompe quand il pense qu'il a déjà vécu de grandes Tribulations. Le jour vient où les plus grands traumatismes que la terre ait connus dans son histoire seront éclipsés par une période de sept ans qui sera bien plus terrifiante encore que tout ce que l'homme peut bien imaginer.

Les prophètes d'Israël n'ont eu de cesse d'avertir le peuple de ces événements à venir. Ils y ont fait référence au moins 21 fois, en utilisant des termes très clairs tels que :

> *« Un jour d'angoisse pour Jacob »* (Jérémie 30 : 7),
> *« Le jour de leur malheur »*
> (Deutéronome 32 : 35 et Abdias 13),
> *« Un jour de vengeance »* (Ésaïe 61 : 2),
> *« Un temps d'affliction »*
> (Daniel 12 : 1 et Sophonie 1 : 15).

Par conséquent, quand le Nouveau Testament emploie des termes faisant référence à la *« colère de Dieu »* ou au *« jour du*

Seigneur », nous ne manquons pas d'éléments pour comprendre de quoi il est question. Cette période est tellement effrayante que les prophètes, les apôtres et Jean, rédacteur de l'Apocalypse dans les chapitres 6 à 18 de ce livre, consacrent plus de place et donnent plus de détails à ce sujet que sur le glorieux retour de Christ lui-même. Cela devrait suffire à nous faire saisir qu'il s'agit là d'un temps particulièrement important. Rien d'étonnant donc à ce que notre Seigneur déclare : *« Car alors, il y aura une Grande Tribulation telle qu'il n'y en a pas eu depuis le commencement du monde jusqu'à maintenant »* (Matthieu 24 : 21). De toute évidence, il s'agit là d'événements à venir, car le monde n'a encore jamais rien vécu de semblable dans son histoire.

Ce qui va se passer pendant cette période est tellement énorme et inconcevable que seul notre Seigneur lui-même pouvait en parler. Il a appelé cette période « la Grande Tribulation », précisant qu'elle interviendrait juste avant son retour en gloire. C'est ce qu'il enseigne clairement dans son enseignement sur le Mont des Oliviers : *« Aussitôt après ces jours de Tribulation, le soleil s'obscurcira, la lune ne donnera plus sa clarté, les étoiles tomberont du ciel et les puissances des cieux seront ébranlées. Alors le signe du Fils de l'homme paraîtra dans le ciel, toutes les tribus de la terre se lamenteront, et elles verront le Fils de l'homme venir sur les nuées du ciel avec beaucoup de puissance et de gloire »* (Matthieu 24 : 29-30).

Le prophète Daniel prédit que cette Tribulation durerait sept ans. Les soixante-dix *heptads* (c'est-à-dire périodes) qu'allait vivre le peuple d'Israël (cf. 9 : 24-27), signifient soixante-dix fois sept (soit 490) années. Ce laps de temps serait divisé en trois parties : sept *heptads*, soit 49 ans pour la restauration du mur de Jérusalem ; 62 *heptads*, soit 434 ans jusqu'à ce que le « Messie soit retranché » (la crucifixion de Christ), plus sept années restantes dont l'accomplissement reste à venir. Israël a vécu en « attente » sur le plan prophétique depuis deux mille ans, mais le jour vient où elle sera au cœur des événements pendant cette période finale de sept ans. (1)

Jésus a également prédit, que, du fait de la rudesse de cette période, la Grande Tribulation serait abrégée. Ce sera le plus terrible des holocaustes du fait que seront conjuguées la colère de Dieu, la fureur de Satan et la nature mauvaise de l'homme, et ce sans restriction aucune.

Pensez à l'horreur de toutes les guerres que ce monde a connu, ajoutez-y tous les désastres naturels enregistrés dans l'Histoire, supprimez toute retenue pour laisser libre cours à toute la cruauté sans borne, la haine et l'injustice dont l'homme est capable envers ses semblables, puis concentrez tout cela sur une période de sept ans. Même si vous pouviez vous imaginer un tel tableau, vous seriez loin de vous représenter toute l'atrocité et l'horreur d'une telle période.

J'ai remarqué que les écrits en faveur d'un Enlèvement au milieu de la Tribulation ou après celle-ci prennent rarement la période de la Grande Tribulation littéralement. S'ils le faisaient, ils seraient moins enclins à conclure que les chrétiens doivent la traverser.

De nombreux avocats d'un Enlèvement au milieu de la Grande Tribulation croient que les trois premières années et demie seront relativement supportables, car ils placent les trois principaux jugements de l'Apocalypse dans la deuxième moitié de la Tribulation. Selon cet enseignement, les chrétiens vivant alors échapperont à la Grande Tribulation, qu'ils considèrent être la deuxième période de trois ans et demi. Ils pensent que c'est alors seulement que Dieu déversera sa colère sur la terre pendant ces quarante-deux mois.

La position défendant un Enlèvement après la Tribulation, avec ses quatre variantes, réserve la plupart des souffrances décrites à cette période à ceux qui auront le malheur de vivre ces temps tout proches de la fin. Ils repoussent au tout dernier jour une quantité des événements annoncés et suggèrent que la plus grande partie de la colère de Dieu déferlera aux heures ou même aux instants précédant le retour de Christ. Certains vont jusqu'à avancer que l'Enlèvement aura lieu juste à temps pour sauver les croyants des pires moments de destruction. Cette position suggère aussi que le Seigneur reprendra à lui les chrétiens individuellement pendant ce temps de colère, en témoignage de sa puissance et de sa fidélité.

En règle générale, ceux qui croient en l'Enlèvement avant la Tribulation acceptent une interprétation plus littérale de l'enseignement de l'Apocalypse, ainsi que celui de 2 Thessaloniciens, Matthieu 24 et Daniel 9, que ceux qui croient en un Enlèvement pendant ou après la Grande Tribulation : ces derniers tendent à spiritualiser les textes prophétiques alors même qu'ils ne le font pas du reste des Écritures. Cela pourrait bien être le talon d'Achille de tout leur raisonnement.

Le tableau qui suit dans ce chapitre est fondé sur les chapitres 6 à 19 de l'Apocalypse. Étudiez-le avec attention et voyez à quel point cette période sera atroce et horrible. Éphésiens 5 nous présente l'Église comme l'épouse de Christ. Il est inconcevable qu'un époux rempli d'amour pour son épouse, tel que nous est présenté notre Seigneur, supporte de la voir passer par une telle période de Tribulation à la veille de ses noces et de sa « lune de miel » de mille ans.

Ce tableau désigne les trois grands jugements de l'Apocalypse (chapitres 6, 8-9 et 16) et donne une description chronologique et suivie de toute cette période de sept ans. Le jugement des sceaux occupe les vingt-et-un premiers mois de la Tribulation ; puis le septième sceau introduit les jugements des sept trompettes, qui englobent les vingt-et-un mois suivants, ce qui nous amène à mi-chemin. La septième trompette inaugure les malédictions et les sept coupes, qui couvrent une période de quarante-deux mois ; le tout correspond donc à une période de sept ans que Jésus appelle la Grande Tribulation. La numérotation sur ce tableau correspond à la liste suivante qui montre le temps où ces événements se produisent et les textes bibliques qui en parlent.

Les événements de la Grande Tribulation selon l'Apocalypse

1. Apocalypse 4 : 1-2. Jean, qui représente l'Église, est enlevé au ciel.

2. Daniel 9 : 27. L'antichrist signe une alliance pour sept ans avec le peuple d'Israël. Cet événement va inaugurer la Tribulation.

3. Apocalypse 6 : 1-2. Christ ouvre le premier des sept sceaux et le cavalier au cheval blanc apparaît (probablement l'antichrist), utilisant la diplomatie et une promesse de paix pour établir son gouvernement mondial.

4. Apocalypse 6 : 3-4. Le second sceau introduit une grande guerre mondiale.

5. Apocalypse 6 : 5-6. Le troisième sceau est ouvert, introduisant souffrance, famine et inflation suite à la guerre.

6. Apocalypse 6 : 7-8. Le quatrième sceau provoque la mort, comme toutes les guerres, mais dans ce cas celle-ci atteindra le quart de la population et de tous les êtres vivants sur la terre. Par rapport à la population actuelle du globe, cela représente environ un milliard et demi d'êtres humains.

7. Apocalypse 6 : 9-11. Ce passage nous parle du martyr de ceux qui se seront convertis sous la prédication des 144 000 témoins juifs décrits au chapitre 7. Une foule innombrable reconnaîtra Christ comme Sauveur et mourra en martyr des mains du chef du gouvernement mondial et de la prostituée (le système religieux décrit au chapitre 17), qui détient son

pouvoir de l'antichrist. Remarquez que l'évangélisation à cette époque sera la mission des juifs. L'Église étant absente, les 144 000 croyants de la trempe de l'apôtre Paul seront de puissants évangélistes.

8. Apocalypse 6 : 12-17. Le sixième sceau provoque le déferlement de la colère de Dieu déversée sous la forme d'un formidable tremblement de terre sans précédent. Il sera si sévère que les gens supplieront les rochers de les engloutir.

9. Apocalypse 8 : 1-6. Le septième sceau introduit le jugement des sept trompettes, achevant ainsi le premier quart de la Tribulation et ouvrant la voie à une période pire encore appelée *« le temps de la colère de Dieu »*.

10. Apocalypse 8 : 7. Le jugement de la première trompette déclenche l'embrasement par la grêle et le feu mêlés de sang, consumant ainsi le tiers des arbres et de la verdure de la terre.

11. Apocalypse 8 : 8-9. La seconde trompette voit une grande montagne de soufre tomber dans la mer, détruisant ainsi le tiers de la mer et des animaux qu'elle contient, ainsi que le tiers des navires. Pensez au film *« L'aventure du Poséidon »* et multipliez jusqu'à inclure le tiers des bateaux de la planète !

12. Apocalypse 8 : 10-11. La troisième trompette provoque la chute d'une grande étoile – ou météore – appelée Absinthe sur les sources d'eau et les fleuves, entraînant ainsi la mort de millions de personnes.

13. Apocalypse 8 : 12. La quatrième trompette diminuera d'un tiers l'intensité du soleil, de la lune, et des étoiles, plongeant le monde dans les ténèbres.

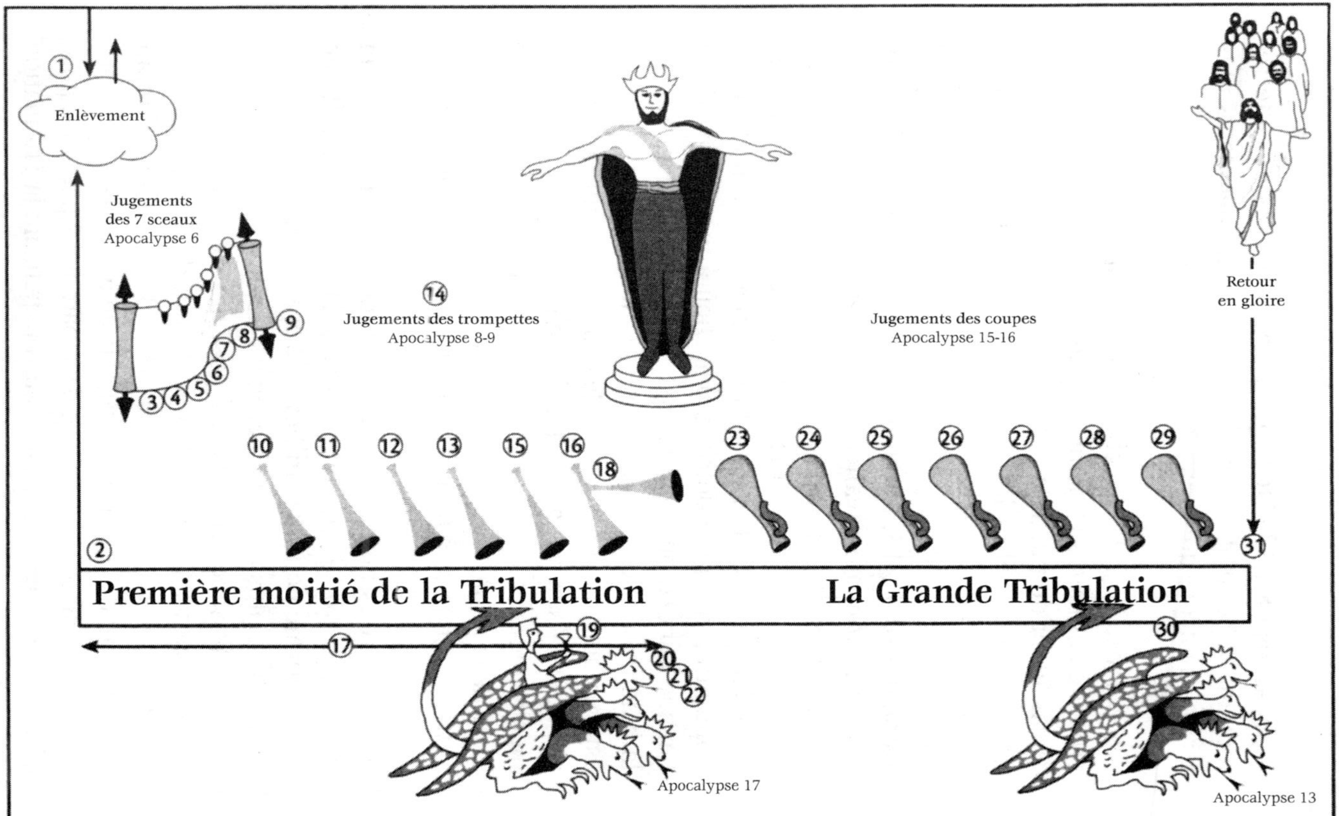

Les événements de la Tribulation tels que décrits dans l'Apocalypse

14. Apocalypse 8 : 13. Un aigle vole au-dessus de la terre, mettant la population en garde contre les jugements plus terribles encore qui viennent.

15. Apocalypse 9 : 1-12. La cinquième trompette introduit des créatures hideuses et démoniaques : scorpions et sauterelles montant du puits de l'abîme. Elles ne peuvent tuer les hommes, mais elles les torturent tellement qu'ils *« chercheront la mort et ne la trouveront pas »* (v. 6).

16. Apocalypse 9 : 13. La sixième trompette introduit deux cents millions de cavaliers, démons de la mort, qui vont tuer un tiers de la population de la terre. Cela se produira entre le quarantième et le quarante-deuxième mois de la première partie de la Tribulation, si bien que la moitié de la population aura été détruite par Dieu à mi-chemin de la Grande Tribulation. Ces personnes ont accepté la marque de la bête et sont considérés comme incorrigibles. On peut estimer que jusqu'à un quart de ceux qui seront vivant à ce moment-là seront sauvés par la prédication des 144 000 mentionnés dans Apocalypse 7 : 9 ; il est donc possible que 75 % de la population ait été détruite dont 25 % mourant en martyrs pendant la première moitié de la Tribulation.

Comprenez-vous pourquoi je dis que même un Enlèvement de l'Église par Christ au milieu de la Tribulation signifierait une souffrance énorme pour des millions de croyants ?

Il semble bien plus raisonnable, en particulier à la lumière des promesses de Christ de délivrer son Église de *« la colère à venir »*, de croire qu'il sauvera son Église *« de l'heure de l'épreuve qui va venir sur le monde entier »* (Apocalypse 3 : 10). Cela n'aurait rien de surprenant de la part du Père céleste qui nous aime, nous pardonne et nous fait grâce ainsi que de la part de l'Époux. De plus, gardez à l'esprit que les saints qui mourront pendant la Tribulation ne font pas partie de l'Église. Ils sont ainsi définis dans Apocalypse 7 : 14 : *« Ce sont ceux qui viennent de la Grande Tribulation Ils ont lavé leurs robes et les ont blanchies dans le sang de l'Agneau »*.

17. Apocalypse 11 : 3-14. Les deux témoins prophétisent pendant 1 260 jours. Si cela est pris au sens littéral, cette période correspondrait aux 42 mois de jugements déjà décrits.

De toute évidence, ces deux témoins sont de vraies personnes aux pouvoirs miraculeux, semblables à Moïse et Élie, venus prêcher et témoigner pendant toute la première moitié de la Grande Tribulation. Il se peut que ce soit par leur prédication que les 144 000 se convertissent et soient envoyés prêcher. Certes, ce sera un temps terrible et redoutable, mais Dieu est fidèle pour permettre que l'Évangile soit encore annoncé parmi toutes les nations.

18. Apocalypse 11 : 15. Le jugement de la septième trompette introduit les événements horribles qui sont décrits aux chapitres 12 à 18, avant que ne surviennent les jugements les plus sévères quand les sept coupes seront déversées.

19. Apocalypse 17 : 1-18. Ce passage décrit la destruction du système de fausse religion inspiré de Babylone, la grande prostituée, une sorte de syncrétisme de toutes les religions du monde pendant la première moitié de la Tribulation ; ce système n'aura pas eu de mal à s'imposer puisque l'Église aura déjà été enlevée. Ce système sera si puissant qu'il dominera alors l'antichrist (ou la bête) et les dix rois. Mais à cause de leur haine de la prostituée, au milieu de la Tribulation, ils lui feront la guerre et la tueront.

20. Apocalypse 13 : 1-3. Alors que la prostituée, la mystérieuse Babylone, est tuée, c'est-à-dire ce système religieux

mensonger, l'antichrist subira aussi *« une blessure mortelle »* dont il guérira. Au chapitre 12, Satan lui-même est chassé du ciel, où il était *« l'accusateur des frères »*; il s'incarnera alors en l'antichrist, ressuscitant ainsi son corps pour devenir un personnage plus vicieux que jamais.

21. Apocalypse 13 : 4-10. L'antichrist ainsi incarné forcera le reste de la population de la terre à l'adorer, à l'exception de ceux dont les noms seront inscrits dans le livre de vie (2 Thessaloniciens 2 : 8-10).

22. Apocalypse 13 : 11-18. Le faux prophète remplacera le système religieux anéanti, forçant les gens à choisir entre adorer l'antichrist et son image ou mourir. Tout le monde sera obligé de porter la marque ou le nom de la bête afin de pouvoir travailler, *« acheter et vendre »* (v. 17).

Autrement dit, si l'Église devait traverser la Tribulation, elle n'y survivrait pas. Et je ne trouve rien dans l'Écriture qui tendrait à indiquer qu'un croyant soit resté jusqu'à la fin de la Tribulation pour être enlevé ensuite. Il est donc exclu que l'Enlèvement puisse avoir lieu après la Grande Tribulation. N'oublions pas que la pire moitié de la période de la Tribulation, que notre Seigneur appelle la « Grande Tribulation », n'a pas encore commencé ! Les derniers quarante-deux mois correspondent aux jugements des coupes, qui interviennent maintenant dans la chronologie.

23. Apocalypse 16 : 1-2. La première coupe provoque des ulcères malins et douloureux chez ceux qui ont rejeté Christ pour accepter la marque de la bête, ce qui revient à lui rendre un culte.

24. Apocalypse 16 : 3. La seconde coupe est déversée dans les mers, les changeant en *« sang comme celui d'un mort, et*

tous les êtres vivants moururent, ceux qui étaient dans la mer ».

25. Apocalypse 16 : 4. La troisième coupe change les fleuves et les sources d'eau en sang ; ce jugement est d'autant plus juste que ceux qui subsistent ont tué tant de saints pendant cette période de Tribulation.

26. Apocalypse 16 : 8-9. La quatrième coupe intensifiera la chaleur du soleil jusqu'à ce que les impies blasphèment le nom de Dieu.

27. Apocalypse 16 : 10-11. La cinquième coupe provoquera des ténèbres autour du trône de l'antichrist et de tout son règne. Les ulcères et la souffrance provoqueront une agonie telle que les hommes se mordront la langue de douleur, blasphèmeront contre Dieu et refuseront de se repentir.

28. Apocalypse 16 : 13-16. La sixième coupe enverra des esprits démoniaques et menteurs vers les rois du monde entier pour les rassembler en vue du *« combat du grand jour de Dieu, le Tout-puissant »,* plus connu sous le nom de « bataille d'Armaguédon ».

29. Apocalypse 16 : 17-21. La septième coupe déclenchera le jugement du Tout-puissant qui détruira tout le système mondial et jugera sévèrement tous les incroyants. Mais même la chute d'énormes grêlons ne pourra pas amener les impies à se repentir. Ce jugement dévastateur préparera le monde à la venue de Christ pour établir son royaume terrestre.

30. Apocalypse 18 : 1-24. La destruction du commerce et du gouvernement de Babylone, ce nouvel ordre mondial après lequel l'homme soupire depuis sa rébellion à Babylone,

intervient durant la septième coupe, juste à sa place avant le jugement final de la terre (v. 19). Ce sera alors l'effondrement total du système de l'antichrist, qui ouvrira ainsi la voie au meilleur événement de la Grande Tribulation.

31. Apocalypse 19 : 11-21. À la fin de la Tribulation, Christ apparaît en gloire et avec puissance comme Roi des rois et Seigneur des seigneurs pour établir son règne de mille ans sur cette terre.

Après avoir parcouru ces 31 événements tragiques qui constituent la Grande Tribulation, nous comprenons mieux pourquoi les prophètes hébreux et les apôtres utilisèrent des termes aussi forts pour identifier la Tribulation. S'il est bien certain que Dieu n'a pas promis d'épargner au chrétien les épreuves et les tribulations de la vie de tous les jours, ni même la colère des hommes, il s'est engagé à nous faire échapper au jour de sa colère.

Je ne peux tout simplement pas imaginer l'Époux céleste murmurer aux oreilles de sa bien-aimée : « Oui, mon épouse, ma tendre et chère, je t'ai tant aimée que j'ai donné ma vie pour toi. Je veux pourvoir à tes besoins et te chérir. Je veux t'emmener avec moi dans ma maison et célébrer nos noces dans la joie et l'allégresse. Mais avant que je ne t'emmène à la maison, je veux que tu traverses sept années pendant lesquelles la fureur de l'enfer va se déchaîner et la colère de mon Père va déferler. Mais essaie de ne pas t'inquiéter. Je reviendrai te prendre quand tout sera terminé. »

Non. Nous pouvons plutôt nous attendre à ce que Dieu tienne sa promesse d'enlever l'Église de ce monde avant qu'il ne soit plongé dans ce temps terrible de Tribulation.

Dieu tient parole ! Il est et demeure un Dieu d'amour et de miséricorde pour ceux qui le reçoivent.

À quoi bon une Grande Tribulation ?

Dieu fait tout dans un but ; nous pouvons donc nous attendre à ce que cette terrible Tribulation accomplisse quelque chose de précis. Si nous examinons les Écritures pour en trouver l'explication, nous ne serons pas déçus. Comme dans tout ce que fait notre Seigneur, il a plusieurs raisons d'agir comme il le fait.

1. Pour mettre un terme à cette période de temps. En introduisant les événements qui atteindront leur point culminant avec la Tribulation et le retour de Christ, le prophète Daniel décrit la fin des temps comme le moment où Dieu va *« amener la justice éternelle »* (Daniel 9 : 24). La Tribulation sera la conclusion de cet âge « expérimental » pendant lequel Dieu a laissé à chaque individu la possibilité de l'adorer volontairement, depuis Adam jusqu'au retour de Christ.

2. Pour accomplir les prophéties concernant Israël. De nombreuses prophéties concernant Israël doivent encore s'accomplir. Le retour du peuple juif sur son territoire au siècle passé et la reconnaissance d'Israël en tant que nation en 1948 telle que décrite dans Ézéchiel 36-37 en font partie. Les prophéties concernant la reconstruction du Temple et la restauration des sacrifices deviendront réalité pendant les sept ans de la Grande Tribulation. Il en est de même de bien d'autres prophéties concernant Israël. Dieu n'en a pas fini avec Israël !

3. Pour ébranler l'homme dans son faux sentiment de sécurité. Un monde stable pousse les gens à penser que l'on peut fonctionner sans Dieu. Les tremblements de terre, fléaux et autres phénomènes physiques provoqués par Dieu ne manqueront pas d'ébranler la confiance naturelle des gens en eux-mêmes au point que certains de ceux qui entendront l'Évangile de la bouche des

144 000 témoins seront plus ouverts à son appel au pardon et à la grâce.

4. Pour forcer les hommes à choisir entre Christ ou l'antichrist. Une raison d'être essentielle de la Tribulation sera de donner aux milliards d'invididus vivant à cette époque sept années de temps et d'occasion pour déterminer s'ils veulent recevoir ou rejeter Christ. Peut-être cela faisait-il partie de ce que Daniel appelait *« la ruine »* (Daniel 9 : 27). Des milliards de gens ne pourront pas vivre aussi longtemps que la normale, et ces événements tragiques les contraindront à prendre une décision qui déterminera leur éternité. S'ils choisissent Christ, ils seront appelés *« serviteurs de notre Dieu »* et recevront une marque, le sceau de Dieu sur leur front (Apocalypse 7 : 3). Mais il y aura alors un temps où les défenseurs du système religieux de Babylone, les dirigeants du gouvernement de l'antichrist, le faux prophète, et ceux dont seule la haine des chrétiens surpasse la convoitise les livreront au martyre. Il est peu probable que beaucoup, sinon aucun, des saints de la Tribulation survivront jusqu'au début du règne millénaire de Christ.

Par contre, ceux qui accepteront l'antichrist porteront la marque de la bête, c'est-à-dire le chiffre 666, placé sur leur front ou leur main. Il semble qu'il s'agisse ici d'une décision finale et irrévocable. Une fois cette décision prise, ces personnes seront éliminées par les jugements de Dieu que nous avons énuméré plus haut. Il semble bien que les disciples de l'antichrist deviennent incorrigibles et que la terre en soit purgée afin que les indécis puissent plus clairement choisir entre Christ et l'antichrist.

Une toute dernière expression de l'amour de Dieu

Au cœur de ce temps difficile de controverse physique, un autre terrible combat spirituel fera rage entre les forces de Satan, sous la forme de démons montant de l'abysse, et les forces de Dieu personnifiées par les témoins juifs du chapitre 7 et les deux témoins aux pouvoirs surnaturels décrits au chapitre 11. Ce conflit concernera les âmes des hommes et des femmes. Nous considèrerons brièvement la portée de ce combat des armées célestes au chapitre 12, plus tard dans notre étude.

Si la Grande Tribulation est sûrement un temps de jugements cataclysmiques, l'amour et la compassion de Dieu seront toujours évidents. Apocalypse 14 : 6-7 déclare : *« Un autre ange qui volait au milieu du ciel... avait un Évangile éternel, pour l'annoncer aux habitants de la terre, à toute nation, tribu, langue et peuple ».*

Nous avons déjà noté que Dieu offrira une toute dernière opportunité aux hommes d'accepter son Fils comme seul moyen de salut par le témoignage des 144 000. Mais pour s'assurer que tout le monde entende et ait effectivement l'occasion de répondre, il enverra un ange spécialement sur terre pour y prêcher le message de l'Évangile à toute créature. Chacun sera appelé à répondre à l'appel de Dieu : *« Il disait d'une voix forte : Craignez Dieu et donnez-lui gloire, car l'heure de son jugement est venue ; et prosternez-vous devant celui qui a fait le ciel, la terre, la mer et les sources d'eaux ! »*

Ceux qui le font seront sauvés pour l'éternité ; ceux qui refusent adoreront l'antichrist, cet être possédé par Satan, et seront perdus.

L'Enlèvement aura lieu avant la Grande Tribulation

Maintenant que nous avons révisé la chronologie détaillée des événements autour de la Tribulation, j'espère que vous avez remarqué une chose : l'Église n'est pas concernée !

Ces événements concernent Israël et les païens. Israël devra encore vivre ces sept années. Daniel limite cette période à sept années divisées en deux sections de trois ans et demi chacune ; il restreint la deuxième moitié à 1 290 jours (Daniel 12 : 9-11). Ce temps permettra aux perdus de prendre une décision pour Christ avant l'ultime bataille entre Satan et Christ.

L'Église n'a aucun besoin d'être sur terre pendant la Tribulation. Non seulement l'Écriture reste totalement silencieuse concernant l'Église pendant toute la période de la Grande Tribulation, mais Apocalypse 19 nous la montre déjà au ciel, descendant avec Christ à la fin de la Tribulation.

L'Église sera enlevée avant le début de la Tribulation, accomplissant ainsi la promesse du Seigneur : *« Parce que tu as gardé la parole de la persévérance en moi, je te garderai moi aussi, (hors) de l'heure de l'épreuve qui va venir sur le monde entier pour éprouver les habitants de la terre »* (Apocalypse 3 : 10). Les chrétiens n'ont nul besoin d'être ainsi éprouvés. Ils ont déjà pris leur décision pour Christ et contre l'antichrist. Seuls les perdus devront traverser la Grande Tribulation.

Il semble donc bien évident que la Grande Tribulation sera la période la plus redoutable que le monde ait jamais connu dans son histoire.

Cela n'a rien d'une espérance bienheureuse.

Chapitre cinq

Une espérance bienheureuse... ou malheureuse ?

Mon amour pour la doctrine du retour du Seigneur, en particulier en relation avec l'Enlèvement de l'Église, est né le jour où je me tenais au bord de la tombe de mon père, à l'âge de neuf ans. Sa mort soudaine d'une crise cardiaque m'a profondément bouleversé. Mon pasteur, qui se trouvait être aussi mon oncle, pointa son doigt vers le ciel en affirmant : « Frank Lahaye n'est pas fini. À cause de sa foi personnelle en Christ, il ressuscitera un jour à un signal donné ; nous seront tous enlevés et nous irons le rejoindre dans les nuées ainsi que tous nos bien-aimés qui nous ont précédés et nous serons pour toujours avec eux et avec notre Seigneur. » Cette promesse de l'Écriture fut le seul espoir pour mon cœur brisé face au départ de mon père. Cette même promesse a réconforté des millions de croyants au fil des siècles.

Pouvez-vous vous imaginer dire aux saints qui passent ainsi par le deuil : « Dès que nous aurons enduré la Grande Tribulation, entièrement ou en partie, notre Seigneur nous enlèvera et nous réunira avec nos bien-aimés » ? La consolation est la substance même de 1 Thessaloniciens 4 : 12-18 car il termine en disant : *« Consolez-vous donc les uns les autres par ces paroles ».* Comme nous l'avons noté plus tôt, ce passage fut écrit alors que l'Église était encore jeune pour répondre aux interrogations des jeunes croyants face à l'avenir de leurs bien-aimés décédés quand le Seigneur reviendrait prendre les croyants encore vivants. Afin de réconforter ces jeunes chrétiens, Dieu leur a révélé le mystère de l'Enlèvement.

Si nous situons l'Enlèvement après la Tribulation ou au milieu, l'espérance et le réconfort de cet enseignement perdent alors toute leur force, surtout lorsqu'on comprend ce que sera la teneur des événements constituant la Grande Tribulation, tels que je les ai énumérés dans le chapitre précédent. Ces 31 événements sont des cataclysmes que nul ne peut attendre sans être envahi par l'angoisse et la frayeur. Je ne parviens pas à comprendre comment quiconque peut exhorter les chrétiens à vivre dans l'attente impatiente de l'Enlèvement, si celui-ci devait suivre ce qui sera le pire déferlement de la colère de Dieu dans toute l'Histoire.

Comment un chrétien pourrait-il attendre avec anticipation le retour de Christ tout en sachant qu'il ne pourra plus nourrir sa famille ni leur acheter quoi que ce soit pour subsister s'il refuse de porter la marque de la bête ? Il serait difficile pour un père chrétien d'attendre avec joie le retour de Christ tout en sachant qu'il devra peut-être voir ses enfants mourir de faim sous ses yeux.

La plupart de ceux qui enseignent que l'Enlèvement aura lieu au milieu ou à la fin de la Tribulation tendent à minimiser ces événements de la Tribulation auxquels ils considèrent cependant que l'Église est destinée. S'il est vrai que le Seigneur accordera sûrement une grâce particulière à ceux qui auront accepté Christ après l'Enlèvement et qui devront endurer les souffrances de la période qui s'ensuivra, il faudrait être masochiste pour attendre ce temps-là comme une bénédiction.

Non. L'espérance et le réconfort qu'apporte l'Enlèvement demandent que nous échappions à la Tribulation et que le Seigneur nous enlève de ce monde avant que la colère de Dieu ne soit répandue.

Notre « bienheureuse espérance » est vraiment... bienheureuse !

Les mots semblent parfois trop légers pour exprimer des pensées très profondes et des concepts glorieux. Le mot « espérance » porte en lui des promesses lumineuses, merveilleuses et incompréhensibles qui vont bien au-delà des lettres qui le composent.

> *« Que votre cœur ne se trouble point. Croyez en Dieu, et croyez en moi. Il y a plusieurs demeures dans la maison de mon Père. Si cela n'était pas, je vous l'aurais dit. Je vais vous préparer une place. Et, lorsque je m'en serai allé, et que je vous aurai préparé une place, je reviendrai, et je vous prendrai avec moi, afin que là où je suis vous y soyez aussi »* (Jean 14 : 1-3).

C'est là une perspective tellement glorieuse et étonnante que le simple mot « espérance » ne saurait suffire pour l'exprimer. Peut-être est-ce pourquoi Paul parle dans Tite 2 : 13 de notre *« bienheureuse espérance »*.

Cette *« bienheureuse espérance »* de Paul n'est rien d'autre que l'Enlèvement, qui ne concerne strictement que l'Église. Personne d'autre n'y prendra part. Il faut être né de nouveau, avoir une relation avec Christ, par la foi en sa mort et sa résurrection (cf. 1 Thessaloniciens 4 : 14), pour y prendre part.

Le retour de Christ en gloire, par contre, n'est pas pour le chrétien mais pour les croyants rescapés de la Tribulation à la fin de celle-ci. Il concernera surtout les Juifs, ceux qui leur auront fait du bien et qui auront survécu à la Tribulation.

Le fait que l'Enlèvement soit appelé *« bienheureuse espérance »* ne suggère en rien qu'elle soit incertaine. Le mot « espérance », dans le contexte biblique, signifie une attente confiante du retour de Christ. Ce retour ne fait aucun doute car il est fondé sur la Parole de Dieu qui est fiable et subsiste à jamais et qui est scellée dans les cieux. Le mot « espérance » est employé pour dénoter deux choses : 1) un événement à venir et 2) quelque chose de spécial que l'on attend avec anticipation.

Si Christ n'enlève pas son Église avant que la Tribulation commence, cette espérance est en bonne partie détruite. Elle deviendrait dès lors une malheureuse espérance plutôt qu'une bienheureuse espérance.

La résurrection de tous les croyants qui sont morts dans le Seigneur et l'Enlèvement des croyants encore vivants pour se rassembler dans les nuées, comme Paul le décrit, ont été un précieux trésor pour l'Église depuis près de vingt siècles. Nous accompagnons la dépouille de nos bien-aimés jusqu'à la terre avec cette solide espérance de nous revoir lors de l'Enlèvement avant de nous retrouver tous réunis à notre Seigneur dans la maison du Père. Pour un chrétien, la mort n'est qu'un temps de séparation d'avec ses amis. Telle est l'espérance dont se nourrit notre foi.

Ne devrions-nous pas nous préparer à la Grande Tribulation ?

Un des plus faibles arguments pour rejeter l'Enlèvement avant la Tribulation consiste à dire que nous devrions préparer l'Église à la Tribulation qui vient ; autrement, les chrétiens seront incapables de supporter les souffrances de ces mois de calamité. Après tout, selon ce raisonnement, l'Église d'aujourd'hui est nonchalante à un point tel qu'elle cèdera sous les attaques de l'antichrist, ou vivra dans la désillusion si elle s'attend à être enlevée avant la Tribulation et qu'elle se réveille un jour pour réaliser que la Tribulation a commencé. Certains prédicateurs vont jusqu'à dire que ceux d'entre nous qui enseigneront que l'Enlèvement aura lieu avant la Tribulation seront attaqués par les chrétiens en colère s'il s'avère que les croyants doivent passer à travers la Tribulation.

Un point de vue aussi pessimiste non seulement vide l'Enlèvement de toute espérance, mais sous-estime le ministère du Saint-Esprit. Si l'Église était contrainte de passer par la Tribulation, l'Esprit de Dieu ne nous abandonnerait pas. Philippiens 4 : 19 sera toujours dans notre Bible : Dieu pourvoira toujours à tous nos besoins. De plus, comment quelqu'un pourrait-il se préparer pour la Grande Tribulation ? Certes, nous pourrions mémoriser des textes de l'Écriture, mais il n'est nul besoin d'attendre une telle menace pour le faire.

Tous s'accordent à dire que des gens seront sauvés pendant la Tribulation. Ces croyants du temps de la Tribulation donneront leur vie en martyre à cause de leur amour pour Christ. Le Saint-Esprit accordera à ces saints de la Tribulation une grâce surnaturelle qui leur permettra d'être fidèles jusqu'à la mort. Il me semble ridicule d'enseigner à ceux qui viennent de donner leur vie au Seigneur que Dieu suffira face à tous les besoins, pour ensuite leur dire que s'ils ne sont pas bien préparés, ils ne pourront survivre à la Grande Tribulation.

Un tel message ne serait pas vraiment porteur d'espérance. Mon ami le Dr. Ed Hindson raconte l'histoire d'un grand prédicateur d'un autre siècle qui défendait sa conviction que Christ pouvait revenir à tout moment. Cet homme affirmait que ceux qui ne sont pas animés de cette espérance devraient renoncer à chanter leur espérance pour déclarer plutôt :

« Quel malheur ! Jésus ne peut pas encore revenir ! Je vivrai chaque jour dans l'anxiété, car je verrai bientôt la bête et le faux prophète. Quel malheur ! Quel malheur ! Jésus ne peut pas encore revenir ! »

La seule façon dont on puisse considérer un Enlèvement au milieu de la Tribulation comme une *« bienheureuse espérance »*, c'est d'ignorer tout de la véritable nature de la Tribulation ou de spiritualiser la gravité de ces événements au point de les vider de toute substance.

S'attendre à un Enlèvement pendant ou après la Grande Tribulation détruit toute imminence

Les croyants de l'Église dù Ier siècle croyaient au retour imminent de Christ, peut-être même de leur vivant. Paul exhorta la toute jeune église de Thessalonique à mener une vie consacrée en vue de cette venue. Non seulement s'étaient-ils *« convertis à Dieu, en vous détournant des idoles pour servir le Dieu vivant et vrai, et pour attendre des cieux son Fils »* (1 Thessaloniciens 1 : 9-10), mais ils étaient aussi appelés à gagner des âmes en vue de la promesse de son retour.

Ce défi à relever à la lumière de l'imminence de son retour coïncide avec de nombreuses directives semblables données par notre Seigneur selon lesquelles nous devons nous attendre à son retour à tout moment. C'est ainsi qu'il nous exhorte : *« Veillez donc, puisque vous ne savez pas quel jour votre Seigneur viendra »* (Matthieu 24 : 42). Il dira aussi *« Tenez-vous prêts, car le Fils de l'homme viendra à l'heure où vous n'y penserez pas »* (Matthieu 24 : 44 ; voir aussi Matthieu 25 : 13). Comme nous le verrons, une Église profondément consciente de l'imminence du retour du Seigneur est bien plus encline à vivre dans la sainteté dans un monde impie. Jean l'a lui-même prédit dans sa première épître : *« Quiconque a cette espérance en lui se purifie comme lui-même est pur »* (3 : 3).

Que se produit-il quand vous supprimez cette certitude du retour imminent de Christ a tout moment ?

Cela vous pousse à rabaisser votre garde. Dans un sens spirituel, vous ne sombrerez pas dans un profond sommeil, mais vous serez plus enclins à faire la sieste et à somnoler en chemin. « Oui, mon Seigneur va revenir et je dois me tenir prêt… mais il y aura de nombreux avertissements et un délai d'au moins trois ans et demi. Certes, j'ai besoin d'être sur le qui-vive, mais je ne serai pas pris par surprise car il y a toute une liste d'événements qui doivent se produire avant qu'il ne revienne. »

Notre Seigneur et ses apôtres ont enseigné ce retour imminent aux premiers chrétiens comme à nous afin de nous aider à contrer les tentations du système de pensée de ce monde et de Satan lui-même. L'Histoire nous montre que cette stratégie a bien fonctionné. Partout où les croyants ont vécu dans cette attente impatiente du retour du Seigneur de leur vivant, il en a résulté un niveau plus élevé de consécration, un plus grand zèle pour le salut des âmes et un désir accru d'envoyer des missionnaires. Ce n'est pas par hasard que les trois premiers siècles de l'Église ont vécu des temps exceptionnels dans ces différents domaines. Mais ce zèle s'est estompé alors que l'enseignement sur le retour du Seigneur était progressivement abandonné par l'Église catholique. Après l'emphase renouvelée sur l'interprétation littérale de la Bible par la Réforme et l'intérêt ravivé pour la prophétie et le retour de Christ, la foi en son retour imminent produisit tout à nouveau une vie marquée par la sainteté dans un monde impie.

Il est bien triste de constater qu'en vingt siècles d'Histoire, l'Église n'a mis l'accent sur l'imminence du retour de Christ que pendant cinq siècles environ. Mais ces périodes furent les plus consacrées, les plus centrées sur le salut des âmes, la mission et une vie d'Église fructueuse sur le plan spirituel.

Franchement, une de mes principales objections à l'enseignement selon lequel Christ reviendrait pendant ou après la Tribulation est qu'il anéantit tout sens de l'imminence de son retour. Car si Christ ne peut venir d'un moment à l'autre, nous ne pouvons alors être encouragés à nous attendre à son retour. Au contraire, nous devons nous attendre à l'émergence de la Grande Tribulation, alors que l'antichrist signera une alliance avec Israël pour sept ans, à voir le Temple reconstruit, la marque de la bête, l'avènement de l'antichrist lui-même et aux 31 événements énumérés au chapitre 4 de ce livre. Seul le point de vue prétribulationniste prend en compte la promesse du retour imminent de Christ.

Ceux qui attendent l'Enlèvement avant la Tribulation s'attendent à Christ et non à l'antichrist. J'ai toujours été stupéfait de voir de bons frères qui aiment le Seigneur et son retour supposer qu'il puisse revenir au milieu de la Tribulation ou même après alors qu'une telle affirmation détruit une vérité centrale de l'enseignement de notre Seigneur : *« Car le Fils de l'homme viendra à l'heure où vous n'y penserez pas »* (Matthieu 24 : 44). De plus, il est écrit : *« Pour ce qui est du jour et de l'heure, personne ne le sait, ni les anges des cieux, ni le Fils, mais le Père seul »* (Matthieu 24 : 36). Si quelqu'un adhère à un Enlèvement pendant ou après la Tribulation, alors il n'y aura pour lui rien de secret quant au retour de Christ. Chacun peut calculer précisément quand il reviendra : il reviendra 1 260 jours après qu'Israël ait signé son alliance avec l'antichrist (s'il s'avérait que l'Enlèvement ait lieu au milieu de la Tribulation). Ces deux points de vue détruisent effectivement l'imminence du retour de Christ ! Seul le point de vue selon lequel il reviendra avant la Tribulation entretient constamment la flamme de l'espérance de son retour. Ceux qui aiment la vérité biblique devront être confrontés à des preuves plus probantes qui n'ont pas encore été trouvées avant d'embrasser un enseignement qui détruit cette attente précieuse.

Pas de signe avant l'Enlèvement

Même les adversaires de la position qui défend l'Enlèvement avant la Tribulation admettent que la Bible enseigne qu'il n'y aura pas de signe associé à l'Enlèvement de l'Église par Christ. Tous les signes prophétiques – et ils sont nombreux – sont en rapport avec son retour en gloire. Certains enseignants défendant l'Enlèvement avant la Tribulation ont été tournés en ridicule concernant les signes du retour de Christ tout en insistant sur le fait qu'il n'y aura pas de signe spécifique en ce qui concerne l'Enlèvement, mais ces critiques négligent un fait important. L'ombre des signes prédisant la fin de notre ère qui se terminera par son retour en gloire se profilera à l'avance et servira d'avertissement général quant à l'imminence de son retour. Le temps est proche ! Comme Siméon et Anne, qui savaient que le Seigneur naîtrait de leur vivant, il est possible pour des étudiants attentifs de la prophétie d'anticiper la période conduisant à l'Enlèvement. En fait, l'Écriture parle du temps où *« l'étoile du matin se lève dans vos cœurs »* (2 Pierre 1 : 19). Cette étoile du matin pourrait bel et bien être cet esprit d'anticipation à l'approche de son retour.

Un de mes associés dans le ministère illustra cette vérité par une histoire qui lui arriva tandis qu'il faisait les magasins avec sa femme début novembre. Il fut étonné de voir les magasins arborant déjà les arbres de Noël et d'autres décorations de fin d'année.

Il me demanda alors : « Qu'est-ce que cela évoque pour toi ? »

– C'est bientôt Noël !, lui répondis-je.

– Non, répliqua-t-il. Cela signifie que *Thanksgiving* (fête populaire d'Action de Grâces que les américains célèbrent) arrive ! Il faut fêter *Thanksgiving* avant de pouvoir fêter Noël ! »

Il est va de même avec les signes avant-coureurs du glorieux retour du Seigneur. Nous pouvons être bien certains que l'Enlèvement approche ! Et la venue de Christ avec gloire et puissance s'ensuivra rapidement.

Il est bien légitime que nous voulions étudier les signes de la venue de Christ à la fin des temps (voir Matthieu 24 : 3) afin de pouvoir discerner l'époque approximative de son retour. Mais souvenez-vous de ceci : quel que soit le temps que vous pensiez qu'il reste à attendre, il vous faut déduire au moins sept ans pour l'Enlèvement de l'Église. Notre bienheureuse espérance est l'assurance d'être prêt quand il viendra *« au son de la trompette de Dieu »*, et que cela surviendra avant que la Tribulation n'arrive *« pour éprouver les habitants de la terre »* (Apocalypse 3 : 10).

Tout autre point de vue n'engendre qu'une « malheureuse espérance » !

Chapitre six

Qui a dit que ce sujet était obscur ?

Une objection courante à croire en un Enlèvement avant la Grande Tribulation avance qu'aucun passage de l'Écriture ne présente les deux phases de la seconde venue de Christ comme étant séparées par la Tribulation. Cela est vrai. Mais d'un autre côté, aucun passage n'enseigne davantage que l'Enlèvement aura lieu pendant ou après la Tribulation. Aucun passage n'enseigne non plus quoi que ce soit qui s'oppose à un Enlèvement avant la Tribulation. Notre tâche consiste à étudier avec soin les passages en rapport avec la seconde venue pour voir s'ils parlent bien du seul et même événement. Nous découvrons que la plupart d'entre eux parlent du retour de Christ en gloire pour établir son règne. Il y a cependant au moins trois références claires à l'Enlèvement, sans parler de diverses allusions.

Puisque nous fondons notre position sur la Parole de Dieu, une seule référence ne saurait être suffisante. Mais il y en a plusieurs. Nous avons déjà considéré trois principaux passages sur l'Enlèvement : Jean 14 : 1-3 ; 1 Thessaloniciens 4 : 13-18 ;

1 Corinthiens 15 : 51-58. D'autres brefs passages, tel que 1 Thessaloniciens 1 : 8-10, ne font pas clairement la distinction entre les deux phases du retour de Christ. Ils apportent toutefois davantage de détails sur l'Enlèvement que sur le retour de Christ en gloire. Nous trouvons dans 1 Thessaloniciens 5 : 9-10 un autre de ces passages. J'ai déjà montré comment Apocalypse 4 : 1-2 fait également allusion à l'Enlèvement. De plus, nous avons identifié quatre passages qui prédisent que nous serons délivrés *« de la colère à venir »*, ainsi que de la colère qui sera répandue pendant la Tribulation. J'ai trouvé trois autres passages bibliques dans lesquels les deux phases du retour de Christ sont mentionnées dans un même verset, chapitre ou livre. Les deux derniers montrent ces deux événements séparés par la période de la Tribulation, ou les activités de l'antichrist, pendant la période de sept ans de la Tribulation.

L'Enlèvement et le retour en gloire dans un même verset

Dans Tite 2 : 13, Paul lance au peuple de Dieu le formidable défi de vivre dans la sainteté et la piété. Il se fonde en partie sur la seconde venue de notre Seigneur : *«...en attendant la bienheureuse espérance, et la manifestation de la gloire de notre grand Dieu et Sauveur Jésus-Christ »*.

La *« bienheureuse espérance »* est très certainement une référence à l'Enlèvement de l'Église. Vu sous tous les angles, l'Enlèvement qui suivra immédiatement la résurrection des morts en Christ est la *« bienheureuse espérance »* de l'Église. Comme nous l'avons déjà noté, notre attente certaine est d'être un jour transportés pour être avec Christ avant que la colère de Dieu ne vienne.

J'ai insisté dans le chapitre précédent sur le fait que si notre espérance était d'attendre sa venue en devant endurer la Tribulation avec ses jugements, ses trompettes, ses coupes, ses sceaux et ses

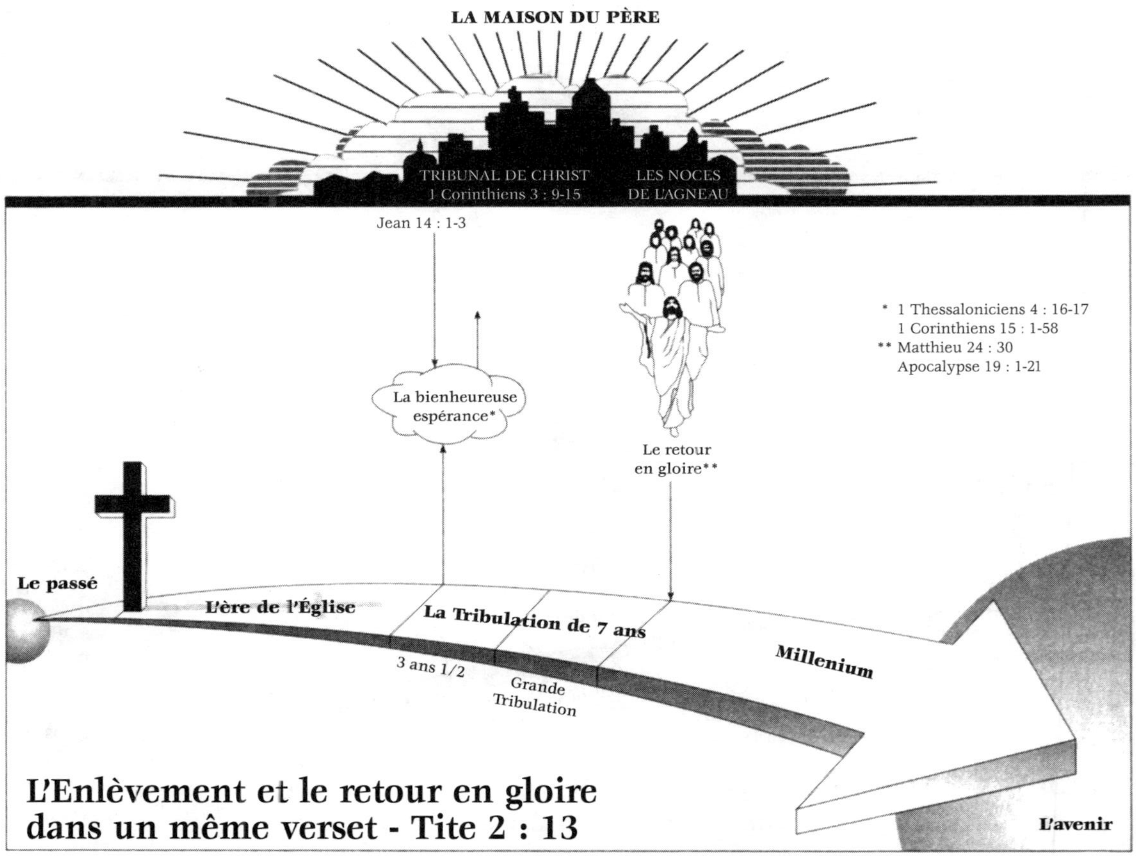
LA MAISON DU PÈRE
TRIBUNAL DE CHRIST
1 Corinthiens 3 : 9-15
LES NOCES
DE L'AGNEAU
Jean 14 : 1-3
La bienheureuse
espérance*
Le retour
en gloire**
* 1 Thessaloniciens 4 : 16-17
1 Corinthiens 15 : 1-58
** Matthieu 24 : 30
Apocalypse 19 : 1-21
Le passé
L'ère de l'Église
La Tribulation de 7 ans
3 ans 1/2
Grande
Tribulation
Millenium
L'avenir
L'Enlèvement et le retour en gloire
dans un même verset - Tite 2 : 13

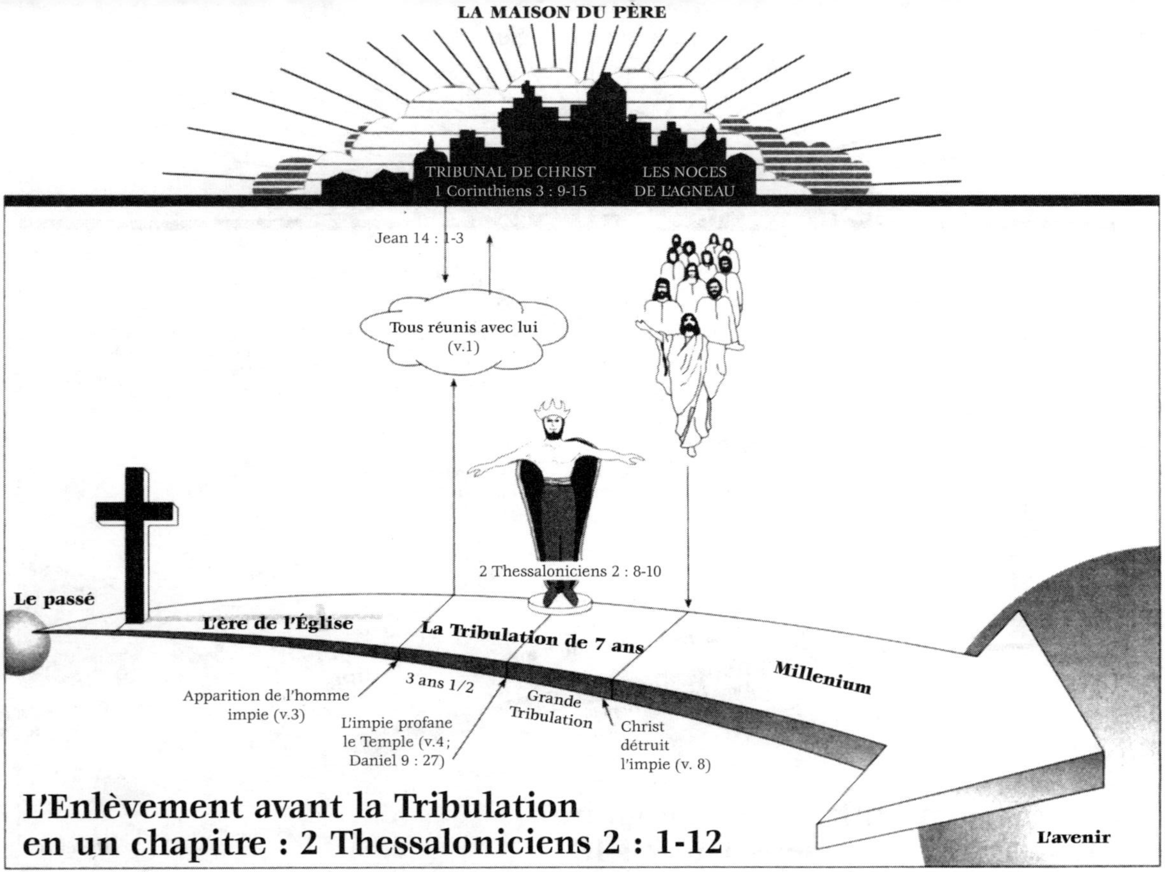
LA MAISON DU PÈRE
TRIBUNAL DE CHRIST
1 Corinthiens 3 : 9-15
LES NOCES
DE L'AGNEAU
Jean 14 : 1-3
Tous réunis avec lui
(v.1)
2 Thessaloniciens 2 : 8-10
Le passé
L'ère de l'Église
La Tribulation de 7 ans
Millenium
3 ans 1/2
Apparition de l'homme
impie (v.3)
L'impie profane
le Temple (v.4;
Daniel 9 : 27)
Grande
Tribulation
Christ
détruit
l'impie (v. 8)
L'Enlèvement avant la Tribulation
en un chapitre : 2 Thessaloniciens 2 : 1-12
L'avenir

catastrophes, cette espérance n'aurait rien de « bienheureuse ». Sans doute est-ce la raison pour laquelle notre *« bienheureuse espérance »* est toujours abordée dans un contexte de joie.

Considérez le défi lancé par notre Seigneur à ses disciples la veille de sa mort. Il n'a pas dit : « Cramponnez-vous, les gars ! Que votre cœur ne se trouble point simplement parce que vous aurez à traverser la Grande Tribulation avant que je ne puisse vous prendre avec moi ! » Au contraire, il les a encouragés : *« Que votre cœur ne se trouble point… je reviendrai, et je vous prendrai avec moi, afin que là où je suis vous y soyez aussi »* (Jean 14 : 1-3). Ce texte est un parallèle direct des propos de Paul dans 1 Thessaloniciens 4 : 16-17 : *« Car le Seigneur lui-même… descendra du ciel… Ensuite, nous les vivants, qui serons restés, nous serons tous ensemble enlevés avec eux sur des nuées, à la rencontre du Seigneur dans les airs »*. L'Enlèvement est vraiment la *« bienheureuse espérance »* de l'Église.

Le retour en gloire est une toute autre affaire. Il introduit ce jour unique où Christ reviendra sur terre triomphalement pour y être reconnu par tous les hommes comme Roi des rois et Seigneur des seigneurs. Le glorieux retour de Christ sera littéral, physique, accompagné de son Église, lors de la deuxième phase de son retour. L'Enlèvement sera son retour dans les airs pour prendre son Église auprès de lui. Les deux phases du retour de Christ sont mentionnées dans Tite 2 : 13 où Paul parle de la *« bienheureuse espérance »* qui est l'Enlèvement, et de la *« manifestation de la gloire »* qui est son retour physique sur terre pour régner.

Le pré-tribulationnisme en un chapitre

2 Thessaloniciens 2 : 1-12 parle de l'Enlèvement, de la Grande Tribulation et du retour en gloire en un seul chapitre, ce qui est unique dans la Bible. Il est fait référence au sujet au tout premier verset, à savoir *« l'avènement de notre Seigneur Jésus-Christ »*

Paul emploie ensuite une conjonction habituellement traduite par *« et »* pour parler de notre réunion avec lui. La seconde venue fait référence aux deux phases séparées par sept années. Notre *« réunion avec lui »* parle de l'Enlèvement par lequel Christ accueille son Église dans sa présence. C'est ainsi que le verset 1 parle des deux : *« l'avènement de notre Seigneur Jésus-Christ et notre réunion avec lui »*.

Paul poursuit ensuite avec une des descriptions les plus détaillées du Nouveau Testament, à l'exception de l'Apocalypse, des activités de l'antichrist, qu'il situe entre ces deux événements distincts. Tout comme Jean situe la venue de l'antichrist avant le retour en gloire décrit dans l'Apocalypse, Paul fait de même dans ce passage.

« Le jour du Christ » est l'apparition publique de Christ sur terre, qui n'aura lieu que lorsque l'impie, l'homme de péché, sera détruit par le Seigneur *« par le souffle de sa bouche, et... il écrasera par l'éclat de son avènement »* (v. 8) lors de son retour en gloire.

Sur le tableau de la page précédente, vous voyez la distinction entre *« notre réunion avec lui »* (1 Thessaloniciens 4 : 13-18) et son glorieux retour. Les deux sont séparés par les œuvres de l'impie ou de l'antichrist, tout cela en un chapitre (2 Thessaloniciens 2). S'il nous faut nous tourner vers Daniel et Jean pour mieux saisir la chronologie de ces événements d'une durée de sept ans, Paul mentionne ici ces trois événements dans un seul chapitre.

Le pré-tribulationnisme en un livre

Le livre de l'Apocalypse fut écrit par Jean environ 50 ans après que le Seigneur ait fondé son Église et qu'il soit remonté au ciel. Non seulement nous y révèle-t-il Jésus-Christ dans sa condition présente et future, mais il nous montre aussi *« ce qui doit arriver dans la suite »* (Apocalypse 4 : 1). Le livre est semblable à un fleuve qui coule depuis les jours de Jean jusqu'au retour en gloire de Christ pour établir son règne avec puissance.

Le chapitre 1 est une introduction et les chapitres 2 et 3 couvrent l'ère de l'Église sous l'exemple de sept églises historiques pour décrire toute cette période. L'église d'Éphèse, par exemple, est la seule pour laquelle il soit fait référence aux apôtres parce que l'Église du Ier siècle était la seule à inclure des apôtres. (1)

Les chapitres 4 et 5 ouvrent le rideau sur la scène d'une immense tragédie qui a lieu dans le ciel.

Les chapitres 6 à 18 fournissent la description la plus détaillée des événements de la période de la Tribulation que l'on puisse trouver dans la Bible.

Au chapitre 19, Christ revient physiquement sur la terre, jugeant l'antichrist, le faux prophète, et les nations.

Au chapitre 20, Christ lie Satan et le jette dans l'abîme, puis il établit son règne de mille ans sur terre, avant le jugement des perdus de tous les temps.

Les deux derniers chapitres (21 et 22) décrivent le ciel éternel que Christ a préparé pour les croyants de tous les temps.

À présent, regardez le tableau de la page suivante qui nous présente la fin de l'ère de l'Église. Les chapitres 2 et 3 de l'Apocalypse nous décrivent les événements qui vont survenir sur la terre. Les chapitres 4 et 5 nous donnent une brève description de ce qui se produit alors dans le ciel, et qui était déjà amorcé. Comme nous l'avons déjà vu, juste avant le début de la Tribulation, Jean, qui fait partie de l'Église, est enlevé au ciel dans Apocalypse 4 : 1-2 :

> *« Après cela, je regardai, et voici, une porte était ouverte dans le ciel. La première voix que j'avais entendue, comme le son d'une trompette, et qui me parlait, dit, Monte ici, et je te ferai voir ce qui doit arriver dans la suite. Aussitôt je fus saisi par l'Esprit. Et voici, il y avait un trône dans le ciel, et sur ce trône quelqu'un était assis. »*

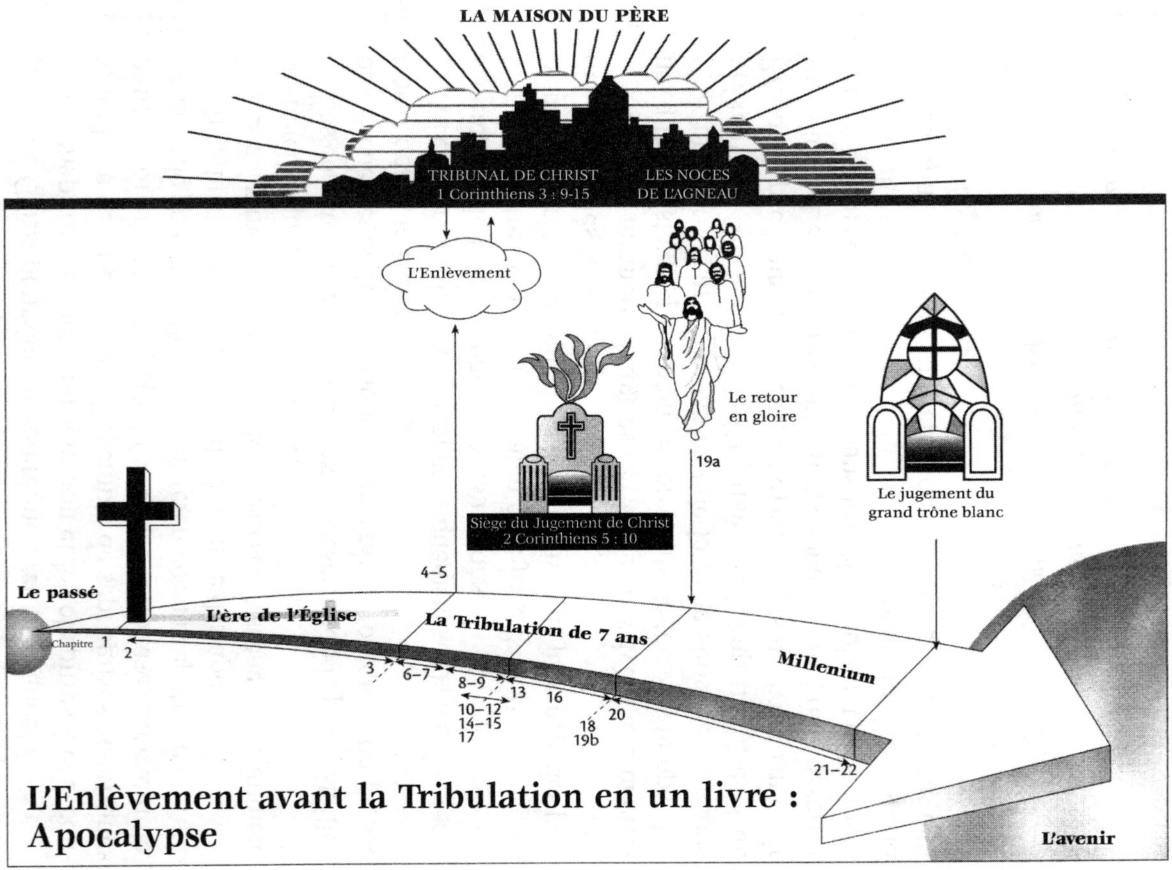
LA MAISON DU PÈRE
TRIBUNAL DE CHRIST
1 Corinthiens 3 : 9-15
LES NOCES
DE L'AGNEAU
L'Enlèvement
Le retour
en gloire
Siège du Jugement de Christ
2 Corinthiens 5 : 10
19a
Le jugement du
grand trône blanc
4–5
Le passé
L'ère de l'Église
La Tribulation de 7 ans
Millenium
Chapitre 1
2
3
6–7
8–9
10–12
14–15
17
13
16
18
19b
20
21–22
L'Enlèvement avant la Tribulation en un livre :
Apocalypse
L'avenir

Ce texte par lui-même ne suffit pas à établir la doctrine de l'Enlèvement précédant la Tribulation, mais à la lumière des passages précédemment étudiés, et qui décrivent l'Enlèvement de tous les croyants, morts ou vivants lors de cette première phase du retour de Christ, le fait que Jean ait été saisi et enlevé dans le ciel est certainement un bon avant-goût de l'Enlèvement de l'Église avant la Tribulation.

Jean représente l'Église au moins en ce qu'il est enlevé pour être avec Christ dans les airs pendant que ceux qui vivent encore sur terre doivent affronter le temps de la Tribulation. L'Église ne devrait pas s'attendre à traverser la Grande Tribulation ; Israël, par contre, le devrait. Selon la prophétie de Daniel 9 : 24-27, une période prophétique de sept années reste encore à se réaliser pour eux en tant que nation. Cette période s'achèvera pour eux à l'issue d'un temps de colère connu sous le nom de *« temps d'angoisse pour Jacob »* (Jérémie 30 : 7). Les païens inconvertis doivent aussi s'attendre à vivre ces temps où le nouvel ordre mondial dirigé par un gouvernement unique entrera en scène au cri de : « Donnons une chance à la paix mondiale ! ». Un personnage hautement charismatique qui n'a aucune place pour Dieu ni pour ses valeurs morales parviendra ainsi à ses fins à travers telle ou telle grande organisation internationale.

Les chrétiens n'ont pas à se préparer à vivre ce temps de colère, mais plutôt le retour du Seigneur. C'est ainsi que nous devrions vivre de façon telle que le jour où il viendra prendre son Église *« à l'heure où vous ne vous y attendez pas »* (Matthieu 24 : 44), nous soyons tous prêts. Il est certain que tout non chrétien qui a entendu l'Évangile et l'a compris devrait y croire et invoquer le nom du Seigneur pour son salut, afin que ces jours ne le surprennent pas comme un voleur et qu'il ne soit laissé derrière.

Il est une question plus importante que toutes les autres en rapport avec la prophétie biblique : si Christ devait revenir aujourd'hui pour prendre son Église avec lui et déclencher la Grande Tribulation, seriez-vous prêt à être enlevé dans les airs ? Si non, faites le nécessaire en invitant personnellement Christ à entrer dans votre cœur par la foi.

Un soutien biblique franc et massif

Les Écritures que nous avons examinées dans ce chapitre démontrent que l'enseignement selon lequel l'Église sera enlevée avant la Tribulation et que son glorieux retour suivra ne sont pas si obscures. Nous avons noté que les deux aspects du retour de Christ sont inclus dans un même verset, dans un chapitre entier consacré à ce sujet et une autre fois dans un livre tout entier. Les critiques se plaignent qu'il n'y ait pas un seul passage qui parle ouvertement de l'Enlèvement avant la Tribulation ; mais nous avons relevé que Tite 2 : 13 identifie ces deux événements, à savoir notre *« bienheureuse espérance »* et la *« manifestation de la gloire de Christ »*. 2 Thessaloniciens 2 : 1-12 décrit les deux événements – notre réunion avec lui et son retour avec éclat – séparés par les événements liés à l'impie et à la Tribulation. Le livre de l'Apocalypse, quant à lui, fait de même, nous décrivant l'ère de l'Église, Jean saisi et enlevé dans le ciel, les sept ans de Tribulation et la venue de Christ avec gloire sur la terre.

Aucun autre point de vue sur les événements de la fin ne peut fournir de tels passages pour soutenir sa position. Ce que les autres considèrent comme obscur n'est ni plus ni moins que l'enseignement limpide de l'Écriture.

Chapitre sept

Sa glorieuse apparition

Tous les chrétiens s'accordent sur le fait que ce monde n'en a pas fini avec Jésus-Christ.

Il reviendra sur terre, mais pas en humble serviteur comme lors de sa première venue, où son but était de mourir pour les péchés de l'humanité. Il l'a accompli il y a quelque deux mille ans. Depuis, nous attendons sa deuxième venue *« avec puissance et une grande gloire »* (Matthieu 24 : 30).

Seule la doctrine du salut est mentionnée plus souvent dans la Bible que l'assurance de son retour. Pas moins de trois cents dix-huit promesses ont été données par la bouche des prophètes, de Jésus lui-même et par l'enseignement des apôtres. Même les anges proclament cet avènement. Si la fréquence d'une mention indique quelque peu l'importance d'un sujet, alors le retour du Seigneur est largement le second sujet le plus important de l'Écriture. Si Jésus-Christ ne revient pas physiquement et littéralement sur cette terre pour y établir son règne, le christianisme aura été la plus grande supercherie de l'Histoire. Son retour est si intimement lié aux principales doctrines de la Bible et de l'Église que la validité du christianisme en dépend totalement.

Sans la seconde venue, il n'y aura pas de résurrection des morts, de tribunal de Christ, de récompenses, de ciel ni d'éternité, de triomphe final du bien sur le mal, de défaite de Satan (le tentateur qui doit être jeté dans l'enfer éternel). Tous ces événements prévus dans la Bible attendent le retour de notre Seigneur.

La première venue de Christ est un des faits les mieux authentifiés de l'Histoire ancienne. Aujourd'hui encore, chaque chèque et chaque lettre sont datées selon l'année de la naissance de notre Seigneur. Pourquoi sa naissance a-t-elle été choisie comme repère à partir duquel tout le calendrier de l'Histoire s'articule ? D'abord à cause de ce qu'il était : Dieu qui s'est fait homme. Mais aussi à cause de ce qu'il a fait pour l'humanité en mourant pour ses péchés. Nous pouvons l'identifier parce qu'il a accompli tant de prophéties de l'Ancien Testament que même ses contemporains, tels que Siméon, Anne et Jean Baptiste l'attendaient avec anticipation. C'est ainsi qu'ils l'ont reconnu comme l'Agneau de Dieu ou le Messie.

Aujourd'hui, aucun érudit de bon sens ne nie le fait que Jésus a vécu il y a près de deux mille ans. Or, nous trouvons dans la Bible trois fois plus de prophéties en rapport avec sa seconde venue qu'avec la première. Son retour est donc trois fois plus sûr que sa première venue qui peut quant à elle être vérifiée comme un fait historique.

Quelle est l'importance de son retour ? Tous les chrétiens s'y attendent, quelles que soient leur dénomination ou leurs convictions théologiques. Il est inclus dans toutes les confessions de foi et de tous les *credo* des Églises. Les chrétiens peuvent être en désaccord quant au temps ou aux événements qui entoureront sa venue ; certains ne reconnaissent pas les diverses étapes nécessaires, mais tous s'accordent à dire qu'il reviendra pour ressusciter et juger les vivants et les morts avant de les introduire dans l'éternité.

Le plus grand événement au monde

La seconde venue de Jésus-Christ sera de loin le plus grand événement au monde depuis sa première venue sur terre comme un bébé, car elle achèvera ainsi l'ère actuelle de la grâce de Dieu envers l'homme, introduisant un tout nouveau programme appelé *Millenium*. Et si bien des titres sont donnés pour décrire cette phase visible de son retour où il sera reconnu comme Roi des rois et Seigneur des seigneurs, le titre le plus évocateur est certainement celui que l'on trouve sous la plume de l'apôtre Paul : *« la manifestation de la gloire de notre grand Dieu et Sauveur Jésus-Christ »* (Tite 2 : 13).

Cet événement donnera tout son sens à la création de l'Univers, à la vie et à l'éternité. Il sera le summum de plus de six mille ans de rapports entre Dieu et les hommes, ramenant ses derniers au type de relation que Dieu avait voulu vivre avec Adam et Ève quand il les a placés dans le jardin d'Éden. Ceux qui vivront sur terre pendant le Millenium se soumettront volontairement à l'autorité de Dieu et le serviront de leur plein gré.

L'événement qui déclenchera cette ère nouvelle sera la seconde venue de Christ *« avec gloire et puissance »*. Non seulement s'agit de son *« retour en gloire »*, mais aussi de la *« révélation »* et de la *« venue de Christ avec puissance »*. Mon expression préférée est celle qui en parle comme de *« la manifestation glorieuse de Christ dans toute sa puissance »*. Car le monde verra alors le Sauveur tel qu'il est : non plus le serviteur souffrant de l'Éternel qui fut rejeté dès la naissance, qui a connu l'hostilité toute sa vie durant et qui fut crucifié, mais tel qu'il est aujourd'hui, objet de l'adoration des hommes et des anges.

Hollywood et LasVegas nous parlent d'événements dits « stellaires », mais de quoi parlent-ils vraiment ? Un groupe folklorique médiocre qui chante à la foire ? La sortie du nouvel album d'un artiste vieillissant ? La présentation d'une nouvelle marque de crème fouettée ? Un nouveau programme de télé à l'eau de rose ? Les mots ont souvent perdu tout leur sens et nous laissent indifférents.

Mais sa venue sera vraiment un événement stellaire. Céleste. Cosmique. Grandiose. Plus grand que les cieux. En cet instant, hommes, femmes, rois, tyrans et grands de ce monde auront le souffle coupé et plieront le genou devant lui. Il n'aura pas besoin de projecteurs, de machines à effets spéciaux, de musique amplifiée, ni de rayons laser. Ce sera « pour de vrai » !

Ce glorieux avènement sera le moment qu'attendaient tous ceux qui auront reçu l'enseignement de la Bible. Il mettra un terme au péché, à l'injustice et à tout ce qui a pu dénaturer et affliger l'histoire de l'humanité.

La venue de Christ inaugurera la résurrection des saints et l'établissement de son royaume de paix et de justice promis par les prophètes, par notre Seigneur lui-même, par les apôtres, les anges et une multitude de chrétiens attachés à la Bible depuis près de deux mille ans. Pensez-y…

Le retour de Christ clairement affirmé

Les promesses qu'ont laissées les prophètes d'Israël

Ésaïe 9 : 6-7 contient une des promesses les plus grandes et les plus connues concernant la certitude de la double venue de Christ sur cette terre, d'abord pour souffrir, puis pour régner :

> *« Car un enfant nous est né, un fils nous est donné, et la domination reposera sur son épaule ; on l'appellera Admirable, Conseiller, Dieu puissant, Père éternel, Prince de la paix. Donner à l'empire de l'accroissement, et une paix sans fin au trône de David et à son royaume, l'affermir et le soutenir par le droit et par la justice, dès maintenant et à toujours, voilà ce que fera le zèle de l'Éternel des armées ».*

De toute évidence, la deuxième phase du retour de notre Seigneur ne s'est pas encore produite. Mais ce passage parle d'un temps à venir où Christ lui-même, le Fils unique de Dieu, sera le maître suprême de cet Univers. Quand ? Lors de son retour en gloire.

Au chapitre 7 de son livre, Daniel décrit quatre bêtes voraces qui symbolisent quatre empires successifs qui ont dominé la terre depuis le temps du prophète (606 av. J.-C.). Cette domination païenne atteindra son point culminant lors de l'apparition de l'antichrist. Le texte promet ensuite :

> *« Je regardai, pendant que l'on plaçait des trônes. Et l'ancien des jours s'assit. Son vêtement était blanc comme la neige, et les cheveux de sa tête étaient comme de la laine pure ; son trône était comme des flammes de feu, et les roues comme un feu ardent. »*
>
> (Daniel 7 : 9)

Apocalypse 1 : 14-15 identifie cette personne comme étant Christ en personne. Le prophète Daniel nous donne lui-même plus de détails :

> *« Je regardai pendant mes visions nocturnes, et voici, sur les nuées des cieux arriva quelqu'un de semblable à un fils de l'homme ; il s'avança vers l'ancien des jours, et on le fit approcher de lui. On lui donna la domination, la gloire et le règne ; et tous les peuples, les nations, et les hommes de toutes langues le servirent. Sa domination est une domination éternelle qui ne passera point, et son règne ne sera jamais détruit. »*
>
> (Daniel 7 : 13-14)

Cela ne peut être que le Fils de Dieu lui-même, le Roi, le Messie qui vient *« avec puissance et une grande gloire »*.

Zacharie 14 : 1-9 donne plus de détails sur la venue littérale et physique du Messie qui doit venir délivrer Israël et régner sur la terre :

> *« Voici, le jour de l'Éternel arrive, Et tes dépouilles seront partagées au milieu de toi... L'Éternel paraîtra, et il combattra ces nations, comme il combat au jour de la bataille.*
>
> *Ses pieds se poseront en ce jour sur la montagne des Oliviers, qui est vis-à-vis de Jérusalem, du côté de l'orient ; la montagne des Oliviers se fendra par le milieu, à l'orient et à l'occident, et il se formera une très grande vallée ; une moitié de la montagne reculera vers le septentrion, et une moitié vers le midi... Et l'Éternel, mon Dieu, viendra, et tous ses saints avec lui... L'Éternel sera roi de toute la terre ; en ce jour-là, l'Éternel sera le seul Éternel, et son nom sera le seul nom. »*

Ce sont là quelques exemples parmi d'autres des nombreux versets de l'Ancien Testament qui donnent des détails sur la venue du Seigneur pour établir son règne terrestre. (1)

Comme nous l'avons observé, il y a huit fois plus de prophéties dans l'Ancien Testament qui traitent de la venue du Messie pour délivrer son peuple et établir un royaume mondial que pour annoncer sa première venue. Cette venue initiale étant un fait historique, la seconde venue de Christ est donc huit fois plus établie, sans même que nous ayons commencé à aborder les prophéties du Nouveau Testament !

Les promesses que Christ lui-même nous a laissées

Si le but premier de la première venue de Christ fut de souffrir et d'endurer le jugement de Dieu pour le péché des hommes du monde entier, il a aussi accompli bien d'autres choses. Il a donné amplement d'évidences quant à son identité propre, s'est offert au peuple d'Israël, a fondé son Église, formé ses disciples et appris aux chrétiens à vivre pendant son temps d'absence. Il a aussi saisi l'occasion de les enseigner à plusieurs reprises concernant son retour. En fait, deux chapitres entiers sont consacrés à ce sujet dans son message donné sur le mont des Oliviers. (2)

Jésus a aussi enseigné par des paraboles qui parlaient de son départ pour un long voyage, suivi de son retour, à la suite de quoi il demanderait compte à ses disciples de la façon dont ils auront vécu (Matthieu 25 : 14-30 ; voir aussi Luc 19 : 11-17).

Peu après avoir promis de bâtir son Église (Matthieu 16 : 18-19), Jésus a aussi promis qu'il reviendrait :

> *« Car le Fils de l'homme doit venir dans la gloire de son Père, avec ses anges ; et alors il rendra à chacun selon ses œuvres »* (Matthieu 16 : 27).

Dans Matthieu 24 : 27-31, au cœur même de son message sur le mont des Oliviers, Jésus dira :

> *« Car, comme l'éclair part de l'orient et se montre jusqu'en occident, ainsi sera l'avènement du Fils de l'homme. En quelque lieu que soit le cadavre, là s'assembleront les vautours.*
>
> *Aussitôt après ces jours de détresse, le soleil s'obscurcira, la lune ne donnera plus sa lumière, les étoiles tomberont du ciel, et les puissances des cieux seront ébranlées.*
>
> *Alors le signe du Fils de l'homme paraîtra dans le ciel, toutes les tribus de la terre se lamenteront, et elles verront le Fils de l'homme venant sur les nuées du ciel avec puissance et une grande gloire.*
>
> *Il enverra ses anges avec la trompette retentissante, et ils rassembleront ses élus des quatre vents, d'une extrémité des cieux à l'autre ».*

Dans Matthieu 25 : 31-33, il a promis :

> *« Lorsque le Fils de l'homme viendra dans sa gloire, avec tous les anges, il s'assiéra sur le trône de sa gloire. Toutes les nations seront assemblées devant lui. Il séparera les uns d'avec les autres, comme le berger sépare les brebis d'avec les boucs ; et il mettra les brebis à sa droite, et les boucs à sa gauche ».*

Il est clair que notre Seigneur croyait et enseignait qu'il reviendrait établir son règne tant promis et attendu.

La prédiction des anges

Actes 1 : 11 contient la toute première promesse faite par des êtres célestes du retour de Christ. Immédiatement après que notre Seigneur soit remonté au ciel, les anges annoncèrent à ses disciples où il s'était rendu et leur promirent :

> *« Hommes Galiléens, pourquoi vous arrêtez-vous à regarder au ciel ? Ce Jésus, qui a été enlevé au ciel du milieu de vous, viendra de la même manière que vous l'avez vu allant au ciel ».*

Voir décoller un avion de ligne est une chose. En fait, c'est plutôt ordinaire. Cela arrive quasiment chaque seconde dans les milliers d'aéroports fébriles des quatre coins du monde.

L'appareil massif se positionne en bout de piste, attend la permission de décoller, puis prend son élan – d'abord lentement, puis dans un grand vacarme. Vous pourriez le suivre en marchant et saluer quelqu'un qui regarderait par le hublot. Puis l'avion va aussi vite qu'une bicyclette… qu'une antilope… qu'une voiture… et de plus en plus vite. Enfin l'avion s'arrache de la piste vers le ciel dans un bruit assourdissant. Il ne semble plus si énorme, tandis qu'il rétrécit à vue d'œil et disparaît dans les nuages après avoir envoyé un dernier reflet de soleil. Il s'agit certainement là d'une prouesse technologique. Mais cela est devenu tellement banal. Si ordinaire.

Sauf si… quelqu'un que vous aimez de tout votre cœur est à bord de cet avion, s'éloignant ainsi de vous à tire d'aile. Peut-être un enfant qui part à l'université, un mari ou un père partant en déplacement prolongé pour affaires, une fiancée partant pour longtemps s'occuper d'un parent malade, un fils militaire en route pour une mission dangereuse.

Cela change tout. Cet avion qui disparaît dans le ciel semble alors emporter une partie de votre chair, comme arrachée par un fil de fer barbelé. Et plus l'avion s'en va loin, plus la peine est lourde et le déchirement est profond.

C'est ce qui se passe si souvent dans les aéroports. C'est pour cela que tant de gens restent debout près de la piste les yeux rivés au ciel aussi longtemps que possible.

Et c'est ce que vécurent les disciples ce jour-là quand les anges les trouvèrent le jour où Jésus remonta vers son Père. Le Seigneur s'était peu à peu évanoui dans les airs avant que leurs yeux remplis de larmes ne voient plus qu'un petit point. Jusqu'à ce qu'ils le perdent de vue complètement.

Mais Dieu ne les a pas laissés seuls au bord de la piste.

Connaissant la douleur profonde qu'ils éprouvaient, il leur envoya des messagers – non dans le ciel mais sur terre, debout à leurs côtés. Les disciples n'avaient plus besoin de rester là. Le regard perdu dans le lointain. Plus besoin d'être remplis de tristesse ou d'incertitude : *« Ce même Jésus, qui a été enlevé au ciel du milieu de vous, viendra »*. Dans le ciel. De la même manière qu'il est parti. Par un voyage retour programmé par le conseil de Dieu.

Il reviendra ! C'était la première chose que Dieu voulut que les disciples sachent dès l'instant où son Fils quittait la Galilée. Ce n'était pas un aller simple, mais la première partie de l'aller-retour.

Les promesses rappelées par les apôtres

L'apôtre Paul, qui écrivit treize épîtres, y mentionne plus souvent que quiconque – à environ cinquante reprises – le retour du Seigneur. Voici quelques exemples :

> « ... *pour attendre des cieux son Fils, qu'il a ressuscité des morts, Jésus, qui nous délivre de la colère à venir* (1 Thessaloniciens 1 : 10),
>
> ... *qu'il affermisse vos cœurs pour qu'ils soient irréprochables dans la sainteté devant Dieu notre Père, lors de l'avènement de notre Seigneur Jésus avec tous ses saints!* (1 Thessaloniciens 3 : 13),
>
> *Mais nous, nous sommes citoyens des cieux, d'où nous attendons aussi comme Sauveur le Seigneur Jésus-Christ, qui transformera le corps de notre humiliation, en le rendant semblable au corps de sa gloire, par le pouvoir qu'il a de s'assujettir toutes choses.* (Philippiens 3 : 20-21),
>
> *Et alors paraîtra l'impie, que le Seigneur Jésus détruira par le souffle de sa bouche, et qu'il écrasera par l'éclat de son avènement* (2 Thessaloniciens 2 : 8),
>
> ... *de même Christ, qui s'est offert une seule fois pour porter les péchés de beaucoup d'hommes, apparaîtra sans péché une seconde fois à ceux qui l'attendent pour leur salut* (Hébreux 9 : 28),
>
> ... *toutes les fois que vous mangez ce pain et que vous buvez cette coupe, vous annoncez la mort du Seigneur, jusqu'à ce qu'il vienne.* (1 Corinthiens 11 : 26). »

C'est l'apôtre Paul qui insiste sur le fait que, chaque fois que nous prenons le repas du Seigneur, nous le faisons, nous annonçons de fait la mort du Seigneur jusqu'à ce qu'il vienne. Quelqu'un faisait remarquer que le repas du Seigneur est pour l'Église ce qu'une alliance est pour un couple marié : un témoignage qui leur rappelle que, même lorsqu'ils sont séparés, ils s'appartiennent l'un à l'autre en attendant d'être à nouveau réunis.

L'apôtre Pierre ajouta dans 2 Pierre 3 : 10-12 :

> *« Le jour du Seigneur viendra comme un voleur ; en ce jour, les cieux passeront avec fracas, les éléments embrasés se dissoudront, et la terre avec les œuvres qu'elle renferme sera consumée. Puisque tout cela est en voie de dissolution, combien votre conduite et votre piété doivent être saintes. Attendez et hâtez l'avènement du jour de Dieu, jour à cause duquel les cieux enflammés se dissoudront et les éléments embrasés se fondront ! »*

Jude, qui pourrait ne pas avoir été un apôtre (quoique certains pensent qu'il était le demi-frère de notre Seigneur), était très respecté dans l'Église primitive. Il s'identifie comme *« serviteur de Jésus-Christ »* et cite cette prophétie d'Hénoc :

> *« C'est aussi pour eux qu'Hénoc, le septième depuis Adam, a prophétisé en ces termes : Voici, le Seigneur est venu avec ses saintes myriades, pour exercer un jugement contre tous, et pour faire rendre compte à tous les impies parmi eux de tous les actes d'impiété qu'ils ont commis et de toutes les paroles injurieuses qu'ont proférées contre lui des pécheurs impies »* (Jude 14-15).

L'apôtre Jean fait référence au retour du Seigneur en gloire dans trois de ses cinq livres du Nouveau Testament. Ce n'est que dans les petites notes personnelles que sont les deuxième et troisième épîtres qu'il n'en dit rien. Dans l'Apocalypse, il donne moult détails sur le glorieux retour de Christ et sur les événements qui y mèneront. Lorsqu'il est bien compris, ce dernier livre de la Bible est une bénédiction extraordinaire pour le chrétien.

Il présente notre Seigneur dans toute sa gloire et sa puissance, tel qu'il sera vu quand il reviendra sur cette terre. Considérez les passages suivants :

> « *Voici, il vient avec les nuées. Et tout œil le verra, même ceux qui l'ont percé ; et toutes les tribus de la terre se lamenteront à cause de lui. Oui. Amen !*
>
> (Apocalypse 1 : 7)

> *Puis je vis le ciel ouvert, et voici, parut un cheval blanc. Celui qui le montait s'appelle Fidèle et Véritable, et il juge et combat avec justice. Ses yeux étaient comme une flamme de feu ; sur sa tête étaient plusieurs diadèmes ; il avait un nom écrit, que personne ne connaît, si ce n'est lui-même ; et il était revêtu d'un vêtement teint de sang. Son nom est la Parole de Dieu. Les armées qui sont dans le ciel le suivaient sur des chevaux blancs, revêtues d'un fin lin, blanc, pur. De sa bouche sortait une épée aiguë, pour frapper les nations ; il les paîtra avec une verge de fer ; et il foulera la cuve du vin de l'ardente colère du Dieu Tout-Puissant. Il avait sur son vêtement et sur sa cuisse un nom écrit, Roi des rois et Seigneur des seigneurs* (Apocalypse 19 : 11-16).

> *Et je vis la bête, les rois de la terre, et leurs armées rassemblés pour faire la guerre à celui qui était assis sur le cheval et à son armée. Et la bête fut prise, et avec elle le faux prophète, qui avait fait devant elle les prodiges par lesquels il avait séduit ceux qui avaient pris la marque de la bête et adoré son image. Ils furent tous les deux jetés vivants dans l'étang ardent de feu et de soufre* (Apocalypse 19 : 19-20).

Puis je vis descendre du ciel un ange, qui avait la clé de l'abîme et une grande chaîne dans sa main. Il saisit le dragon, le serpent ancien, qui est le diable et Satan, et il le lia pour mille ans. Il le jeta dans l'abîme, ferma et scella l'entrée au-dessus de lui, afin qu'il ne séduise plus les nations, jusqu'à ce que les mille ans soient accomplis. Après cela, il faut qu'il soit délié pour un peu de temps. Et je vis des trônes; et à ceux qui s'y assirent fut donné le pouvoir de juger. Et je vis les âmes de ceux qui avaient été décapités à cause du témoignage de Jésus et à cause de la parole de Dieu, et de ceux qui n'avaient pas adoré la bête ni son image, et qui n'avaient pas reçu la marque sur leur front et sur leur main. Ils revinrent à la vie, et ils régnèrent avec Christ pendant mille ans » (Apocalypse 20 : 1-4).

Les promesses du Nouveau Testament

Les 218 chapitres du Nouveau Testament contiennent des centaines de promesses du retour de Christ sur terre. La plupart d'entre elles sont en rapport avec le temps où il établira son règne sur la terre après son retour, mais certains parlent de sa venue pour son Église afin de l'amener dans la maison du Père. Pour apprécier cette quantité de promesses en rapport avec ce sujet dans l'Écriture, examinez le tableau sur la page suivante qui montre la période pendant laquelle les livres du Nouveau Testament furent écrits. Ils sont représentés par des rouleaux dont la taille est proportionnelle au contenu; ceux qui sont en gris contiennent une ou plusieurs promesses du retour de Christ. Seulement cinq d'entre eux n'en contiennent aucune, dont trois sont des livres d'un seul chapitre ou des notes personnelles à des individus.

Il semble dès lors flagrant que notre Seigneur ait voulu que nous soyons bien certains qu'il reviendra, et que son retour sera un événement d'ampleur mondiale. Il reviendra avec gloire et puissance, et tout œil le verra.

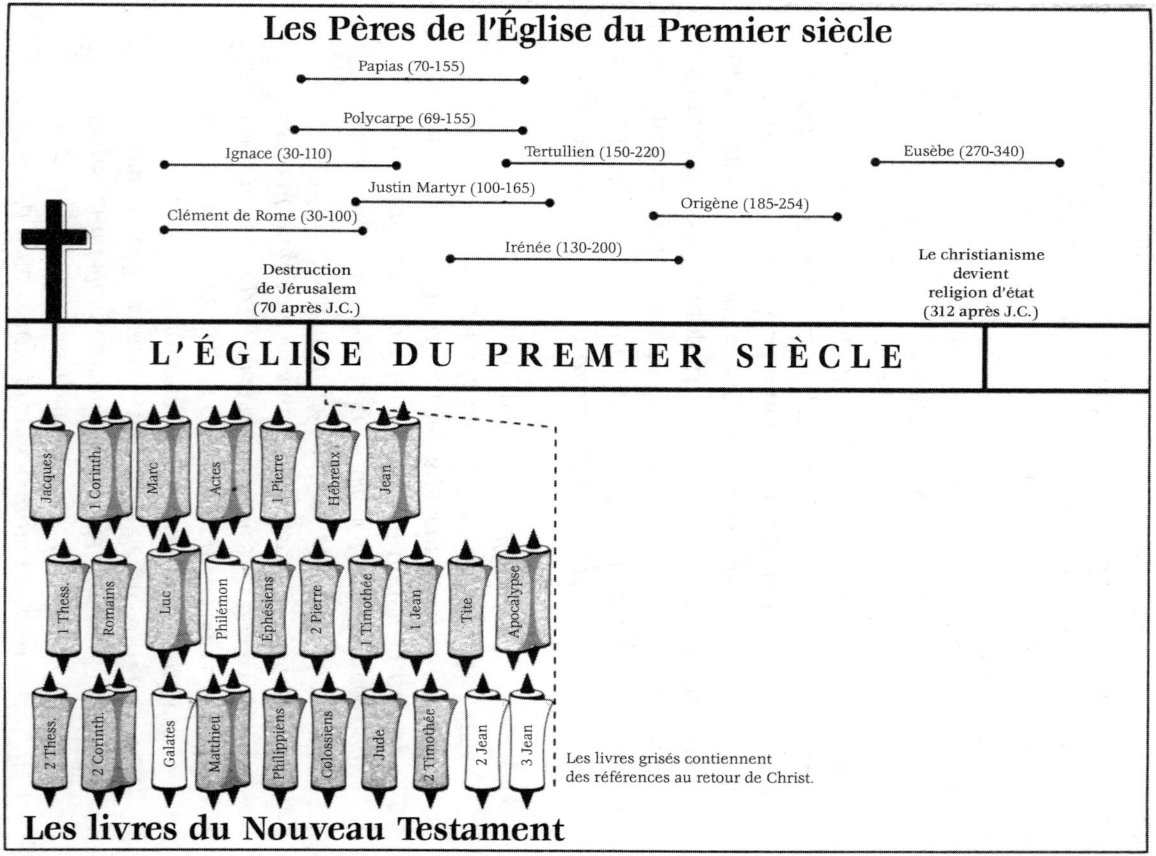

Les Pères de l'Église du Premier siècle
Papias (70-155)
Polycarpe (69-155)
Ignace (30-110)
Tertullien (150-220)
Eusèbe (270-340)
Justin Martyr (100-165)
Origène (185-254)
Clément de Rome (30-100)
Irénée (130-200)
Destruction de Jérusalem (70 après J.C.)
Le christianisme devient religion d'état (312 après J.C.)
L'ÉGLISE DU PREMIER SIÈCLE
Jacques
1 Corinth.
Marc
Actes
1 Pierre
Hébreux
Jean
1 Thess.
Romains
Luc
Philémon
Éphésiens
2 Pierre
1 Timothée
1 Jean
Tite
Apocalypse
2 Thess.
2 Corinth.
Galates
Matthieu
Philippiens
Colossiens
Jude
2 Timothée
2 Jean
3 Jean
Les livres grisés contiennent des références au retour de Christ.
Les livres du Nouveau Testament

Une merveilleuse garantie

Il ne fait aucun doute que le Seigneur Jésus-Christ va revenir sur cette terre. C'est un fait prophétique, garanti par la Parole éternelle de Dieu. La déité et la crédibilité de Dieu en dépendent. C'est un événement prophétique à venir dont l'accomplissement pourrait ne pas être bien lointain. Cependant, avant qu'il ne vienne, il enlèvera son Église pour qu'elle soit avec lui dans la maison du Père. Cet événement marquera aussi le début des temps les plus mouvementés de toute l'histoire de l'humanité, aussi appelé *« la colère de Dieu »*, ou *« la Grande Tribulation »*. Le but de ces temps de tourment sera de donner à l'humanité un laps de temps de sept ans pendant lequel chacun pourra encore prendre la décision d'accepter Christ, ou l'antichrist, incarnation du mal. C'est un précieux réconfort pour tous les chrétiens que de savoir qu'ils n'auront pas à affronter cette tempête du jugement à venir. C'est précisément pour cela que l'Enlèvement est appelé la *« bien-heureuse espérance »*.

Les attaques contre le pré-tribulationnisme

L'enseignement de l'Enlèvement précédant la Grande Tribulation a enrichi la vie de millions de chrétiens ces 170 années passées, période pendant laquelle il s'est propagé. Ce point de vue n'est cependant pas universellement accepté. Au fil des ans, la plupart de ceux qui ont adopté un autre point de vue ont fait preuve de grâce envers ceux qui y adhèrent, permettant ainsi une coexistence pacifique avec nos différences. Après tout, il est plus important d'être d'accord sur le *fait* qu'il vient, que de l'être sur la *façon* dont il vient.

Mais ces dernières années, il y a eu un changement d'attitude. Certains chrétiens ont choisi de s'en prendre à ceux qui y croient de façon vicieuse et charnelle. Cela est particulièrement le cas de ceux qui croient en l'Enlèvement avant la Tribulation, et qui ont changé de position, quelles qu'en soient les raisons. Certains d'entre eux ont négligé leur engagement pour le salut des âmes et passé beaucoup de temps à tenter de convaincre d'autres croyants de changer leur point de vue sur la prophétie. Comme je le montrerai dans les pages qui suivent, ces attaques ne font que priver les chrétiens de leur *« bienheureuse espérance »*, atténuant leur attente de l'Enlèvement de l'Église par notre Seigneur à n'importe quel moment.

Certains de ces enseignements prophétiques dits de la « nouvelle vague » semblent plausibles au premier abord, mais finissent par semer le trouble chez les jeunes croyants et même chez des chrétiens plus matures qui avaient pourtant trouvé un puissant réconfort dans cette *« bienheureuse espérance »* pendant bien des années de leur marche avec Christ. J'ai étudié ces assauts contre l'Enlèvement avant la Tribulation et je suis convaincu qu'il y a de solides réponses bibliques face à ces fausses accusations.

Dans les pages qui suivent, nous étudierons ces attaques, à commencer par les plus récentes. Préparez-vous à entrer plus en profondeur dans le sujet avec moi alors que nous examinerons ces points de vue opposés. Suivez-moi. Restez attentifs. Et surtout, restez fermement attachés à votre espérance !

Deuxième partie

Les arguments bibliques en faveur de l'Enlèvement avant la Grande Tribulation

Chapitre huit

Quelles sont les options ?

Quasiment tous les chrétiens qui prennent la Bible littéralement s'attendent à être enlevés par le Seigneur avant qu'il ne vienne avec puissance sur cette terre. Des centaines de livres ont cependant été écrits pour défendre quatre perspectives différentes, dont nous avons déjà eu l'occasion de mentionner la plupart : le pré-tribulationnisme, le post-tribulationnisme, le mi-tribulationnisme et l'Enlèvement partiel. Tous enseignent que Christ reviendra physiquement sur terre pour introduire son règne de mille ans, mais divergent quant à savoir à quel moment l'Enlèvement aura lieu par rapport à la Tribulation.

Les quatre groupes croient que Jésus-Christ est le Fils de Dieu, le seul moyen de salut et s'attendent à ce qu'il revienne, relativement tôt pour la plupart. La différence réside dans un seul domaine majeur : le « quand » de sa venue pour son Église. Le problème est celui du temps et du moment de l'Enlèvement.

S'ils disent des choses bien différentes quant au sort réservé aux croyants vivant au moment de ces événements prophétiques, ils s'accordent sur la réalité du Millenium et de l'éternité. Mais pour l'une ou l'autre raison, les différends entre prémillénaristes ont provoqué ces dernières années des échanges houleux et passionnés à l'excès. Certains chrétiens en sont arrivés à avoir du mal à se parler et d'autres sont carrément devenus agressifs envers leurs frères, attristant à coup sûr le Seigneur qu'ils attendent les uns et les autres.

Savoir faire la distinction entre le dogme et l'interprétation

Certaines doctrines bibliques sont non-négociables : la divinité de Christ, le salut par la grâce par le moyen de la foi en sont deux exemples. Le fait que Christ revienne pour son Église avant, pendant ou à la fin de la Grande Tribulation n'est pas une doctrine principale. Tous les chrétiens croient que Christ viendra *« à un signal donné »* et que *« les morts en Christ ressusciteront premièrement ».* Les croyants encore en vie à ce moment-là seront transformés et enlevés avec eux à la rencontre du Seigneur dans les airs. Aussi diverses qu'elles soient, les interprétations sur le moment où l'Enlèvement aura lieu ne sont pas hérétiques et ne devraient donc pas provoquer de divisions entre les croyants. Certains de mes amis sont tout à fait en désaccord avec moi sur ce point, mais nous ne manquons pas pour autant de respect les uns pour les autres ni ne mettons en doute notre amour pour le Seigneur.

Les textes

Aucun verset ne déclare formellement : « Christ n'enlèvera pas son Église avant la Grande Tribulation ». D'un autre côté, aucun texte biblique n'affirme qu'il ne viendra pas avant la Grande Tribulation, ou qu'il viendra au milieu ou à la fin de celle-ci. Toute affirmation explicit clorait de suite le débat. Il faut

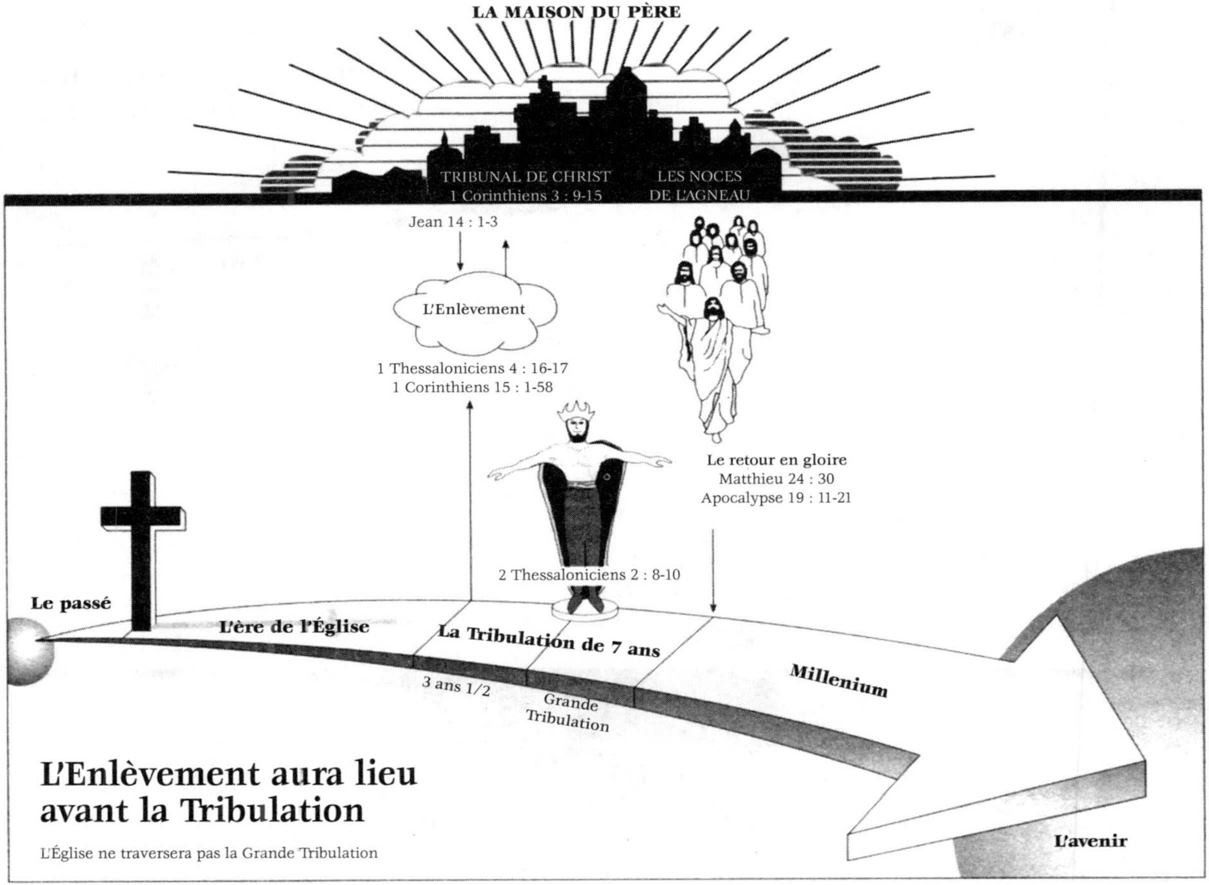

L'Enlèvement aura lieu avant la Tribulation

L'Église ne traversera pas la Grande Tribulation

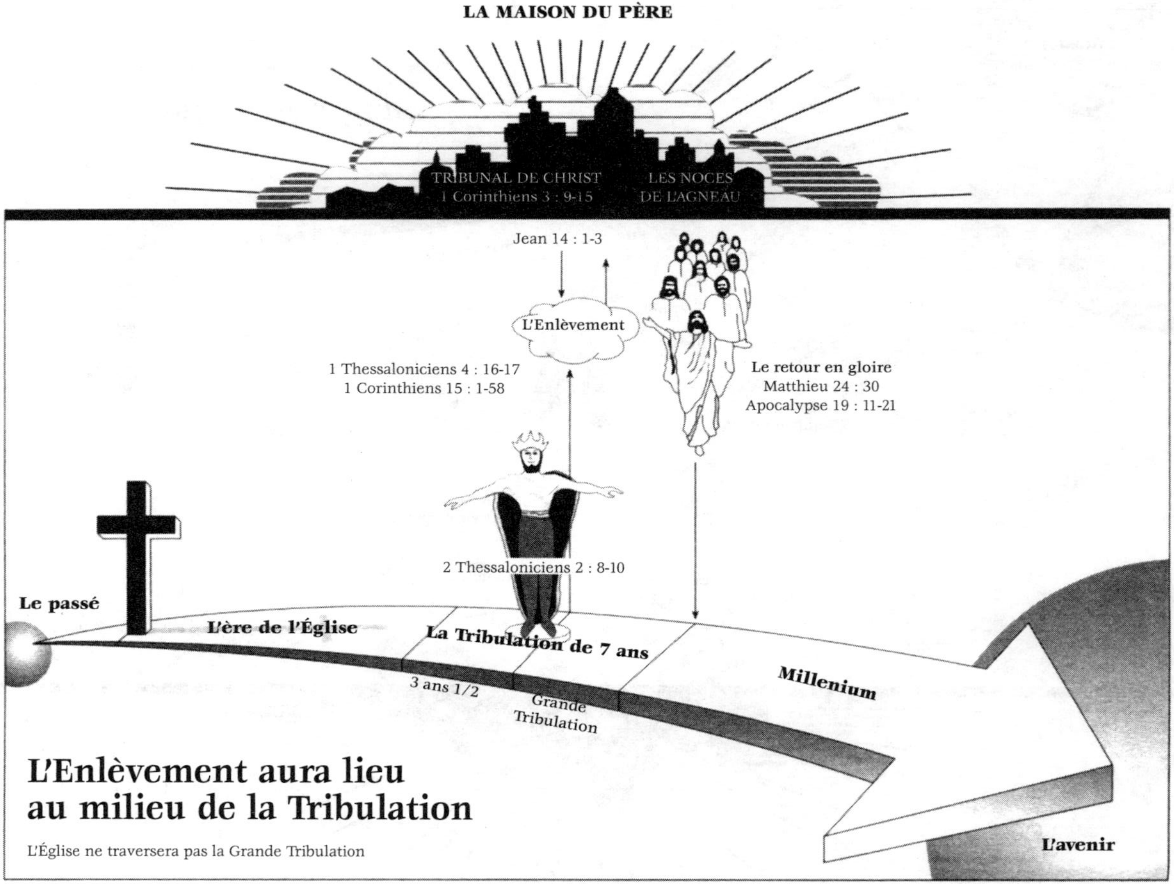
LA MAISON DU PÈRE
TRIBUNAL DE CHRIST
1 Corinthiens 3 : 9-15
LES NOCES
DE L'AGNEAU
Jean 14 : 1-3
L'Enlèvement
1 Thessaloniciens 4 : 16-17
1 Corinthiens 15 : 1-58
Le retour en gloire
Matthieu 24 : 30
Apocalypse 19 : 11-21
2 Thessaloniciens 2 : 8-10
Le passé
L'ère de l'Église
La Tribulation de 7 ans
3 ans 1/2
Grande Tribulation
Millenium
L'avenir
L'Enlèvement aura lieu
au milieu de la Tribulation
L'Église ne traversera pas la Grande Tribulation

aussi noter qu'il n'y a pas de référence à l'Enlèvement en rapport avec le retour du Seigneur en gloire. Là encore, si les post-tribulationnistes avaient trouvé un tel verset, la discussion serait close. Notre tâche consiste donc à rapprocher tous les textes qui fournissent quelques détails sur la seconde venue du Seigneur, les mettre dans le meilleur ordre possible, et les interpréter selon les principes fondamentaux d'étude de la Bible.

Le tableau figurant au chapitre 2, qui aligne les trois grands passages sur l'Enlèvement avec d'autres passages en rapport avec la seconde venue de Christ, illustre bien cette approche. C'est ce que nous considérons *« dispenser droitement la parole de vérité »* (2 Timothée 2 : 15). En l'absence d'un texte qui règle clairement la question, nous sommes contraints à ordonner les événements que nous trouvons décrits sur la base d'une bonne analyse biblique et de la direction de l'Esprit de Dieu.

Points de vue sur l'Enlèvement

Les diagrammes de ce chapitre, basés sur les principaux textes bibliques, montrent de manière graphique les différents points de vue sur l'Enlèvement. Puisqu'ils sont tous dans la perspective prémillénariste, la principale différence réside dans le « timing » de l'Enlèvement en relation avec la Tribulation.

Le point de vue pré-tribulationniste croit en une Tribulation de sept ans pour Israël, selon Daniel 9 : 27, avant le retour de Christ sur terre. Ceux qui constituent l'Église, y compris selon certains les croyants de l'Ancien Testament, ressusciteront ou seront enlevés avant cette Tribulation, et emportés par Christ jusque dans la maison du Père ; leurs œuvres depuis leur conversion seront en-suite jugées, ceux qui auront servi fidèlement recevront des récompenses. Les chrétiens seront ensuite conduits aux noces de l'Agneau et de son épouse (cf. Apocalypse 19 : 7-9). Après la Tribulation de sept ans, Christ viendra dans toute sa

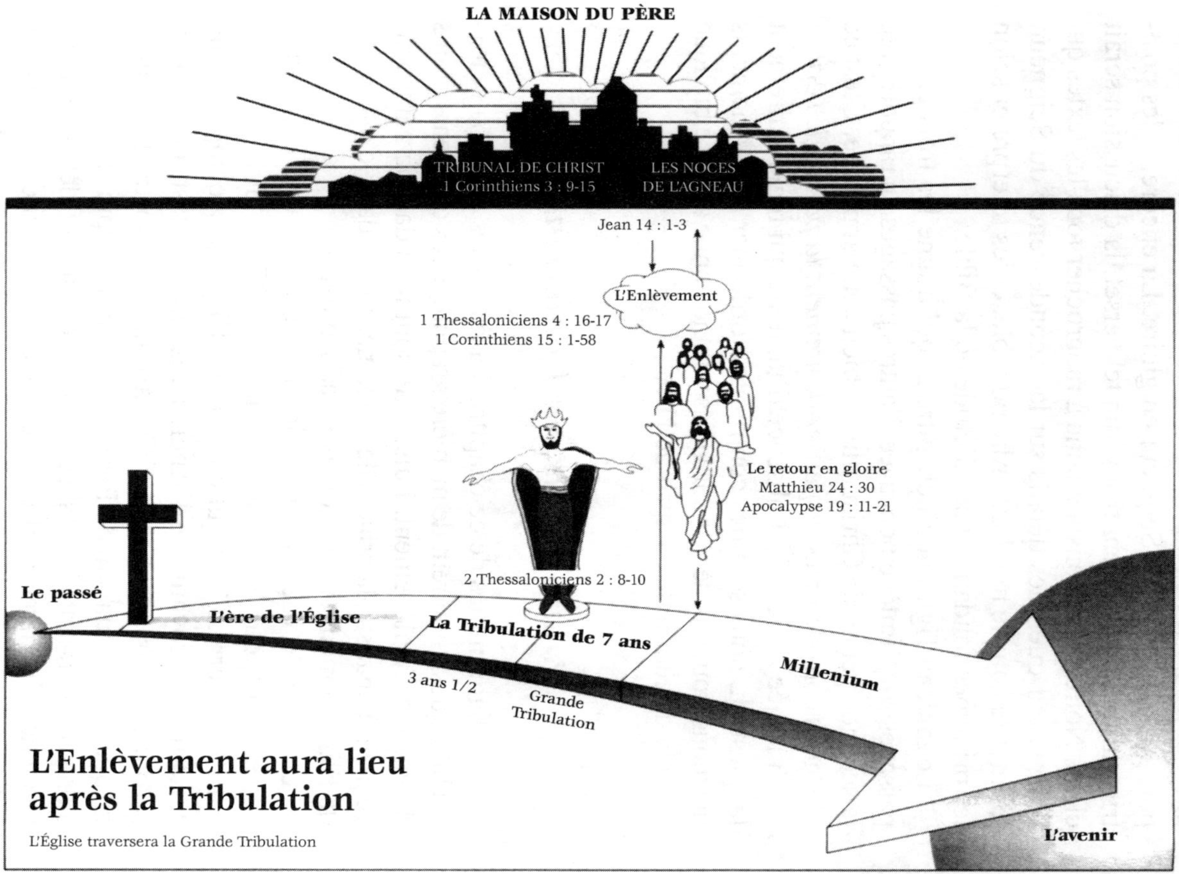

LA MAISON DU PÈRE
TRIBUNAL DE CHRIST
1 Corinthiens 3 : 9-15
LES NOCES
DE L'AGNEAU
Jean 14 : 1-3
L'Enlèvement
1 Thessaloniciens 4 : 16-17
1 Corinthiens 15 : 1-58
Le retour en gloire
Matthieu 24 : 30
Apocalypse 19 : 11-21
2 Thessaloniciens 2 : 8-10
Le passé
L'ère de l'Église
La Tribulation de 7 ans
Millenium
3 ans 1/2
Grande
Tribulation
L'Enlèvement aura lieu
après la Tribulation
L'Église traversera la Grande Tribulation
L'avenir

gloire, détruira l'antichrist et le faux prophète, et enchaînera Satan dans l'abîme sans fond. C'est alors qu'il établira son règne et gouvernera le monde avec les saints.

Ce point de vue est partagé par la plupart des fondamentalistes et par bien des évangéliques qui prennent les textes prophétiques littéralement. En règle générale, plus un croyant accepte la Bible dans son sens littéral, plus il est enclin à opter pour le point de vue pré-tribulationniste.

Le point de vue selon lequel l'Enlèvement aura lieu au milieu de la Tribulation est semblable au précédent sauf pour le fait que l'Enlèvement (1 Corinthiens 15 : 52 ; 1 Thessaloniciens 4 : 16-17 ; Apocalypse 11 : 12) intervient au milieu de la Tribulation. Plutôt que de personnaliser les deux témoins de Apocalypse 11, cette position les identifie comme étant Israël et l'Église ; après leur mort, il n'y aura plus de témoignage.

Les défenseurs de ce point de vue mettent l'accent sur le fait que la première moitié de la Tribulation souligne la colère de l'homme, colère que l'Église subira. Mais après cela, les croyants seront enlevés, tout comme les deux témoins de Apocalypse 11, évitant ainsi la Grande Tribulation de la *« colère de Dieu »* pendant la deuxième moitié de la Tribulation. Ceux qui croient cela voient donc les chrétiens rester trois ans et demi de plus sur terre – et donc passer trois ans et demi de moins dans la maison du Père – que les pré-tribulationnistes. Cette position est d'un cru relativement récent et a peu d'adeptes, quoi qu'elle semble gagner du terrain.

Selon le point de vue post-tribulationniste, l'Église endurera toute la Tribulation. L'Enlèvement est considéré au même titre que les autres événements de la fin : le tribunal de Christ, les noces de l'Agneau, le retour en gloire de Christ quand il détrônera l'antichrist (2 Thessaloniciens 2 : 8-10), la mise à l'écart de Satan et du faux prophète, puis sa chute dans l'abîme sans fond et l'établissement du royaume.

Ce point de vue a attiré bien des défenseurs, et a connu un impact croissant au fil des ans. Quoique non majoritaire au sein du mouvement évangélique, il est sans doute le plus répandu parmi les évangéliques rejetant le dispensationalisme. Nombreux sont ceux qui ont révisé leur position et se considèrent comme prémillénaristes ; ils acceptent volontiers cette position post-tribulationniste. En règle générale, la plupart de ceux qui défendent ce point de vue ne prennent pas les textes bibliques prophétiques aussi littéralement qu'ils prennent les autres textes de la Bible.

Le point de vue selon lequel l'Enlèvement ne serait que partiel (voir page 128) est une théorie relativement récente que Hal Lindsey a appelé « le nouveau purgatoire protestant ». Cette idée suggère que les meilleurs chrétiens seront enlevés au début de la Tribulation [(1)]. Selon Hébreux 9 : 28, Christ *« apparaîtra sans péché une seconde fois à ceux qui l'attendent pour leur salut ».* Ceux qui adhèrent à ce point de vue croient que les chrétiens qui ne vivent pas une vie vraiment consacrée seront laissés sur terre ; une autre chance de se repentir leur sera offerte plus tard dans la Tribulation. Bien sûr, cela signifierait que les bonnes œuvres ou la consécration déterminerait si un chrétien serait pris à l'Enlèvement ou non.

Peu de chrétiens adhèrent à ce point de vue, car non seulement il fait fi de plusieurs passages prophétiques, mais il altère la doctrine du salut par la grâce, par le moyen de la foi. Il est intéressant de voir que ceux qui défendent ce point de vue croient invariablement qu'ils seront parmi les premiers enlevés. En effet, ils s'attendent bien à partir au premier voyage, c'est-à-dire avant la Tribulation. Bien sûr, ceux qui ne sont pas prêts seront, quant à eux, dans une grande détresse, devant affronter la Tribulation.

Pour aller plus loin...

Dans les trois derniers chapitres de ce livre, j'aimerais analyser de façon critique les deux principaux points de vue qui s'opposent au pré-tribulationnisme, à savoir celui qui veut que l'Enlèvement ait lieu au milieu de la Tribulation, et celui qui déclare qu'il aura lieu après la Tribulation.

J'aimerais ensuite résumer pourquoi je crois que le pré-tribulationnisme est encore la position la plus biblique, ainsi que celle qui communique le plus d'espoir et de soif de sanctification dans la perspective du retour de notre Seigneur. Je n'analyserai pas le point de vue selon lequel l'Enlèvement serait partiel pour deux raisons essentielles : 1) elle a très peu d'adhérents, 2) il est de toute évidence non biblique.

Mon espoir et ma prière sont que d'ici la fin de ce livre, vous puissiez réaffirmer avec moi que le Seigneur Jésus-Christ reviendra pour son Église à tout moment... peut-être aujourd'hui !

Soyons donc prêts !

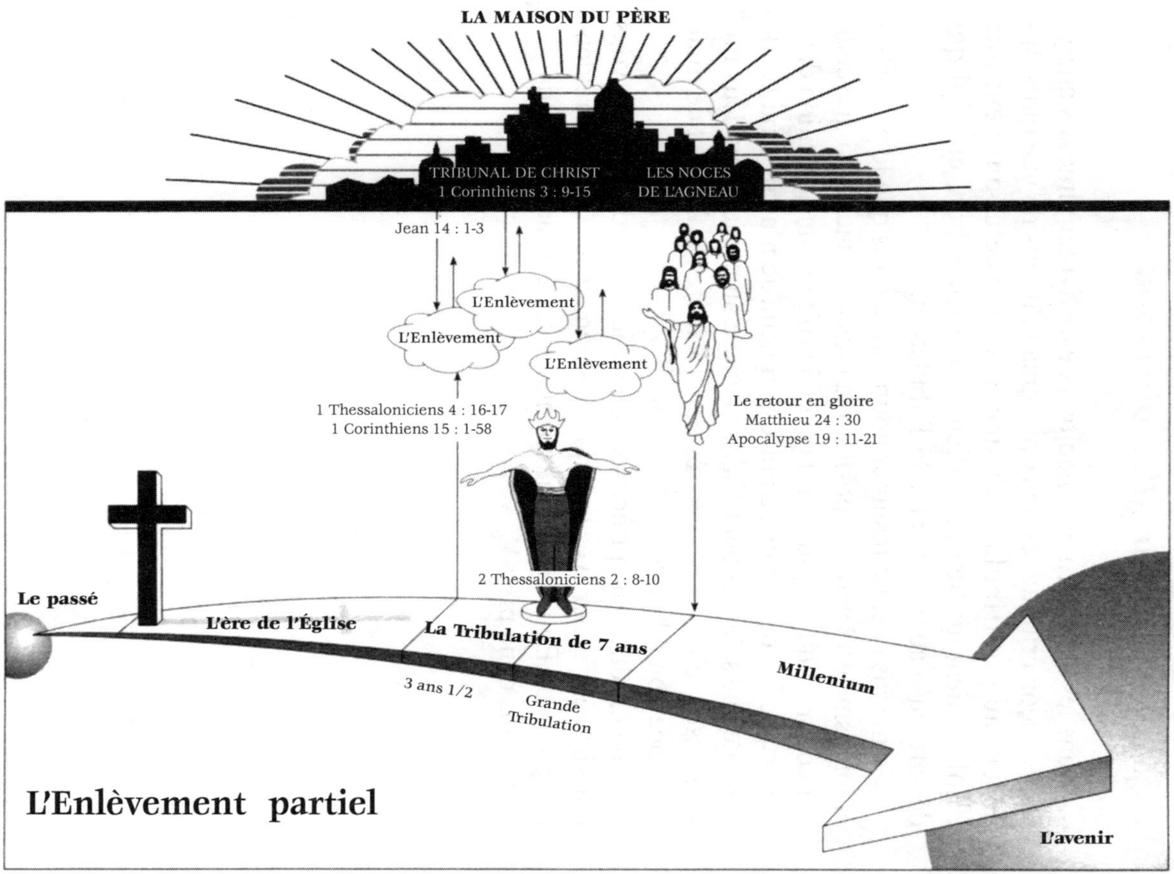
LA MAISON DU PÈRE
TRIBUNAL DE CHRIST
1 Corinthiens 3 : 9-15
LES NOCES
DE L'AGNEAU
Jean 14 : 1-3
L'Enlèvement
L'Enlèvement
L'Enlèvement
1 Thessaloniciens 4 : 16-17
1 Corinthiens 15 : 1-58
Le retour en gloire
Matthieu 24 : 30
Apocalypse 19 : 11-21
2 Thessaloniciens 2 : 8-10
Le passé
L'ère de l'Église
La Tribulation de 7 ans
3 ans 1/2
Grande
Tribulation
Millenium
L'Enlèvement partiel
L'avenir

Les arguments contre un Enlèvement pendant la Grande Tribulation

Le plus récent des trois points de vue les plus répandus sur l'Enlèvement le situe au milieu de la Tribulation. En 1941, Norman Harrison publia *The End : Rethinking the Revelation (« La fin : Repenser l'Apocalypse »)* avec le sous-titre, *The Rapture : Pre- Mid- or Post-Tribulation ? (« L'Enlèvement : avant, pendant ou après la Tribulation ? »)*. S'il n'a pas inventé la théorie de l'Enlèvement pendant la Tribulation, son livre a largement contribué à rendre cet enseignement populaire. Depuis, il a été de mieux en mieux accueilli par ceux qui n'insistaient pas sur une interprétation des passages prophétiques de l'Écriture.

Pour l'essentiel, cette position prédit que Christ enlèvera son Église au milieu de la Tribulation. À leurs yeux, cela règle certains des problèmes posés par ceux qui attendent l'Enlèvement après la Tribulation en ce que cela donne du temps à la fois pour que Christ amène son Église jusque dans la maison du Père, et pour que d'autres événements prophétisés puissent s'accomplir avant son retour sur terre. Ils prennent aussi en compte le fait que le Seigneur a promis de garder les chrétiens *« de la colère à venir »* en limitant ce temps de souffrance aux premiers trois ans et demi, les trois ans et demi restants étant considérés comme la période la plus difficile – celle que l'on appelle souvent la Grande Tribulation.

De nombreux livres sur la prophétie sont sortis après la Deuxième Guerre mondiale, représentant tous les côtés du débat et reflétant ainsi les trois positions. Plus un auteur acceptait une lecture littérale des Écritures, plus il était enclin à maintenir un point de vue pré-tribulationniste plutôt que post-tribulationniste. Ceux qui plaident pour un Enlèvement au milieu de la Tribulation ont reçu l'appui de nombreux croyants venus des deux autres camps. Ils ont écouté attentivement les débats et ont choisi de se positionner entre les deux.

Les principaux points en faveur d'un Enlèvement au milieu de la Tribulation

Trois éléments fondamentaux de cette position doivent être évalués à la lumière de la Parole de Dieu.

1. *Ceux qui adhèrent à cette position croient que Apocalypse 11 : 11-12 fait référence à l'Enlèvement.*

Essentiellement, ils voient les deux témoins décrits dans ce chapitre comme l'Église témoin pendant la première moitié de la Tribulation. Le martyr des témoins, qui sont ensuite ressuscités et transportés au ciel, symbolise pour eux l'Enlèvement selon les passages que nous avons déjà étudiés. C'est ainsi qu'ils voient l'Enlèvement de l'Église se produire au milieu de la Tribulation.

2. *Ils considèrent que la septième trompette retentissant dans Apocalypse 11 : 15 est la dernière trompette de 1 Corinthiens 15 : 52.*

Puisque la septième trompette est la dernière, ils rapprochent les deux événements, situant ainsi l'Enlèvement au milieu de la Tribulation.

3. *Ils limitent le temps de la colère de Dieu à trois ans et demi.*

Ils partent du principe que l'Église sera purgée en traversant la première partie de la Tribulation pendant trois ans et demi.

Une critique de cette position

1. L'Enlèvement n'est pas en cause dans Apocalypse 11.

Il est surprenant que ces croyants puissent identifier les deux témoins, qui ont la même puissance que Moïse et Élie, Juifs de l'Ancien Testament, comme des membres de l'Église. Cela est curieux car s'ils enseignent que les témoins vont être enlevés quand ils entendront une voix du ciel leur dire : *« Montez ici »*, ils récusent le fait que Jean, membre de l'Église qui entendit le même appel dans Apocalypse 4 : 1, ait pu être enlevé. Se pourrait-il que l'Enlèvement de Jean, qui se produisit avant la Tribulation de sept ans, ne cadre pas dans leur système ? Peuvent-ils expliquer pourquoi les deux témoins constitueraient un meilleur symbole de l'Église que Jean ?

Norman Harrison fait des deux témoins les symboles de deux sortes de chrétiens : les morts en Christ et ceux qui sont encore en vie. « Ces deux témoins, écrit-il, sont symboliques de l'ensemble de tous les témoins, si bien que leur ascension doit être le symbole de la résurrection et de l'Enlèvement de l'ensemble des croyants. » (1)

Mais il n'y a aucune raison de les prendre au sens symbolique ou de les spiritualiser pour voir en eux l'Église. De plus, même si nous les acceptions comme symboles, ils représenteraient mieux Israël, car la Tribulation est *« un temps d'épreuve pour Jacob »*. Il est bien plus vraisemblable de considérer que les deux témoins sont Moïse et Élie. Le dernier fut transporté et n'est pas passé par la mort ; quant à Moïse, sa mort reste entourée d'un mystère. Personne ne peut interpréter la Bible littéralement et voir l'Église représentée par ces deux témoins.

Le Dr Gerald Stanton a fait ce commentaire :

> « Mais ces deux témoins ne sont pas des symboles. L'interprétation normale et littérale de ce passage, y compris dans les détails qu'il donne quant à leurs vêtements, à leurs prophéties et à ce qu'ils endurent, porte à penser qu'il s'agit bel et bien de deux individus. Il est parlé d'eux comme des *« deux prophètes »*, et quand ils sont tués, leurs corps morts restent au sol pendant un temps indéfini dans une ville identifiée comme étant Jérusalem. Cela n'aurait pas de sens que d'affirmer que ce sont des corps symboliques qui sont morts, pour rester étendus dans de vraies rues, pas plus que de leur refuser d'être ensevelis dans des tombes symboliques. Le récit des deux témoins est de toute évidence à prendre littéralement. [(2)]
>
> Si ces deux témoins ne sont que des symboles, comment de simples symboles peuvent-ils être littéralement tués dans de vraies rues ? Le corps des saints sont-ils jamais laissés à terre pendant *« trois jours et demi »*, sans qu'on les mette en terre (Apocalypse 11 : 9) ? Les autres identifications sont tout aussi forcées et insoutenables quand on considère le texte... En fait, il n'est nulle part parlé d'Enlèvement de quelque saint que ce soit dans tout ce chapitre. Ce qui y ressemble le plus serait la résurrection des deux témoins qui sont au mieux identifiés comme de vraies personnes qui doivent vivre et mourir en martyrs à cette période-là. » [(3)]

De plus, comment des gens « *de toutes tribus, langues et nations* » pourraient-ils « *voir leurs cadavres* » (v. 9) pendant trois jours et demi si ce texte s'applique à l'Église tout entière ? Par contre, il leur serait facilement possible de voir ces deux hommes par de simples caméras d'une grande chaîne de télévision aux infos du soir. Il faut énormément spiritualiser Apocalypse 11 pour lui faire dire autre chose que ce qui est évident, à savoir que deux êtres humains, revêtus de la puissance que Dieu accordait à certains dans l'Ancien Testament, vont entrer en scène pendant la première moitié de la Tribulation rendant témoignage à la grâce de Dieu. C'est au milieu de la Tribulation qu'ils seront tués et transportés au ciel.

Si les deux témoins du chapitre 11 représentent l'Église, cela signifierait que l'Église, qui a joué un rôle essentiel aux chapitres 1 à 3, est totalement absente de 4 : 3 jusqu'au chapitre 11. Cette omission n'a de sens que si l'Église est absente.

Jean n'a eu aucun mal à identifier l'Église dans les trois premiers chapitres. S'il avait voulu introduire deux symboles, il l'aurait dit. De plus, comment un de ces témoins pouvait-il symboliser l'Église qui est vivante à l'Enlèvement et l'autre l'Église qui « dort » ? Les deux témoins sont tués. Comment peut-on tuer des saints qui sont déjà morts ? Ce n'est tout simplement pas possible.

L'Église n'est pas enlevée au chapitre 11 pour la simple raison… qu'elle est déjà partie ! Ces deux êtres revêtus de pouvoirs surnaturels afin de témoigner pendant 1 260 jours ne représentent pas l'Église. Il s'agit de vrais hommes avec de vrais pouvoirs, tels Moïse et Élie dans l'Ancien Testament. Si l'Enlèvement apparaît dans le livre de l'Apocalypse, c'est au chapitre 4 : 1-2 au début de la Tribulation, et non au milieu.

2. *La septième trompette de Apocalypse 11 : 15 n'est pas la dernière trompette de 1 Corinthiens 15 : 52.*

L'identification de la septième trompette de l'Apocalypse avec la dernière de 1 Corinthiens 15 : 52 et la trompette de Dieu dans

1 Thessaloniciens 4 : 16 est un des arguments les plus convaincants de ceux qui défendent l'Enlèvement au milieu de la Tribulation. C'est d'ailleurs le point qui a convaincu certains de mes amis, tant il est clair que les trompettes jouent un rôle déterminant dans les événements liés à l'Enlèvement. Mais trois problèmes surgissent quand on essaie d'établir la relation entre ces trompettes :

a) L'Enlèvement des deux témoins intervient avant que le septième ange sonne de la trompette. En fait, cela se produit trois versets plus tôt ! En fait, leur Enlèvement est achevé avant que la septième trompette ne retentisse. Il fait donc partie des événements liés à la sixième trompette, et non à la septième. La septième trompette n'a donc rien à voir avec les détails donnés au chapitre 11.

b) Les sept anges font retentir les trompettes annonciatrices du jugement, et non de la bénédiction. Même s'il s'agissait effectivement de la septième trompette, il s'agirait de l'annonce d'un autre jugement divin sur la terre. En fait, c'est exactement ce qui arrive. Elle précède toute la deuxième moitié de la Tribulation de sept ans, ou de la Grande Tribulation. En termes pratiques, tout comme l'ouverture du septième sceau introduit les jugements des trompettes, le son de la septième trompette annonce les jugements des sept coupes pendant les derniers trois ans et demi. Il est inconcevable que la septième trompette puisse être la trompette annonçant la bénédiction dont parle 1 Thessaloniciens 4 : 16-18.

c) La dernière trompette des passages sur l'Enlèvement est pour l'Église, et non pour Israël. Les trompettes faisaient partie intégrante de la vie d'Israël dans l'Ancien Testament, mais très peu dans l'expérience de l'Église. Mais la trompette de Dieu, ou la dernière trompette, est le dernier appel de Dieu à son Église sur terre, l'invitant à découvrir le ciel qui l'attend. La septième trompette est donc pour Israël et n'a rien à voir avec l'appel de Dieu pour l'Église. Elle est plutôt un clairon qui retentit pour annoncer le jugement sur la terre. Ces trompettes ne doivent pas être confondues, car elles sont incompatibles. L'une appelle l'Église, l'autre annonce à Israël le temps de jugement le plus catastrophique de son histoire.

3. *En limitant la Tribulation aux derniers trois ans et demi, les défenseurs de l'Enlèvement au milieu de la Tribulation ignorent les jugements des sceaux et des trompettes de Apocalypse 6-11.*

Retournez au chapitre 4 et relisez les premiers événements que nous avons énumérés comme devant prendre place pendant la Tribulation. Cela ne ressemble en rien à la période relativement calme que décrivent certains, période pendant laquelle l'Église finit de rendre témoignage sur cette terre. Non : c'est plutôt un temps de colère pendant trois ans et demi, suivi par une période où déferle la furie de Dieu avec toutes les horreurs qu'elle va provoquer. Si ceux qui attendent l'Enlèvement pendant la Tribulation ne voient plus l'Église présente pendant la deuxième partie de la Tribulation, ils la voient traverser la première moitié. Mais cette première partie est appelée *« la colère de l'Agneau »* et *« le grand jour de sa colère »* (voir 6 : 16-17). Si notre Seigneur a appelé la deuxième moitié de cette période la Grande Tribulation, cette période n'est identifiée qu'une seule fois dans le livre de l'Apocalypse (voir 7 : 14).

Il n'y a pas de justification biblique à voir les jugements des sceaux ou des trompettes de la première partie de la Tribulation comme autre chose que la colère de Dieu dans un monde incrédule et hostile à Christ.

Les raisons de rejeter la position selon laquelle l'Enlèvement aurait lieu pendant la Tribulation

Bien des adhérents à cette position se considèrent comme prétribulationnistes parce qu'ils croient que le Seigneur reviendra avant les quarante-deux mois qui constituent la deuxième moitié de la Tribulation et qu'il enlèvera alors son Église. La plupart des raisons de rejeter cette position sont semblables à celles qui nous amènent à écarter le point de vue post-tribulationniste. Voici quelques raisons de rejeter un Enlèvement pendant la Tribulation :

1. Cette position force le croyant à spiritualiser des textes de l'Écriture qui devraient être comprises au sens littéral. Les Dr Walvoord et Stanton le disent clairement :

> « La faiblesse de toute l'interprétation de Apocalypse 1-11 qui y voit un Enlèvement pendant la Tribulation est que cette position oblige à spiritualiser tout le passage pour y trouver un accomplissement contemporain plutôt que futur. Les défenseurs de cette position adoptent une exégèse forcée de ces passages qui en devient subjective et arbitraire. Même une simple lecture de cette section montre toute l'ampleur du jugement sévère de Dieu sur un monde pécheur qui transcende tout ce que l'histoire a pu nous rapporter jusqu'à ce jour. Si ces passages sont pris avec un tant soit peu de sérieux et de sens littéral, leur accomplissement ne peut être qu'à venir.
>
> En fait, la Grande Tribulation ne commence qu'en Apocalypse 6, et non pas en Apocalypse 11. [4]
>
> Rien de moins qu'une spiritualisation flagrante ne peut nier le fait que la Tribulation commence en Apocalypse 6, et la Grande Tribulation au moins d'ici 7 : 14... C'est précisément le chapitre sur lequel ils s'appuient le moins pour fonder leur thèse. En effet, au lieu de corroborer leurs affirmations, ce chapitre expose leur erreur et met leur théorie en pièces ». [5]

Daniel a été très précis dans Daniel 9 : 27 pour dire que la Tribulation durerait sept ans. Nul n'a autorité pour la réduire à trois années et demie.

2. Celle position détruit l'imminence de son retour.

Si l'Enlèvement a lieu dans Apocalypse 11, au milieu de la Tribulation, la promesse du retour imminent du Seigneur perd tout son sens, ainsi que la motivation que cette attente du retour imminent de Christ a toujours produite dans l'Église.

Comme nous l'avons vu plus haut, Paul et les premiers chrétiens s'attendaient au Seigneur à tout moment. Par contre, ceux qui s'attendent à l'Enlèvement au milieu ou après la Tribulation s'attendent davantage à la venue de l'antichrist, qui signera une alliance de sept ans avec Israël.

Cela signifie que ceux qui attendent l'Enlèvement au milieu de la Tribulation pourront ainsi compter les jours jusqu'à ce que Christ vienne reprendre son Église.

Pour eux, il restera quarante-deux mois. Pour ceux qui l'attendent à la fin, ce sera sept ans. Comment le retour de Christ peut-il être comme un voleur qui surgit dans la nuit si nous pouvons savoir quel jour il reviendra ?

3. Une telle croyance pousse les chrétiens à vouloir fixer des dates, ce que le Seigneur nous a dit être impossible (voir Matthieu 24 : 36).

4. Il n'y a aucune trace de l'Église dans l'Apocalypse entre les chapitres 6 et 11 à moins de spiritualiser les Deux Témoins et de les assimiler à l'Église.

Franchement, une fois que quelqu'un commence à spiritualiser l'Écriture, toutes les conclusions deviennent possibles.

5. Voyez les objections 1, 5, 6, 8, et 9 que nous exprimerons par rapport au post-tribulationnisme dans le chapitre suivant.

Ces objections qui s'appliquent ici à ceux qui attendent l'Enlèvement pendant la Tribulation s'appliquent plus encore aux adeptes du post-tribulationnisme.

Reconsidérer les enseignements clairs de l'Écriture

La position qui défend un Enlèvement au milieu de la Tribulation, proche de celle qui opte pour l'Enlèvement après celle-ci, a de bons points à faire valoir ; si ce n'était pas le cas, elle ne compterait pas parmi ses défenseurs les gens excellents qui en font partie. Mais il est improbable que quelqu'un qui croit à l'interprétation littérale des Écritures puisse y adhérer.

Il faut espérer que, puisque ces frères croient que le Seigneur viendra prendre son Église et la délivrer de la colère à venir, ils seront prêts à reconsidérer et réévaluer leurs points de vue à la lumière des Écritures, pour adhérer à ce qu'elles enseignent clairement et adopter la position prétribulationniste. S'ils croient que Dieu, dans sa grâce, sa miséricorde et son amour pour son épouse, lui épargnera de traverser une partie de la Tribulation, alors pourquoi ne lui épargnerait-il pas toute cette période de jugement ? La Tribulation concerne Israël et le monde, mais pas l'Église.

J'ai confiance que les chrétiens d'aujourd'hui, avec l'aide fidèle de Dieu, seraient capables d'endurer les horreurs prédites pour ceux qui deviendront chrétiens pendant cette période de Tribulation. Mais pourquoi considérer cela comme une fatalité pour l'Église alors que la Bible n'enseigne pas du tout cela ?

Chapitre dix

Les arguments contre un Enlèvement après la Tribulation

Sans doute ceux qui étudient la prophétie et plus particulièrement le temps où aura lieu l'Enlèvement seront-ils surpris d'apprendre que la forme primitive du post-tribulationnisme est le point de vue le plus ancien. C'est d'ailleurs de ce fait même un argument que ses défenseurs utilisent volontiers, leur position étant à leurs yeux celle du « christianisme historique ».

Mais cette idée est suspecte car, si l'Histoire est importante, elle n'offre pas un fondement absolu sur lequel formuler la doctrine. La doctrine doit être soutenue par les Écritures ou rejetée. C'est la raison pour laquelle j'ai commencé ce livre en étudiant de près ce sujet dans une perspective biblique. L'Histoire n'est pas sacrosainte ; la Bible, oui. Si nous prenons pour exemple le prémillénarisme, cette doctrine n'est pas reconnue parce qu'elle fut le point de vue dominant de l'Église pendant les trois premiers siècles; elle est reconnue parce qu'elle est acceptée par les croyants évangéliques comme correspondant le mieux aux enseignements de l'Écriture avec une approche littérale.

Pourquoi cette position a-t-elle été adoptée dans les premiers siècles ?

Les premiers chrétiens adoptèrent cette position à cause des circonstances dans lesquelles ils vivaient. Le chrétien moyen ne disposait pas du Nouveau Testament, en tout cas pas avant la fin du IIᵉ siècle, si bien que les croyants n'étaient pas en mesure de comparer les textes ; entre-temps, la doctrine prenait cependant forme dans les Églises. Le livre de l'Apocalypse, écrit par l'apôtre Jean vers l'an 95 après J.-C., n'a pas circulé immédiatement. En fait, il fut le dernier livre à être reconnu et admis dans le Canon de l'Écriture. Les points de vue sur le retour de Christ furent en bonne partie établis avant que les croyants aient librement accès au livre qui pouvait lui seul fournir bien des détails sur le temps de la Tribulation.

De plus, les chrétiens des IIᵉ et IIIᵉ siècles traversèrent les persécutions les plus sévères de l'histoire de l'Église. Ils avaient tout lieu de penser qu'ils vivaient déjà dans la Tribulation et d'en déduire que le Seigneur allait enlever son Église à la fin de cette période. Puisqu'ils croyaient être déjà dans le temps de la Tribulation, il ne pouvait leur venir à l'esprit que Christ pourrait venir avant celle-ci. Mais toutes leurs souffrances ne les ont pas poussés à anticiper son retour et à prier pour qu'il survienne de leur vivant.

Pendant le IVᵉ siècle, les enseignements de l'école de théologie d'Alexandrie en Égypte, qui fusionnaient la théologie biblique et la philosophie platonique – qui est contraire aux enseignements de Paul dans 1 Corinthiens 1-3 et Colossiens 2 : 6-8 – eurent des effets dévastateurs sur la doctrine enseignée par l'Église.

Le Dr John Walvoord, l'auteur le plus prolixe de nos jours sur ce sujet, décrit ainsi cette période de transition :

« Cependant, aux IVè et Vè siècles, avec Augustin, le fait de séparer l'eschatologie des autres domaines de la théologie systématique a provoqué une consolidation. Augustin avait adopté deux principes d'interprétation : une interprétation littérale, historique et grammaticale de textes non eschatologiques, et une interprétation non littérale et symbolique des textes prophétiques. Il en résulta que, alors que l'Église de Rome restait attachée à de nombreux enseignements bibliques, elle continua à avoir recours à une approche non littérale en ce qui concerne l'interprétation de l'eschatologie. C'est ainsi que l'amillénarisme devint la doctrine prévalente de l'Église de Rome. Avec le début de la Réforme protestante, les réformateurs revinrent à Augustin et bâtirent sur la base de sa méthode d'interprétation de la prophétie. Les réformateurs protestants devinrent donc amillénaristes et s'opposèrent au prémillénarisme. (1)

Dans la foulée de la Réforme protestante, et avec la diversité des opinions théologiques créée par la division des protestants en de multiples dénominations et groupes, un point de vue divergent émergea sous le nom de postmillénarisme. Quoique bien des personnes aient adhéré à titre individuel à cette position avant ce moment-là, le postmillénarisme est généralement attribué à Daniel Whitby (1638-1726). Ce nouveau point de vue considérait la montée de l'Église et la prédication de l'Évangile comme étant appelée à triompher jusqu'à introduire l'âge d'or de mille ans pendant lequel l'Église serait florissante dans le monde entier. Cette période de mille ans atteindrait son apogée avec la seconde venue de Christ, comme l'enseigne pour l'essentiel l'amillénarisme. (2)

> Les réformateurs protestants, en revenant à Augustin, ont délivré l'Église de doctrines telles que le purgatoire et d'autres inventions romaines ; ils ne semblent cependant pas avoir reconsidéré la question de savoir si l'Enlèvement serait ou non un événement bien distinct. Ce n'est que lorsque le prémillénarisme s'est mis à insister sur une interprétation littérale de la prophétie et à réexaminer le programme prophétique réservé à Israël ainsi que d'autres questions, que le sujet de l'Enlèvement a été abordé. La question fut donc de savoir si l'Enlèvement pouvait être en harmonie avec les doctrines qui déclarent que Christ allait revenir pour établir son règne. »(3)

Nous avons déjà observé que les réformateurs du XVIè siècle interprétaient la Bible littéralement. Ils ont progressivement développé au XVIIIè siècle une prise de conscience du fait que la méthode littérale pourrait bien s'appliquer aussi à la prophétie. Ils « réveillèrent » alors le prémillénarisme ainsi qu'un regain d'intérêt pour le retour du Seigneur, suscitant ainsi un nouvel engouement pour les sujets prophétiques. Si Lacunza, prêtre catholique du XVIIIè siècle et ardent étudiant de la prophétie, a pu écrire qu'il a lu « mille livres sur la prophétie » avant d'écrire lui-même *« Venida del Mesias en gloria y magesta » (La venue de Christ avec gloire et majesté),* un ouvrage monumental et qui deviendra très populaire, c'est bien que l'Église catholique avait développé toute une littérature prophétique.

Le XIXè siècle fut un temps de conscience prophétique, tout d'abord dans les îles britanniques, mais aussi aux États-Unis. L'ancienne interprétation historique de la prophétie a connu des temps difficiles quand les événements de l'Histoire ont semblé dépasser la prophétie, montrant que, de toute évidence, le livre de l'Apocalypse concernait non pas le passé mais l'avenir. Par voie de conséquence, il devint de plus en plus populaire de présenter les événements liés à la période de la Tribulation comme à venir. Au cours des deux derniers siècles, un débat stimulant a lieu parmi les chrétiens évangéliques quant au temps du retour du Seigneur pour enlever son Église. Tous croient que l'Enlèvement aura lieu avant son retour en gloire sur terre, mais leur désaccord porte sur l'intervalle de temps qui séparera l'Enlèvement et son retour en gloire.

Les post-tribulationnistes ont tendance à prendre la prophétie, et en particulier Apocalypse 6-19, plus au sens figuré et symbolique que les pré-tribulationnistes. En règle générale, ceux qui prennent la prophétie aussi littéralement qu'ils le font du reste des Écritures sont enclins à opter pour un Enlèvement avant la Tribulation.

Une définition du post-tribulationnisme

Il est difficile de donner une description simple du post-tribulationnisme, car cet enseignement inclut bien des variantes.

Pour l'essentiel, cette position soutient que Christ n'enlèvera pas son Église avant la Tribulation. Certes, il viendra prendre son épouse comme l'enseigne les textes clé sur l'Enlèvement que nous avons déjà cités dans ce livre, mais pas avant la fin de la Tribulation. Certains conçoivent ces deux événements comme étant bien distincts et séparés par un court laps de temps, d'autres par un temps un peu plus long.

Selon le Dr Walvoord,

> « Dans sa définition la plus courante, le post-tribulationnisme est l'enseignement selon lequel l'Église sera enlevée après la Tribulation annoncée ; ses adeptes croient donc que l'Église devra traverser ce temps d'épreuve qui est prophétisé.

Le post-tribulationnisme est généralement le point de vue adopté par pratiquement tous les amillénaristes et les postmillénaristes. Les catholiques romains et grecs y adhèrent ; il est suivi par de nombreux protestants conservateurs autant que par des libéraux modernes... Si le post-tribulationnisme est en lui-même assez simple dans son concept, nous trouvons tant de variantes dans ses diverses formes qu'il est difficile de le définir avec précision. Il existe au moins quatre différentes écoles de pensée parmi les post-tribulationnistes en ce qui a trait à l'interprétation de la Tribulation. Elles sont connues sous les noms de :

- Post-tribulationnisme classique,
- Post-tribulationnisme semi classique,
- Post-tribulationnisme futuriste, et
- Post-tribulationnisme dispensationnaliste. » (4)

Les post-tribulationnistes peuvent ne pas être d'accord entre eux sur certains détails tels que la sévérité des jugements décrits par Jean dans le livre de l'Apocalypse, mais ils sont généralement d'accord pour affirmer que Christ reviendra à la fin de la période de la Tribulation. (5)

Certains sérieux problèmes avec le post-tribulationnisme

1. Cette position ignore les promesses de l'Écriture par lesquelles Dieu épargne à l'Église la colère de la Tribulation.

Comme nous l'avons noté au chapitre 6 de ce livre, Dieu a promis au moins à quatre reprises qu'il délivrera les chrétiens de la colère à venir (Romains 5 : 9 ; 1 Thessaloniciens 1 : 10 ; 5 : 9 ; Apocalypse 3 : 10). Il est difficile de concevoir la période de la

Tribulation autrement que comme un temps de colère catastrophique, car c'est en ces termes qu'il nous est décrit au moins à dix reprises (Apocalypse 6 : 10 ; 7 : 14 ; 8 : 13 ; 11 : 10,18 ; 12 : 12 ; 13 : 7-8, 12,14 ; 14 : 6 ; 17 : 2,8). Il est d'ailleurs intéressant de noter que la plus belle promesse d'échapper à cette période se trouve précisément dans le livre qui les décrit (Apocalypse 3 : 10). La colère à laquelle Apocalypse 3 : 10 fait référence concerne de toute évidence la même période de temps.

Les post-tribulationnistes se sont créé un dilemme majeur : soit ils doivent expliquer pourquoi les promesses de délivrance de la colère ne sont pas applicables – ce qu'ils ne sont pas parvenus à faire dans leurs nombreux écrits – , soit ils doivent altérer et minimiser la crédibilité et la fiabilité des promesses de Dieu. Je suis sûr qu'ils sont bien d'accord pour ne pas agir de la sorte. Dieu tiendra ses promesses, ce qui nous garantit que nous serons bel et bien enlevés avant la Tribulation. Certains suggèrent que Apocalypse 3 : 10 nous enseigne qu'il délivrera les croyants des effets de la Tribulation, ce qui nécessiterait un miracle plus grand encore que l'Enlèvement, ignorant par ailleurs le martyr des saints et de bien d'autres dans Apocalypse 7 : 9-17.

2. Le post-tribulationnisme minimise la seconde venue de Christ.

Au lieu d'accueillir ce mystère béni et glorieux décrit dans la Bible, l'Enlèvement devient un simple ascenseur de secours : nous montons vers la maison du Père, apercevons le ciel en passant, avant de redescendre quelques instants plus tard avec Christ pour son glorieux avènement.

Si ceux qui ont écrit sur le post-tribulationnisme ne s'attardent pas en détail sur les textes de l'Écriture en rapport avec l'Enlèvement – et certains vont jusqu'à les ignorer complètement – ils établissent cependant une distinction entre l'Enlèvement et le retour du Seigneur en gloire. Pourquoi devrions-nous donc monter au ciel en un instant, pour revenir sur terre l'instant suivant ? Juste pour accomplir la promesse de l'Enlèvement ? Non. Christ a promis de revenir sur la base de ce que Dieu savait devoir arriver. Dans son plan parfait, il a décidé qu'il y aurait deux événements distincts et séparés par un laps de temps. La position post-tribulationniste annule cette intention divine.

3. La théorie post-tribulationniste ne laisse pas de temps pour le tribunal de Christ et pour les noces de l'Agneau.

Deux événements très significatifs et nécessitant un certain temps attendent l'Église après l'Enlèvement et avant le retour de Christ en gloire. Au tribunal de Christ (Romains 14 : 10 et 2 Corinthiens 5 : 10), chaque chrétien rendra compte à Dieu pour lui-même des œuvres qu'il aura faites dans sa chair (ce jugement est décrit en détails dans 1 Corinthiens 3 : 9-15). Selon 1 Corinthiens 4 : 5, ce jugement aura lieu après l'Enlèvement. Les noces et le repas des noces de l'Agneau (Apocalypse 19 : 7-9) suivent le tribunal de Christ – qui concernera des millions de personnes – et précèdent le retour de Christ en gloire. Seule la position pré-tribulationniste laisse assez de temps – au moins sept ans – pour que ces événements s'accomplissent avec dignité et grâce. Croire en l'Enlèvement après la Tribulation revient à réduire le tribunal de Christ, les noces ainsi que le repas de noces de l'Agneau, à la durée d'un « clin d'œil », ou à les ignorer totalement.

Bien sûr, il y a une autre alternative. Il suffirait de permettre un laps de temps suffisant pour que ces événements puissent avoir lieu pendant une parenthèse de sept ans entre l'Enlèvement et le retour en gloire. Mais cela reviendrait à adopter le point de vue pré-tribulationniste !

4. La théorie post-tribulationniste ne laisse pas à Christ le temps d'accomplir sa promesse d'amener les croyants avec lui dans la maison de son Père (Jean 14 : 1-3).

Ce point de vue oblitère une des plus grandes promesses de la Bible en rapport avec la seconde venue de Christ. Dans ce schéma, l'Église redescend immédiatement après l'Enlèvement pour régner pendant mille ans avec Christ, puis pour voir venir de nouveaux cieux et une nouvelle terre. Par contre, ceux qui attendent l'Enlèvement avant la Tribulation voient un temps d'au moins sept ans où Christ est dans la maison du Père (Jean 14 : 1-3 et 1 Thessaloniciens 4 : 13-18 sont des textes parallèles).

Dans son livre *Snatched Before the Storm (« Enlevés avant la tempête »)*, Richard Mayue aborde ce point particulier :

> « Le parallèle entre 1 Thessaloniciens 4 : 13-18 et Jean 14 : 1-3 fait référence au retour de Christ. Il ne s'agit pas d'une promesse à tous les croyants comme quoi ils ne le rejoindront qu'après leur mort. Il s'agit en fait de l'Enlèvement de l'Église. Remarquez ce parallèle proche entre les promesses de Jean 14 : 1-3 et 1 Thessaloniciens 4 : 13-18.
>
> Jésus a enseigné à ces disciples qu'il se rendait à la maison de son Père, c'est-à-dire au ciel, pour leur préparer une place. Il leur a promis de revenir les prendre afin qu'ils puissent être avec lui pour toujours. *« Là où je suis »* implique d'être constamment en sa présence, mais ici, il s'agit particulièrement du ciel. Notre Seigneur disait aux Pharisiens dans Jean 7 : 34 : *« Là où je serai, vous ne pouvez venir »*. Il ne parlait pas de sa demeure terrestre mais bien de sa présence après sa résurrection à la droite du Père. Dans Jean 14 : 3, *« Là où je suis »* signifie clairement le ciel, faute de quoi tout ce passage des versets 1 à 3 perdrait tout son sens.
>
> Un Enlèvement après la Tribulation implique que les croyants rencontrent Christ dans les airs et redescendent immédiatement sur terre sans avoir vécu la promesse de notre Seigneur de Jean 14. Puisque Jean 14 parle de l'Enlèvement, seul un

> Enlèvement avant la Tribulation peut répondre aux exigences du texte et permettre aux saints enlevés de demeurer avec Christ dans la maison de son Père. » (6)

5. Le post-tribulationnisme laisse l'Église sur terre pendant la Tribulation sans raison claire.

Le « *temps d'épreuve de Jacob* » est la période durant laquelle Israël vivra la soixante-dixième semaine (sept années) de Daniel, et où 144 000 témoins juifs et deux témoins surnaturels rendront leur témoignage depuis Jérusalem. Pourquoi infliger à l'Église de traverser une telle période ? De plus, si des millions ont déjà échappé à cette période par la mort, pourquoi ceux qui se trouvent être encore vivants devraient-ils l'endurer ? La Tribulation est un temps où se répand la colère de Dieu sur le monde et non sur l'Église.

6. Le post-tribulationnisme ne peut pas expliquer pourquoi l'Église est tellement présente dans Apocalypse chapitres 1-3 et totalement absente pendant le déferlement de la colère divine entre les chapitres 6 à 18.

L'explication évidente est que l'Église est tout simplement absente !

7. Ce point de vue nous prive de notre bienheureuse espérance.

Les chrétiens sont appelés à attendre le retour de leur Seigneur avec une grande anticipation, comme le faisaient ceux qui vivaient au Ier siècle.

Attendre la venue de Christ après la Tribulation change cette espérance en terreur. Comment un père de famille chrétien pourrait-il être enthousiaste à la pensée de traverser la Tribulation avec sa famille ?

8. Le post-tribulationnisme détruit tout sentiment d'urgence et toute lecture littérale.

Il est impossible de s'attendre à ce que le Seigneur revienne d'un moment à l'autre et d'accepter l'interprétation littérale des trente-et-un événements énumérés au chapitre 4 de ce livre et devant avoir lieu pendant la Tribulation. Si Christ ne revient qu'à la fin, nous devons nous attendre à ce que un certain nombre d'événements se produisent avant la Tribulation. La Bible dit cependant : *« Le Fils de l'homme viendra à l'heure où vous n'y penserez pas »* (Matthieu 24 : 44). Le retour du Seigneur en gloire ne prendra pas par surprise les chrétiens dont la foi est ancrée dans la Bible, car ils s'attendront à ce qu'il ait lieu exactement sept ans après la signature de l'alliance entre Israël et l'antichrist (voir Daniel 9 : 27). Par contre, nous ne pouvons savoir quand aura lieu l'Enlèvement.

Une façon de régler ce dilemme consiste à allégoriser le livre de l'Apocalypse réduisant ainsi la portée des jugements qu'il prononce. Mais c'est là une position très risquée : historiquement, quand on spiritualise un passage de l'Écriture, on finit par le faire avec d'autres, ce qui ouvre la porte à des erreurs et parfois même à des hérésies. C'est la raison pour laquelle ceux qui sont convaincus de l'inerrance de la Bible acceptent rarement la position post-tribulationniste. Le Dr Gerald Stanton suggère ceci :

> « Parmi les principales faiblesses du post-tribulationnisme, en dehors de l'attitude intolérante de ses défenseurs, figurent la tendance à s'éloigner du principe fondamental de l'interprétation littérale, le refus de considérer la Tribulation comme essentiellement un temps de rétribution divine, la tendance à prendre des termes bibliques ordinaires pour les faire rentrer dans leur schéma pré-établi, le refus de reconnaître la vérité et d'apprécier la valeur d'un retour imminent, le refus d'accepter Paul comme

le principal instrument de la révélation divine à l'Église, et des relents de légalisme combinés avec la difficulté de saisir le véritable caractère et la portée de la grâce divine. » (7)

9. Les post-tribulationnistes ne sont pas cohérents dans la lecture littérale de la Bible.

Parce que la plupart des adeptes de cette position sont prémillénaristes, ils lisent le chapitre 20 de l'Apocalypse littéralement, à savoir que Christ règnera sur terre pendant mille ans.

Mais ils spiritualisent la plupart des chapitres 6 à 19 dans le but de réduire les horreurs des temps de la grande colère de Dieu. Cela n'est pas cohérent. Nous ne pouvons pas donner plus de crédit aux passages qui cadrent avec notre système de pensée. Nous nous devons d'appliquer une interprétation littérale avant de chercher une solution qui tend à spiritualiser.

Jean le visionnaire nous parle de tremblements de terre, de fléaux, d'eau changée en sang, événements qui se sont déjà produits dans l'Ancien Testament. Pourquoi ne pourraient-ils pas se reproduire pendant la Tribulation ? Les post-tribulationnistes se trouvent dans une impasse : ils doivent justifier un règne littéral de mille ans sur la terre, en écartant une compréhension littérale des fléaux que nous avons mentionnés. Ils ont du mal à expliquer pourquoi Apocalypse 18 et 19 sont interprétés symboliquement, pour ensuite défendre une lecture littérale du texte décrivant le règne de mille ans au chapitre 20. Les pré-tribulationnistes n'ont pas ce dilemme.

Tandis que de nombreux chrétiens authentiques ont adopté cette position, cette dernière crée plus de problèmes qu'elle n'en règle par son interprétation partiellement littérale. Et si ce point de vue semble au premier abord avoir l'appui du poids de l'Histoire, il n'en demeure pas moins vrai qu'il ne reflète pas l'enseignement clair des Écritures.

Le Dr Stanton résume bien le tout :

« Les post-tribulationnistes acceptent l'interprétation littérale de la Bible pour ce qui relève des fondements de la foi, ainsi que pour la prophétie, ce qui justifie leur espérance au retour de Christ avant le Millenium et qui est fort louable. Mais lorsqu'il s'agit de la Tribulation, cette approche de l'interprétation tombe en pièces et change, faisant place à la spiritualisation, et ce dans le seul intérêt de sauvegarder une théorie qui ne saurait s'harmoniser avec une interprétation littérale des passages sur la Tribulation.[8]

Cette façon de tordre et de forcer le sens des Écritures est une vaine tentative de lui faire dire autre chose que ce qu'elle dit ; cette approche a tout d'un retour aux méthodes de Platon et d'Origène et constitue un éloignement dangereux de l'interprétation biblique conservatrice, qui consiste en une interprétation littérale. C'est une dérive qui met en péril tout ce pour quoi les croyants attachés aux fondements de la foi et à l'espérance du retour de Christ ont lutté et pris position.

Le libéralisme spiritualise les doctrines cardinales ; l'amillénarisme spiritualise le Millenium, ceux qui s'attendent à l'Enlèvement au milieu ou après la Tribulation spiritualisent la Tribulation, mais l'erreur de base demeure la même. Il est de même impossible à un conservateur prémillénariste après avoir renoncé à la défense de l'interprétation littérale, de se replier vers le post-tribulationnisme, puis vers l'amillénarisme, pour finir par adopter une approche libérale dans d'autres domaines. Certains ont suivi ce sentier, mais fort heureusement, la plupart se sont arrêtés en chemin sans aller jusqu'à une apostasie qui serait le résultat naturel du principe d'interprétation qu'ils ont adopté... Quand les hommes ne voient pas que l'Église de Jésus-Christ diffère tant dans sa nature que dans son eschatologie de l'Israël ancienne, quand ils passent à côté du fait pourtant évident que la Tribulation est avant tout le temps de la colère de Dieu contre les ennemis de son Fils et qu'ils finissent par diluer toutes les promesses de Dieu concernant la délivrance de l'Église de la colère à venir, alors ces erreurs s'avèrent d'une importance extrême.

Quand ils ne laissent plus les Écritures parler pour elles-mêmes et qu'ils inversent le sens de ce qu'il a plu à Dieu de nous révéler concernant la venue de ce temps d'épreuve, quand ils ont recours à la spiritualisation de la Bible partout et chaque fois que leur système de pensée l'exige, ils sont alors clairement emportés dans une dérive dangereuse loin de l'approche d'interprétation sur laquelle leur foi conservatrice et pleine d'espérance dans le retour de Christ a été fondée.

Tant sur le plan historique que dans les recherches exégétiques de notre temps, le pré-tribulationnisme est seul cohérent avec les principes fondamentalistes, car lui seul se base sur la loyauté envers la doctrine de base qu'est la règle d'or de l'interprétation biblique, à savoir l'interprétation littérale. » (9)

Spiritualiser les Écritures, en particulier les passages prophétiques, est une porte ouverte à toutes sortes d'interprétations personnelles. Autrement dit, vous pouvez dès lors déduire quasiment tout ce que vous voulez d'un texte biblique donné. En appliquant la règle d'or de l'interprétation, vous vous limitez au sens clair des Écritures, à moins qu'il soit évident qu'il y ait une autre signification. La plupart des passages prophétiques se prêtent volontiers à une interprétation littérale ; quand tel n'est pas le cas, ils incluent une explication.

10. Les adeptes du post-tribulationnisme ne sont pas en mesure d'expliquer les 15 différences entre l'Enlèvement et le glorieux retour du Seigneur à moins d'admettre qu'ils sont séparés dans le temps.

J'ai identifié quinze distinctions entre l'Enlèvement et le retour glorieux de Christ qui font qu'il est impossible de les considérer comme un seul et même événement. Je les reproduis dans le tableau de la page suivante pour que vous puissiez les considérer.

En examinant ces listes, vous serez amenés à faire face au fait que ce sont bel et bien deux événements distincts qui sont décrits. Le pré-tribulationniste n'a pas de mal à expliquer ces différences et l'impossibilité de leur simultanéité. Ce ne sont pas les mêmes choses, puisqu'elles sont séparées dans le temps par la Tribulation qui doit durer sept ans.

Selon ces listes, il s'avère impossible que Christ vienne avec puissance et gloire pour établir son règne, car les signes qui doivent précéder sa venue ne sont pas encore manifestés, ce qui ne pourra se faire que sept ans après l'Enlèvement.

En revanche, l'Enlèvement peut arriver aujourd'hui ! C'est pour cela que nous devons tout mettre en œuvre pour que personne ne soit laissé en arrière.

11. L'Enlèvement tel que le voit le post-tribulationniste ne nous dit pas qui peuplera le royaume pendant le Millenium.

Pendant des années, j'ai cherché une seule et bonne raison qui pourrait convaincre mes amis post-tribulationnistes de l'impossibilité de leur position. Mon ami et collègue Thomas Ice a

L’Enlèvement, notre bienheureuse espérance	Le retour du Seigneur en gloire
1. Christ vient chercher les siens dans les airs.	1. Christ vient chercher les siens sur terre.
2. L’Enlèvement concerne tous les chrétiens.	2. Personne n’est enlevé.
3. Les chrétiens sont conduits vers la maison du Père.	3. Les saints ressuscités ne voient pas la maison du Père.
4. Pas de jugement sur terre.	4. Christ juge les habitants de la terre.
5. L’Église est enlevée dans le ciel.	5. Christ établit son règne sur terre.
6. Peut survenir à tout moment.	6. Ne peut survenir qu’au bout de sept ans.
7. Pas de signes.	7. Signes nombreux du retour physique de Christ.
8. Pour les croyants seulement.	8. Affectera toute l’humanité.
9. Temps de joie.	9. Temps de lamentations.
10. Survient avant le « jour de la colère » (la Tribulation).	10. Survient immédiatement après la Tribulation (Matthieu 24).
11. Aucune mention de Satan.	11. Satan est lié et jeté dans le puits pendant 1000 ans.
12. Le tribunal de Christ.	12. Pas de temps ni de place pour un tel tribunal.
13. Les noces de l’Agneau.	13. Son épouse descend avec lui.
14. Seuls les siens le voient.	14. Tout œil le verra.
15. La Tribulation commence.	15. Le règne de Christ pendant mille ans commence.

partagé avec moi cette raison bien simple : il est impossible que l'Enlèvement ait lieu à la fin de la Tribulation car, si tel était le cas, il n'y aurait plus personne sur terre dans un corps naturel pour peupler le royaume millénaire.

Si nous nous basons sur plusieurs passages de l'Ancien Testament et sur l'ampleur de la rébellion à la fin de la Tribulation (Apocalypse 20 : 7-10), il semble bien que, pendant le règne de Christ pendant mille ans, le monde connaîtra une énorme explosion démographique. Certains vont jusqu'à penser que cette accroissement pourrait être phénoménal. Quoi qu'il en soit, nous savons que la rébellion de la fin du Millenium sera importante, et la question inévitable est celle-ci : d'où viennent donc ces gens ?

Les chrétiens qui seront enlevés et les saints de l'Ancien Testament qui se lèveront seront ressuscités, avec des corps glorifiés, afin de peupler le royaume du Millenium. Jésus a dit dans Matthieu 22 : 30 : *« Car, à la résurrection, les hommes ne prendront point de femmes, ni les femmes de maris, mais ils seront comme les anges de Dieu dans le ciel »*. Cela suggère que les croyants ressuscités ne pourront plus procréer. Qui donc peuplera le royaume millénaire ? Ce ne seront pas les croyants, car ils auront été enlevés et glorifiés dans leur corps avant d'entrer dans le royaume. Ce ne seront pas non plus des pécheurs, puisqu'ils n'entreront pas dans le royaume. Si l'Enlèvement a lieu à la fin de la Tribulation, il n'y aura plus personne sur terre pour peupler le royaume !

Dans notre discussion, il est important de garder présent à l'esprit le jugement des nations tel que Christ nous le décrit dans Matthieu 25 : 31-46. Ce passage commence en disant :

« Lorsque le Fils de l'homme viendra dans sa gloire, avec tous les anges, il s'assiéra sur le trône de sa gloire.

Toutes les nations seront assemblées devant lui. Il séparera les uns d'avec les autres, comme le berger sépare les brebis d'avec les boucs ; et il mettra les brebis à sa droite, et les boucs à sa gauche » (v. 31-32). Les brebis représentent les croyants, et les boucs les incroyants. Nous lisons ensuite que les brebis *« prendront possession du royaume »*, et que les boucs seront jetés *« dans l'étang de feu »* (v. 41). Étant entendu que chacun ira vers l'une ou l'autre destination, si nous adoptons le point de vue que l'Enlèvement ne surviendra qu'à la fin de la Tribulation, nous devons en déduire qu'il n'y aura personne pour peupler le royaume. C'est un véritable problème qui rend le point de vue post-tribulationniste impossible, ou pour le moins suspect.

Pour sa part, le point de vue pré-tribulationniste dit que ceux qui deviendront chrétiens pendant la Tribulation ne seront pas enlevés à la fin, et qu'ils auront donc encore leur corps naturel quand ils entreront dans le Millenium. Ceux qui croient en l'Enlèvement avant la Tribulation affirment que ceux qui seront enlevés iront dans la maison du Père et recevront leur corps glorifié. Ceux qui reçoivent Christ pendant la Tribulation et qui auront survécu au glorieux retour de Christ ne recevront pas encore leur corps glorifié. Parce qu'ils auront encore leur corps naturel, ils seront en mesure de peupler le royaume pendant le Millenium.

Dans le livre de l'Apocalypse, les 144 000 Juifs, les deux témoins, et l'*« ange qui volait au milieu du ciel... (avec) un Évangile éternel, pour l'annoncer aux habitants de la terre, à toute nation, à toute tribu, à toute langue, et à tout peuple »* (Apocalypse 14 : 6) seront utilisés pour engranger une belle moisson d'âmes. Résultat : *« Une grande foule que nul ne pouvait compter, de toute nation, de toutes tribus, de tous peuples et de toutes langues »* (Apocalypse 7 : 9).

Ceux qui auront survécu à la Tribulation et enduré jusqu'à la fin (Matthieu 24 : 13) entreront dans le Millenium avec leur corps naturel et peupleront le royaume de Christ pour les mille ans à venir.

Si vous n'êtes pas convaincu par les dix premières raisons énumérées selon lesquelles un Enlèvement après la Tribulation n'est pas plausible, le problème soulevé sous ce onzième point que nous venons de discuter devrait vous convaincre. Cette question importante demeure sans réponse pour ceux qui s'attendent à l'Enlèvement après la Tribulation, tandis que ceux qui l'attendent avant y trouvent une réponse satisfaisante.

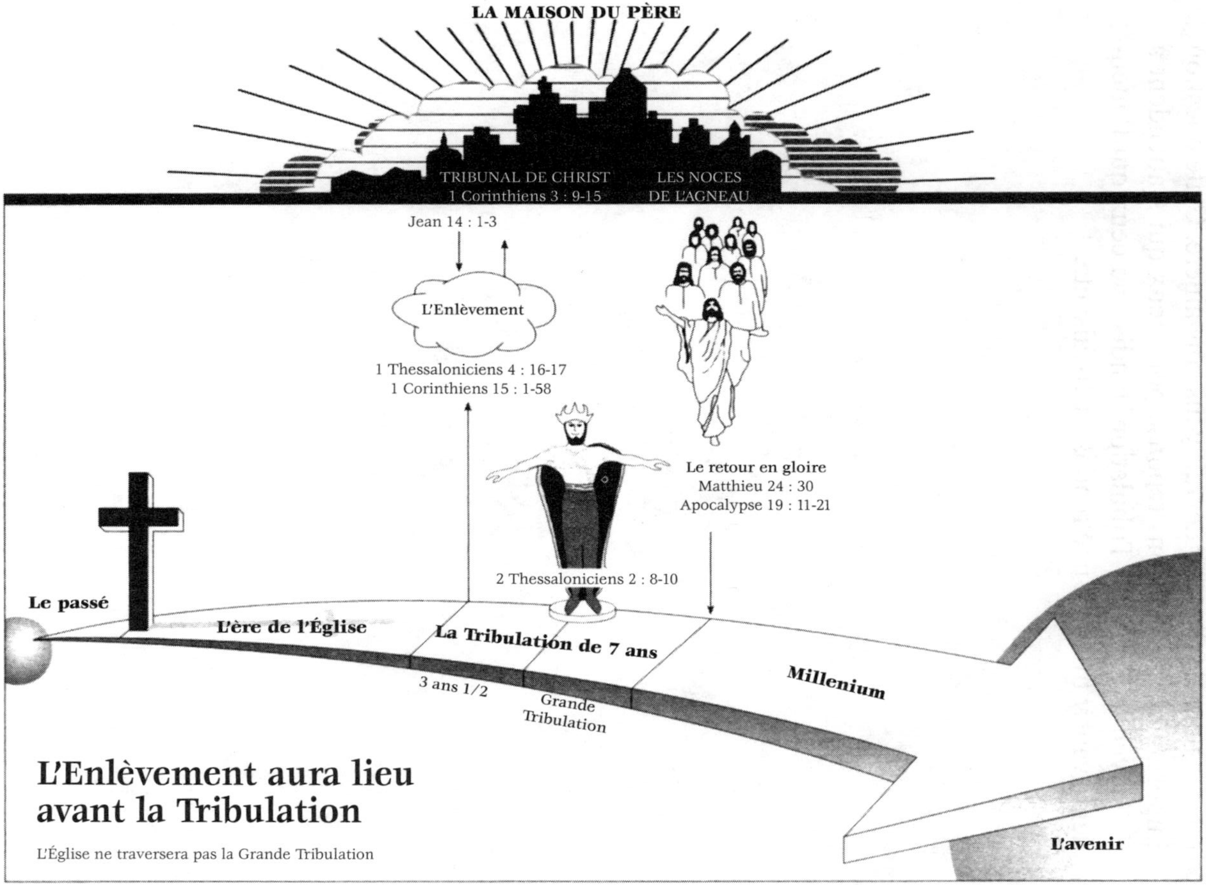
LA MAISON DU PÈRE
TRIBUNAL DE CHRIST
1 Corinthiens 3 : 9-15
LES NOCES
DE L'AGNEAU
Jean 14 : 1-3
L'Enlèvement
1 Thessaloniciens 4 : 16-17
1 Corinthiens 15 : 1-58
Le retour en gloire
Matthieu 24 : 30
Apocalypse 19 : 11-21
2 Thessaloniciens 2 : 8-10
Le passé
L'ère de l'Église
La Tribulation de 7 ans
3 ans 1/2
Grande
Tribulation
Millenium
L'avenir
L'Enlèvement aura lieu
avant la Tribulation
L'Église ne traversera pas la Grande Tribulation

Chapitre onze

L'Enlèvement avant la Tribulation : une vérité à saisir !

Il est indigne d'un chrétien mature et fort de croire que l'Enlèvement aura lieu avant la Tribulation si sa raison de le croire est qu'il peur de devoir faire confiance à Dieu pour prendre soin de lui pendant cette période de souffrance ! Fort heureusement, ce n'est pas pour cela que nous sommes attachés à cette position.

Le point de vue pré-tribulationniste est populaire parce qu'il cadre avec les divers passages bibliques en rapport avec les événements de la fin. Une des raisons pour lesquelles il s'impose à l'esprit de ceux qui croient en l'interprétation littérale des Écritures est qu'il offre une suite logique, crédible et naturelle de ces événements qui doivent se produire. Le tableau de la page ci-contre situe par exemple les principaux passages en rapport avec la seconde venue de Christ dans l'ordre que reconnaît la position pré-tribulationniste.

Si cette approche n'est pas parfaite, pas plus d'ailleurs qu'aucune autre théorie, je crois qu'elle apporte la meilleure explication de la façon dont le Seigneur va venir reprendre son Église, l'amener dans la maison de son Père, l'appeler devant le tribunal de Christ, puis célébrer les noces de l'Agneau. Pendant ce temps, les habitants de la terre, y compris Israël, traverseront la Tribulation, qui sera tellement traumatisante que pendant cette période de sept ans, des millions de gens accueilleront le message de l'Évangile. C'est pendant ce temps que l'antichrist, qui a été annoncé depuis bien longtemps par les prophètes d'Israël, unira le monde et l'amènera à se rebeller contre le Dieu souverain, mais Christ le détruira *« par l'éclat de son avènement » « avec puissance et une grande gloire »* quand il reviendra sur terre établir son règne de mille ans.

Non seulement cette approche permet de situer logiquement et intelligiblement les événements à venir, mais il y a de bonnes et saines raisons de croire qu'elle est la meilleure.

Voici quatorze raisons de considérer le point de vue pré-tribulationniste satisfaisant et qui m'ont convaincu qu'il honore le mieux la prophétie biblique.

Quatorze raisons d'être pré-tribulationniste

1. La perspective pré-tribulationniste est l'approche la plus logique des textes bibliques ayant trait à la seconde venue de Christ quand ils sont pris au sens clair et littéral autant que cela soit possible.

Bien des détails sur la seconde venue doivent encore être percés dans divers textes bibliques, quelle que soit la position que l'on adopte. La position pré-tribulationniste trouve une place logique pour chaque texte sur la seconde venue de Christ. Comme un puzzle que l'on a fini d'assembler, tous les morceaux trouvent leur place. Comme l'écrit le Dr Walvoord,

> « Il est plutôt significatif que, sans chercher à établir une quelconque uniformité en eschatologie, le

mouvement des instituts bibliques aux États-Unis est essentiellement prémillénariste et prétribulationniste. Cela découle du fait d'avoir pris les textes bibliques dans leur sens naturel et ordinaire en acceptant l'explication qui semble évidente. Par opposition, les institutions qui abordent la Bible à partir d'une confession de foi bien précise ont tendance à faire entrer les Écritures dans leurs *credo* pré-établis, ce qui a pour résultat que la plupart d'entre elles se tournent vers le libéralisme, et que, si elles restent conservatrices, elles tendent vers l'amillénarisme. (1)

L'interprétation pré-tribulationniste permet à l'interprète de l'Ancien comme du Nouveau Testaments d'établir un ordre des événements de la fin qui ait du sens. S'il est vrai que bien des détails ne nous ont pas été révélés, les principaux événements de la fin des temps tels que présentés par les prè-tribulationnistes sont bien établis. Par contre, il serait difficile de trouver deux post-tribulationnistes qui soient en bon accord sur l'ordre des événements à la fin des temps. La raison de cette confusion vient d'un manque d'uniformité dans les principes d'interprétation qui engendre des désaccords quant au degré de spiritualisation nécessaire selon les textes. Pendant que de grandes conférences prophétiques sont tenues par des enseignants pré-tribulationnistes avec une harmonie évidente entre les intervenants sur les grands événements de la fin des temps, de telles conférences seraient impossibles parmi les post-tribulationnistes pour la simple raison qu'il ne sont pas en accord entre eux sur l'essentiel. C'est ainsi que les conférences prophétiques sont presque exclusivement le domaine de l'interprétation pré-tribulationniste. (2)

> La tendance évidente chez les érudits qui ont abandonné le pré-tribulationnisme pour le post-tribulationnisme est que dans bien des cas, ils abandonnent aussi le prémillénarisme. Pour ceux qui veulent penser avec cohérence et logique à partir de principes d'interprétation bien établis, les options demeurent : (1) l'Enlèvement avant la Tribulation suivi du retour prémillénial de Christ sur terre, ou (2) l'abandon des deux pour adopter le post-tribulationnisme et une vision spiritualisée du Millenium. »(3)

Le Dr Walvoord a plus de quatre-vingt dix ans ; il est un érudit biblique depuis plus de soixante ans et connaît personnellement la plupart des érudits sur ce sujet qui sont encore vivants. Il nous met en garde : « Il n'est pas rare que des érudits qui renoncent au pré-tribulationnisme pour se tourner vers le post-tribulationnisme renoncent aussi à la doctrine de l'inhérence des Écritures. »(4) J'ajouterai à cela que certains rejettent le pré-tribulationnisme parce qu'il n'est pas clairement énoncé dans un seul passage biblique, mais ils finissent souvent par adopter une position plus complexe encore, moins logique, et moins en harmonie avec le sens clair et simple des Écritures. Quand ils sont pris littéralement, les passages prophétiques de l'Écriture produisent une vision prémillénariste du Royaume, une vision futuriste de la Tribulation telle qu'elle est décrite dans l'Apocalypse, et l'attente de l'Enlèvement avant la Tribulation.

2. Cette approche démêle les divers détails contrastés entourant la seconde venue de Christ et établit clairement les liens qui les unissent.

Comme nous l'avons déjà démontré, Christ ne saurait venir directement dans les airs pour l'Église et venir publiquement sur la terre en même temps. Nous croyons que la venue de Christ pour bénir son Église et son retour sur la terre pour la juger sont deux événements distincts et séparés dans le temps. Le livre de l'Apocalypse et 2 Thessaloniciens 2 clarifient ce qui doit se produire entre ces deux événements.

La critique selon laquelle la venue de Christ pour l'Église et sa venue sur terre constitueraient deux venues distinctes n'est pas valide à la lumière du précédent établi par les prophètes de l'Ancien Testament. La venue du Christ sur cette terre est de toute évidence constituée de deux événements séparés d'au moins deux mille ans. Ce qui semblait n'être qu'une seule venue s'est avéré être en deux étapes, la première pour souffrir, la seconde plus de deux mille ans plus tard avec puissance et une grande gloire. Pourquoi trouver étrange que la venue de Christ pour son épouse dans la bénédiction et sa venue pour juger la terre soit séparées par sept années ?

3. Cette approche donne le temps nécessaire à l'accomplissement de divers événements en rapport avec la fin des temps.

La vision pré-tribulationniste laisse du temps pour que les chrétiens puissent être introduits dans la maison du Père, passent par le tribunal de Christ devant lequel chacun d'entre nous rendra compte pour lui-même (Romains 14 : 12), et participe aux noces de l'Agneau dans le ciel avant que Christ ne revienne avec puissance et une grande gloire sur la terre. Le post-tribulationnisme prend en compte ces divers éléments, mais sans donner le temps nécessaire pour qu'ils puissent se réaliser de façon adéquate.

4. C'est la seule approche qui fasse la distinction entre Israël et l'Église.

« Confondre Israël et l'Église engendre beaucoup de confusion dans l'interprétation de la prophétie en général, comme l'illustrent l'amilléarisme et le post-tribulationnisme. »[(5)] Le prétribulationnisme est la seule position qui définit clairement le programme d'événements qui concerne l'Église.

5. Ce point de vue est le seul à permettre à notre espérance d'être vraiment « notre bienheureuse espérance ».

Attendre l'Enlèvement au milieu de la Tribulation détruit cette espérance en forçant le chrétien à se préparer à subir la Grande Tribulation. Aucune lecture de la prophétie biblique ne requiert la présence des chrétiens pendant la période de jugement de sept ans qui est clairement destinée à Israël et au monde païen.

N'oubliez pas que l'enseignement sur l'Enlèvement a été donné pour réconforter ceux qui pleurent ! La hantise de devoir affronter la Tribulation n'a rien de réconfortant pour les croyants.

6. C'est la seule approche qui prend Dieu au mot et se saisit de sa promesse de délivrer son peuple de la colère à venir.

Comme le dit la version en français courant, *« Je te garderai de la période de malheur qui va venir sur le monde entier pour mettre à l'épreuve les habitants de la terre »* (Apocalypse 3 : 10; voir aussi Romains 5 : 9; 1 Thessaloniciens 1 : 10; 5 : 9).La Tribulation que notre Seigneur a décrite dans Matthieu 24 est cette période d'épreuve.

7. Seule cette approche préserve la motivation qu'apporte l'enseignement de l'imminence de son retour telle que nous la trouvons dans le Nouveau Testament et qui constitua le grand défi de l'Église primitive.

Dans Jean 14 : 1-3, Actes 1 : 11, 1 Corinthiens 15 : 51-52, Philippiens 3 : 20, Colossiens 3 : 4, et bien d'autres passages, les apôtres enseignèrent que Christ pouvait revenir à tout moment. Quand l'Église perd cette attente qui la tient en haleine, elle tend à devenir charnelle et à dépérir spirituellement.

8. Les chrétiens qui croient en l'Enlèvement avant la Tribulation attendent le retour du Seigneur.

Les autres points de vue les poussent à s'attendre à la Tribulation, à l'antichrist et à la souffrance.

9. Cette position fait de l'Enlèvement un événement majeur.
Puisqu'au moins quatre passages de l'Écriture décrivent l'Enlèvement, ce dernier doit certainement être un événement significatif. Ceux qui attendent l'Enlèvement à la fin de la Tribulation tendent à le minimiser et à le considérer comme un ascenseur express qui les fera monter en haut pour redescendre immédiatement après. L'attente de l'Enlèvement avant la Tribulation confère à l'Enlèvement une dignité et une valeur dignes de l'époux céleste qui vient prendre son épouse pour l'amener à la maison de son Père pour leurs noces.

10. Cette position suit bien le courant du livre de l'Apocalypse.
Pris au sens littéral, le livre de l'Apocalypse est pré-tribulationniste. Apocalypse 4 : 1-2 ne suffirait pas en lui-même à éclaircir le mystère de l'Enlèvement, mais ce dernier étant révélé dans d'autres passages, il n'est pas déplacé de considérer le fait que Jean ait été transporté dans le ciel comme un signe de l'Enlèvement qui doit avoir lieu avant la Tribulation.

Par contre, si les pré-tribulationnistes rejettent l'idée que Apocalypse 4 : 1-2 puisse être une référence à l'Enlèvement, il leur reste à expliquer pourquoi l'Enlèvement n'est pas mentionné et à quel moment elle intervient. L'Apocalypse étant le livre qui donne le récit le plus détaillé et suivi des temps de la fin dans la Bible, il est impensable qu'un événement aussi joyeux que l'Enlèvement, mentionné dans d'autres livres de la Bible, soit complètement laissé de côté.

Il est intéressant de remarquer que Apocalypse 19 : 11-20 décrit le retour du Seigneur en gloire. Aucune allusion n'y est faite à la résurrection des croyants afin que l'épouse puisse rejoindre son fiancé comme promis ; il est en fait considéré comme acquis qu'ils sont déjà avec lui. Selon le point de vue pré-tribulationniste, il y a déjà sept ans que les enfants de Dieu sont avec leur Seigneur.

11. Le point de vue pré-tribulationniste explique pourquoi l'Église n'est pas mentionnée entre Apocalypse 4 : 3 et Apocalypse 18.

Il doit bien y avoir une raison pour laquelle l'Église est si centrale dans les trois premiers chapitres de l'Apocalypse pour disparaître ensuite jusqu'au retour du Seigneur en gloire. Les pré-tribulationnistes insistent pour dire que c'est parce que l'Église a été enlevée. Ceux qui croient en un Enlèvement pendant ou après la Tribulation voudraient que nous trouvions la trace de la présence de l'Église pendant la Tribulation bien qu'elle ne soit jamais mentionnée entre les chapitres 4 et 18.

12. Ce point de vue préserve la crédibilité de la parole de Christ selon laquelle les chrétiens seront « gardés de l'heure de la Tribulation ».

Cette position est la seule qui règle les difficultés causées par Apocalypse 3 : 10 et 7 : 14 : si les chrétiens font partie des martyrs de Apocalypse 7 : 14 qui seront tués pendant la Tribulation, le Seigneur n'aura pas tenu sa promesse de Apocalypse 3 : 10 et cela est impensable ! Les pré-tribulationnistes expliquent qu'il n'y aura pas de chrétiens sur terre pendant la Tribulation qui pourraient mourir en martyr. Ils auront été enlevés avant que celle-ci ne commence, confirmant ainsi la promesse du Seigneur.

13. Le point de vue pré-tribulationniste soutient que 1 Thessaloniciens 4 : 13-18 est un message de réconfort et explique pourquoi les jeunes chrétiens de Thessalonique étaient troublés par la mort de leurs bien-aimés.

Richard Mayhue offre ce commentaire des plus intéressants :

> « Supposons que les post-tribulationnistes aient raison. Que nous attendrions-nous à trouver dans 1 Thessaloniciens 4 ? Et en quoi cela est-il comparable à ce que nous y trouvons effectivement écrit ?

Tout d'abord, nous nous attendrions à ce que les Thessaloniciens soient joyeux du fait que leurs bien-aimés soient déjà avec le Seigneur sans avoir eu à subir les atrocités de la Tribulation. Nous découvrons au contraire qu'ils pleurent parce qu'ils craignent que leurs frères et sœurs aient manqué l'Enlèvement. Seule l'attente de l'Enlèvement avant la Tribulation peut justifier une telle peine.

Ensuite, nous nous attendrions à ce que les Thessaloniciens pleurent sur leurs propres épreuves à venir plus que sur le départ de leurs bien-aimés. De plus, nous nous attendrions à ce qu'ils soient bien plus préoccupés par les fléaux qui les attendent. Mais ils sont sans crainte et ne posent pas de question sur la Tribulation à venir.

Enfin, nous nous attendrions à ce que Paul, même en l'absence de tout intérêt sur ce point de la part des Thessaloniciens, leur ait communiqué des instructions et une exhortation pour les aider à affronter une telle épreuve en comparaison de laquelle leur tristesse présente semblerait dérisoire. Mais il n'y a pas la moindre indication d'une quelconque tribulation à venir.

1 Thessaloniciens 4 entre bien dans le modèle pré-tribulationniste. Par contre, ce texte est incompatible avec le post-tribulationnisme. »[6]

14. Cela explique pourquoi la Bible ne nous laisse aucune instruction ayant pour but de nous préparer à la Tribulation.

Cela ne vous semble-t-il pas étrange que la Bible, qui nous donne tant de conseils pour vivre nos soucis et autres tracas quotidiens, puisse nous laisser sans aucune instruction pour savoir comment faire face aux temps les plus redoutables que cette terre ait jamais vécus, période remplie d'événements terrifiants qui n'ont jamais rien eu de comparable ? Le pré-tribulationnisme a une réponse très simple à apporter : nous ne serons plus là !

Dans une discussion sur les deux principaux passages traitant de l'Enlèvement (1 Thessaloniciens 4 et 1 Corinthiens 15 : 51-56), Richard Mayhue déclare :

> « Les exhortations de 1 Corinthiens 15 : 51-56 en rapport avec l'Enlèvement sont semblables dans ce qu'elles impliquent. Il n'est pas donné un mot d'avertissement concernant une tribulation à venir, mais les chrétiens sont encouragés à vivre à la lumière du retour imminent de Christ. Cette espérance est ainsi définie par Paul dans Tite 2 : 13 : *« En attendant la bienheureuse espérance et la manifestation de la gloire de notre grand Dieu et Sauveur, le Christ Jésus »*. L'espérance qui consisterait à attendre l'Enlèvement après avoir enduré la Grande Tribulation n'aurait rien d'une perspective réjouissante ; ce passage est difficile à expliquer pour les post-tribulationnistes. L'espérance n'est pas celle de la résurrection d'entre les morts et de la mort en martyr, mais plutôt la venue et la révélation de Christ dans sa gloire pour ceux qui seront encore en vie sur terre. Cette exhortation en rapport avec l'Enlèvement constitue un problème majeur pour les post-tribulationnistes. »[(7)]

Le point de vue pré-tribulationniste reste digne de foi

Si la Bible me le demandait, je renoncerais à cette précieuse position prophétique, mais tel n'est pas le cas. En fait, j'ai déjà prouvé que ni les Écritures ni les faits de l'Histoire ne nous poussent à abandonner cette *« bienheureuse espérance »*.

Le Dr Wilbur Smith fut l'un des plus grands érudits qu'il m'ait été donné d'entendre en personne. Il m'a enseigné la doctrine biblique à l'Institut Biblique Moody et le livre de l'Apocalypse au Séminaire Fuller. Il était doué d'une mémoire photographique, était un lecteur avide, possédait une bibliothèque bien garnie et jouissait d'une bonne réputation en tant qu'autorité sur la prophétie biblique. Vers la fin de sa vie, il écrivit un comparatif entre deux livres sur la Tribulation : un ouvrage pré-tribulationniste écrit par le Dr Gerald Stanton, et un second écrit par un post-tribulationniste, le Dr. George Ladd.

Voici sa conclusion :

> « Je dois dire pour ma part que je n'ai jamais rencontré là d'arguments ou d'exégèse biblique des textes sur ce sujet capable de me persuader de renoncer à la position que j'ai tenue depuis bien des années, à savoir, que le Seigneur Jésus pourrait revenir à tout moment et que l'Église ne traversera pas la Tribulation. Si l'Église devait traverser la Tribulation, le concept même de l'imminence du retour de Christ doit être abandonné. Je crois qu'aucun homme ne peut affirmer à partir de l'Écriture que Christ ne pourrait pas revenir aujourd'hui. Et s'il le peut, il est inutile de vouloir prouver qu'il viendra à la fin de cette sombre période que sera la Tribulation sous le règne de Satan.

Pour les millions de croyants vivant sur terre dans n'importe quelle génération, être convaincus que l'expérience à laquelle ils doivent s'attendre sera une période de sept ans de souffrances et d'angoisse, plutôt que le Seigneur venant les chercher dans sa gloire, jetterait sûrement une ombre sur l'espérance de l'Église dans son ensemble, ombre que je ne considère pas faire partie de l'espérance chrétienne du retour du Seigneur. »[8]

Non, il n'y a aucune raison de renoncer à la *« bienheureuse espérance »* du retour de Christ avant la Tribulation !

Troisième partie

Réponses aux attaques contre le pré-tribulationnisme

Chapitre douze

La cible principale

Toutes les attaques contre l'enseignement sur l'Enlèvement avant la Tribulation nous ramènent essentiellement à un seul homme.

John Darby est celui qui est considéré par ses détracteurs comme étant le premier à avoir rendu populaire ce point de vue de la prophétie. Certains, comme nous l'avons vu, l'accusent de l'avoir déduit de la vision qu'aurait eue une jeune Écossaise. Les plus acharnés vont jusqu'à dire que cet enseignement est d'inspiration démoniaque ou qu'il a été reçu de la bouche d'un pasteur défroqué du nom de Irving, ou encore d'un jésuite renégat du nom de Lacunza.

Quelles que soient les accusations et les suppositions, John Darby est devenu une figure centrale dans toute étude sur le prétribulationnisme. Il est bien clair qu'il a contribué plus que tout autre à organiser et propager ce point de vue aux États-Unis comme en Grande Bretagne. Né en 1800 et resté célibataire toute sa vie, il consacra son énergie débordante à faire avancer la cause de Christ en gagnant des âmes, en prêchant, en enseignant la Bible, en bâtissant des Églises, en tenant des conférences et en publiant ses écrits. C'était un écrivain très prolixe : tracts, pamphlets, articles et livres (quelque 52 volumes),[1] dont beaucoup sont conservés dans des bibliothèques partout dans le monde occidental.

Bien que frêle et peu impressionnant au niveau de sa stature physique, Darby avait une personnalité très marquée. Il était brillant, infatigable dans son zèle missionnaire pour enseigner la Bible et doté d'une très forte volonté. Cela pouvait d'ailleurs le rendre très intolérant vis-à-vis de ceux qui ne partageaient pas son avis. Il semble avoir fait preuve d'une grande patience envers ceux qui étaient sincères dans leur quête de la vérité, mais il n'était pas toujours aussi conciliant pour ceux qui refusaient de prendre sa position au sérieux.

Nous sommes contraints de nous faire une opinion à partir de ceux qui l'ont connu et côtoyé personnellement. Le Dr. James Brookes, un pasteur exceptionnel de l'Église presbytérienne, le considérait comme « l'un des enseignants de la Bible les plus remarquables de son temps »[2]. C.I. Scofield et Dwight Moody devinrent les disciples américains des enseignements de Darby. [Moody a contribué à la propagation de la doctrine du pré-tribulationnisme autant que d'autres par l'impact de son propre ministère, tant lors des conférences bibliques de Northfield que dans l'Institut Biblique qui porte son nom ; cela ne l'empêcha pas d'être en désaccord avec Darby sur une autre doctrine, à savoir son calvinisme extrême, qui était en contraste avec l'emphase que mettait Moody sur le libre arbitre.[3]] La plupart des premiers fondamentalistes et fondateurs des mouvements missionnaires, écoles et autres instituts bibliques de la fin du XIXe siècle ont accepté et enseigné les concepts exprimés par Darby, créant ainsi une deuxième génération de disciples.

Darby n'a pas inventé le pré-tribulationnisme, la séparation entre Israël et l'Église, le dispensationnalisme, les types et symboles, ou toute autre particularité qui a fait de lui l'enseignant sur la prophétie le plus cité depuis l'apôtre Paul. Bien des érudits bibliques avaient mentionné l'un ou l'autre de ces concepts avant Darby. Mais il a su les intégrer dans un même ensemble de pensée.

Darby a adapté certains de ses concepts en rapport avec l'Enlèvement de ceux qui l'avaient précédé et qui distinguaient bien l'Enlèvement et le retour du Seigneur en gloire. Il a ensuite établi une période de temps spécifique entre eux, cherchant à toujours enraciner ses idées dans l'Écriture. Ses nombreux voyages lui ont permis de répandre ses points de vue que bien des Églises bibliques accueillirent volontiers, non parce qu'il aurait été doté d'un pouvoir de persuasion, mais parce que ses convictions étaient fondées sur l'Écriture.

Dans un sens, j'ai suivi le même chemin en ayant le privilège de rendre populaire aux États-Unis la théorie des quatre tempéraments, théorie qui date de plusieurs siècles. Je ne l'ai pas inventée, mais je l'ai empruntée à ceux qui l'avaient pensée bien avant moi, en y ajoutant deux concepts : le mélange entre les différents tempéraments et la puissance du Saint-Esprit pour fortifier les points faibles qu'une personne a pu hériter à travers son tempérament. J'ai ainsi pu propager et répandre ces idées par mes écrits et conférences. Darby a été influencé par bien des érudits bibliques littéralistes qui l'avaient précédé. Certains enseignaient les dispensations, d'autres voyaient l'Église comme distincte d'Israël, et d'autres encore avaient une vision futuriste. Il ajouta ensuite des éléments qu'il a lui-même observés dans la Parole de Dieu pour ensuite partager et propager tout ce système de pensée par ses nombreux écrits et ses tournées de conférences.

L'arrière-plan de Darby

Darby est né à Londres de parents irlandais. Sa famille était riche et pouvait ainsi se permettre de l'envoyer faire ses études à la célèbre école de Westminster. En 1815, sa famille a quitté Londres pour venir habiter le château de ses ancêtres en Irlande.

C'est alors que Darby a commencé ses études à l'université de Trinity à Dublin[4] pour y étudier le droit et en sortir en 1819 avec un diplôme et les plus hauts honneurs. Il fut admis au barreau de Chancery en 1822 mais abandonna ses fonctions l'année suivante. « Il était apparemment en pleine crise spirituelle et ce de 1818 à 1825, ce qui aboutit à sa conversion. Même pendant ces années de tourment, les pensées de Darby étaient absorbées par la question de la nature de la véritable Église. »[5] Il dira de ce temps-là : « Dans mon cas, je suis passé par tout un travail de l'âme avant de trouver la moindre trace de paix, et ce n'est que six ou sept ans plus tard que je fus vraiment délivré. »[6]

C'est lors de ce temps de recherche qu'il découvrit une relation personnelle avec Christ, peut-être sous l'influence de la prédication enflammée du professeur Richard Graves de l'université Trinity. Sa quête spirituelle profonde l'a alors amené à se désintéresser de sa carrière dans le droit.

> « Il entra dans le ministère en 1825 dans l'Église d'Angleterre et il lui fut confié une paroisse irlandaise. Darby s'y investit de tout son cœur, au point que l'on vit de 600 à 800 catholiques se convertir au protestantisme chaque semaine. Au bout d'un an, il fut ordonné ministre de l'Église d'Angleterre.
>
> Peu après cette ordination, il fut très déçu d'un décret émanant de son évêque selon lequel tous ceux qui se convertissaient à l'Église d'Angleterre devaient faire serment d'allégeance au roi d'Angleterre. Darby vit cela comme un compromis avec la seigneurie de Christ; ce décret de l'évêché réduisit considérablement son impact auprès des catholiques. »[7]

Vers la fin novembre 1826, Darby se cassa une jambe, ce qui lui donna un temps de convalescence pendant lequel il put se plonger dans les Écritures plus avidement que jamais, pouvant reconsidérer tout ce qu'il avait étudié auparavant.

C'est pendant cette période qu'il reconnut la distinction claire qui existe entre l'Église et Israël ainsi que sa position présente en Christ. Il en vint aussi à croire alors en l'imminence du retour de Christ :

> « J'ai alors réalisé que le chrétien, ayant sa place en Christ dans le ciel, n'a rien d'autre à attendre que la venue du Sauveur afin qu'il soit alors établi dans la gloire qui est déjà son lot de par sa position en Christ. La venue du Seigneur fut l'autre vérité qui m'est venue à l'esprit par la Parole, comme étant la seule chose à attendre pour ceux qui sont déjà assis dans les lieux célestes en Christ. Ésaïe 32 m'a ramené aux conséquences terrestres de cette même vérité, bien que, maintenant, certains autres passages me semblent plus frappants encore ; mais je vis un changement évident de dispensation dans ce chapitre, quand l'Esprit serait déversé sur le peuple juif et qu'un roi régnerait avec justice. »[(8)]

C'est ainsi que, très tôt dans sa vie, à l'âge de 27 ans, il avait déjà formulé les éléments de base des principes sur lesquels il allait élaborer tout son système de pensée. C'est ce système que l'on appelle aujourd'hui le « dispensationnalisme », et qui présuppose de fait le pré-tribulationnisme.

Durant les quatre à six années qui suivirent, Darby fut très impliqué dans une série d'études bibliques de recherche qui furent connues sous le nom de « conférences de Powerscourt ». En fait, c'est lui qui prit pratiquement la direction des deuxième et troisième rassemblements. Pendant cette période, lui et d'autres dissidents de l'Église établie inaugurèrent le mouvement dit « de frères ». Il se produisit un incident regrettable pendant le développement de ce mouvement après que Darby ait passé quelques temps en Suisse. Il était devenu beaucoup plus catégorique dans ses points de vue sur la séparation entre l'Église et Israël, et l'Enlèvement de l'Église avant la Tribulation.

Son bon ami et collègue B. W. Newton, pasteur de l'Église de frères de Plymouth en son absence n'acceptait pas ces deux positions. Les discussions entre eux devinrent si vives que, semblables à Paul et Barnabas, ils se séparèrent. Cela provoqua un débat âpre qui engendra le premier des schismes qui allaient affecter le mouvement des frères.

Chacun avait ses supporters, et la mode désormais répandue en ce XIXè siècle de s'opposer par le biais de la page imprimée allait en s'intensifiant.

L'insistance de Darby sur un Enlèvement distinct du retour du Seigneur en gloire poussa ses opposants à le taxer de croire en deux retours de Christ, critique utilisée par les post-millénaristes comme par les post-tribulationnistes.

En 1845, une controverse grandissante au sein du mouvement des frères amena Darby et certains de ses disciples à se retirer de cette fraternité. Plus tard, Newton allait être excommunié pour avoir enseigné une position erronée sur la personne de Christ. (9)

Il ne faut pas beaucoup d'imagination pour percevoir le ressentiment de Newton pour Darby. Selon un observateur attentif : « Il passa la seconde moitié de sa vie en campagne pour combattre le pré-tribulationnisme de Darby et se trouva de fait en conflit ouvert et répété avec lui. Il écrivit des dizaines de livres exposant ses points de vue. » (10)

Quasiment toutes les attaques modernes contre le pré-tribulationnisme remontent à cette source ou à S.P. Tregelles, beau-frère de Newton ! Tregelles a pris position pour son beau-frère non seulement à cause du lien qui les unissait mais aussi parce que son approche de l'Histoire avait fait de lui un post-tribulationniste vigoureusement opposé au dispensationnalisme et au pré-tribulationnisme. Tregelles alla jusqu'à suggérer que les enseignements de Darby venaient des démons et autres mauvais esprits.

Tregelles et Newton ont ainsi été les témoins hostiles qui suscitèrent la plupart des attaques à l'encontre de l'enseignement sur notre *« bienheureuse espérance »*.

Où Darby a-t-il puisé sa théorie ?

La plupart des attaques contre Darby s'en prennent à la source de son enseignement. Fort heureusement, ces attaques sont datées, et le spécialiste de l'histoire de l'Église Roy Huebner a vérifié ces sources pour en arriver au constat qu'elles dataient d'après Darby, qui n'avait donc pas pu être influencé par elles. Il en était arrivé à accepter le retour imminent de Christ et la séparation entre l'Église et Israël entre 1826 et 1827.

Huebner prouve qu'il a fallu plusieurs années avant que les enseignements de Darby ne prennent leur forme définitive, mais la conviction que le retour de Christ pouvait arriver à tout moment fut l'une des premières questions que Darby régla dans son esprit.

Huebner avance aussi une suggestion qu'il fait sur la base de recherches qui ont duré des années et selon laquelle le jeune Darby aurait été aidé par un prédicateur fidèle du nom de Tweety, qui lui permit de reconnaître la réalité de l'Enlèvement dans 2 Thessaloniciens 2 : 1-2. Il est important de noter que Darby reçut ces informations avant les dates des attaques que nous allons bientôt examiner.

Bien des traductions bibliques obscurcissent le véritable sens de 2 Thessaloniciens 2 : 1, empêchant celui qui étudie les Écritures d'apprécier la référence faite à l'Enlèvement dans l'expression : *« notre rassemblement auprès de lui »*.

Il est évident que c'est bien ainsi que M. Darby comprenait ce texte quand nous lisons sa traduction de ce verset :

> *« Or nous vous prions, frères, par la venue de notre Seigneur Jésus-Christ et par notre rassemblement auprès de lui, de ne pas vous laisser promptement bouleverser dans vos pensées… »* (11)

Je suis fermement convaincu que Darby a été influencé par la nouvelle prise de conscience prophétique de son temps, par la bouche et la pieuse influence de ses enseignants à l'Université Trinity, qui étaient des littéralistes bibliques. Cela inclurait aussi très probablement les écrits de Gill et d'autres qui l'ont précédé, notamment le révérend Morgan Edwards, pasteur baptiste de Philadelphie que nous avons déjà mentionné plus haut, et qui avançait dans ses ouvrages que l'Enlèvement aurait lieu avant la Tribulation, et ce quelque soixante-et-dix ans avant Darby. Sans oublier la direction du Saint-Esprit, qui voulait remettre cette vérité à l'honneur dans ces derniers temps de préparation pour cet événement. Sans négliger non plus son étude personnelle intense de la Parole de Dieu. Le caractère de cet homme nous incite à le prendre au sérieux quand il dit avoir déduit ce concept de son étude de la Parole de Dieu.

Darby dira lui-même comment il a reçu cet enseignement :

> « La lecture attentive des Actes m'a apporté un tableau pratique de ce qu'était l'Église primitive, ce qui me fit ressentir le contraste profond avec ce qu'elle est devenue de nos jours, bien qu'elle soit tout autant l'objet de l'amour de Dieu. À cette époque-là, je devais utiliser des béquilles pour me déplacer, si bien que je n'avais plus l'occasion de partager mes convictions en public… Dans ce temps de retraite, le chapitre 32 d'Ésaïe m'enseigna clairement qu'il y avait encore une période qui devait venir, selon le dessein divin ; un état des choses qui n'était pas du tout établi dans l'ordre actuel des

choses. Ma prise de conscience de mon union avec Christ m'avait déjà amené à goûter une part de sa gloire, mais ce chapitre établissait clairement une application correspondante sur la terre. Je ne savais comment mettre ces choses dans la bonne perspective ni les placer dans le bon ordre, comme je le puis à présent : mais ces vérités m'ont été révélées par Dieu, au travers de l'action de son Esprit et par la lecture de sa Parole.

Que devait-il donc se passer ? Je vis dans la Parole la venue de Christ pour prendre son Église avec lui dans la gloire. »(12)

L'historien biblique Ernest Sandeen écrivit les mots suivants en 1970 concernant les sources de Darby qui dataient d'avant même les attaques modernes qui allaient le viser et d'avant le premier livre de défense de Huebner :

« Darby n'indiqua jamais aucune autre source de ses idées que la Bible... Plus tard, il semble qu'il ait exprimé qu'il avait été convaincu de cette doctrine au début 1827.

Les opposants à Darby affirmaient que cette doctrine trouvait son origine dans un des messages en langues exprimés dans l'église de Edward Irving en 1832 environ.

Cela semble fort être une accusation pernicieuse et sans fondement. Ni Irving ni aucun autre membre du groupe de Albury n'ont défendu quelque doctrine que ce soit qui ressemble à celle de Darby... L'intention de cette accusation étant clairement de discréditer la doctrine en attribuant son origine au fanatisme plutôt qu'à l'Écriture, cela lui donne bien peu de crédit. »(13)

Un autre érudit, William Bell, qui n'accepte pas la position pré-tribulationniste, n'en fait pas moins ce commentaire objectif :

> « Il semble cependant juste, en l'absence de tout témoin oculaire, de régler la question de façon concluante, en accordant à Darby le bénéfice du doute, considérant que les accusations portées par Tregelles sont certes plausibles mais n'ont pas de support suffisant pour être retenues...
>
> Dans l'ensemble, cependant, il semble que Darby soit le candidat le plus crédible comme source de cette doctrine, avec l'aide de Tweedy. Cette conclusion est renforcée par l'affirmation de Darby lui-même selon laquelle il est parvenu à cette doctrine par son étude de 2 Thessaloniciens 2 : 1-2. »[(14)]

Quiconque s'intéresse à réviser les détails concernant les événements de 1826 à 1845 devrait se procurer le livre de Huebner *Precious Truths Revived and Defended (« Des vérités précieuses ravivées et défendues »)* qui est rempli d'informations à partir de notes, de lettres et de documents rares.[(15)]

Son ouvrage démontre que Darby est parvenu à sa position sur un Enlèvement avant la Tribulation en 1827. Cette date est importante car aucune des attaques courantes suggérant que John Darby a dérivé sa position de sources peu fiables ne date d'avant 1831 ! Il est probable que si le livre de Huebner avait été disponible plus tôt, certaines des attaques qui ont surgi ces dernières trente années n'auraient jamais fait surface.

Lacunza a-t-il influencé Darby ?

Une accusation fréquente qui mérite toute notre attention est l'idée selon laquelle Darby aurait été influencé par les écrits d'un prêtre jésuite renégat.

C'est en 1826 que fut traduit en anglais le livre de Manuel de Lacunza *« Venida del Mesias en gloria y magesta » (La venue de Christ avec gloire et majesté).* Edward Irving, qui traduisit le livre, était toujours populaire et respecté, n'ayant pas encore succombé aux hérésies qui allaient conduire à son exclusion en 1834. Irving traduisit donc le livre et y écrivit une longue préface tandis qu'il était en congé avec sa femme en 1826. Il termina ce travail juste à temps pour le présenter à son assemblée pour Noël. Si bien que le livre n'a pas pu être édité, imprimé et publié avant la fin 1827.

Cette première traduction anglaise n'était pas disponible avant que John Darby ait tiré la conclusion que l'Enlèvement aurait lieu avant la Tribulation. Cela n'a cependant pas empêché l'évangéliste John Bray, qui lut le livre de Lacunza vers 1985, après être devenu un ardent défenseur du post-tribulationnisme, de faire de son mieux pour discréditer la position prè-tribulationniste en suggérant qu'elle avait d'abord été pensée par Lacunza. Apparemment, nous étions censés en déduire que tout cela n'était qu'un complot des Jésuites pour corrompre l'Église protestante.

M. Bray reconnaît à la page 2 de son livret *The Origin of the Pre-Tribulation Rapture Teaching (« L'origine de l'enseignement de l'Enlèvement avant la Tribulation »)* que son intérêt pour le livre de Lacunza a d'abord été suscité par l'attaque grossière contre Darby du pasteur maintenant décédé Duncan McDougall, intitulée *The Rapture of the Saints (« L'Enlèvement des saints »).* Nous découvrons ainsi que les attaques modernes contre la théorie de l'Enlèvement avant la Tribulation ne sont que d'amères régurgitations des vieux assauts contre les frères, le dispensationnalisme et l'Enlèvement. Ces attaques remontent à 1845 et aux calomnies de Newton et Tregelles.

Ma lecture du livret de Bray m'a incité à rendre visite à la bibliothèque du Congrès à Washington, où j'ai pu photocopier l'ouvrage de Lacunza. En le remettant dans le contexte de son temps et de son arrière-plan, j'ai été extrêmement impressionné par le livre, l'auteur et les concepts incroyables qu'il développe. Il est évident à chaque page qu'il a fait tout un travail de recherche. Il est clair pour le lecteur objectif que ce livre est l'œuvre d'un serviteur de Jésus-Christ dévoué et brillant dont le seul but était de glorifier le Seigneur et d'amener les hommes à se préparer à son proche retour. Je doute fort qu'il ait pu être inspiré par quelque conspiration satanique.

Lacunza n'était pas un pré-tribulationniste

Une chose est certaine : John Darby n'a en aucun cas pu emprunter ses idées à cette source jésuite, car Lacunza n'a jamais enseigné que l'Enlèvement aurait lieu avant la Tribulation !

Il n'avait que très peu de compréhension de ce sujet, sinon aucune. Sa grande vision était celle du retour en gloire du Seigneur qu'il situait toujours avant le Millenium. Il est vrai qu'il voyait aussi pour certains croyants un Enlèvement distinct du retour en gloire, mais il ne prétendait pas que la Tribulation séparerait les deux. En fait, il voyait plutôt entre les deux événements un Enlèvement partiel de quelques saints très pieux qui iraient au ciel pendant 45 jours pendant que la terre serait purifiée par le feu (2 Pierre 3 : 10).

Selon ma compréhension de la littérature pré-tribulationniste, je n'ai jamais rencontré cette théorie dans quelque autre ouvrage. Il est tout à fait impossible que Darby se soit inspiré des idées de Lacunza pour se les approprier.

Concernant l'Enlèvement, je salue le fait que Lacuna ait reconnu dans 1 Thessaloniciens 4 : 16-18 un Enlèvement pour au moins certains des croyants vivants ou morts, bien qu'il ne soit pas le seul. D'autres sont arrivés aux mêmes conclusions à partir de 1 Corinthiens 15 : 50-58 et de 1 Thessaloniciens 4 : 16-18.

Une analyse attentive des idées de Lacunza nous montre qu'il s'attendait à ce que l'antichrist vienne sur terre pendant 1 260 jours selon le prophète Daniel. Puis, Christ apparaîtrait pour quelques chrétiens seulement, morts et vivants, avant de les enlever, de les maintenir dans l'atmosphère pendant 45 jours, puis de détruire la terre par le feu, avant d'établir une nouvelle terre. Après cela, il reviendrait sur terre établir son règne de mille ans.

Nous pouvons louer Lacunza pour cette vision progressive à la lumière de son temps, même si elle est une variante de la vision post-tribulationniste de la venue de Christ avec un Enlèvement partiel pour quelques saints plus consacrés que les autres.

Suggérer que John Darby (qui n'avait même pas vu le livre quand il était parvenu à ses conclusions) aurait fait découler sa vision de l'Enlèvement des idées de Lacunza revient à ignorer les faits. L'interprétation de Lacunza du livre de l'Apocalypse le prouve, car il soutenait que les chapitres 4 à 19 précédaient le retour de Christ.

Si je suis personnellement très attiré par la qualité de l'auteur de cet ouvrage, je ne saurai pour autant en conclure que Darby ait puisé ses idées à cette source. Il y a peu de similitudes entre Darby et Lacunza, car Darby prêchait que Christ viendrait reprendre son Église et l'emmener dans la maison de son Père pendant sept ans, temps pendant lequel le monde traverserait la Tribulation et après lequel Christ viendrait établir son règne pour mille ans. La position de Darby ne reproduit en rien les idées de Lacunza, et ce pour deux raisons :

1. Darby a exprimé ses idées avant que le livre de Lacunza n'existe en anglais.
2. Une lecture attentive de Lacunza prouve que ce dernier ne s'attendait pas à un Enlèvement de l'Église avant la Tribulation.

Lacunza était un post-tribulationniste qui s'attendait à un Enlèvement partiel de l'Église. Il était loin d'être pré-tribulationniste.

Dispenser droitement la parole de vérité

En dépit des controverses que nous évoquions, les enseignements de Darby devinrent de plus en plus populaires parmi ceux qui prenaient la Bible dans son sens littéral.

De nombreux pasteurs indépendants, baptistes et méthodistes trouvèrent une justification biblique aux enseignements de Darby sur les dispensations, la séparation entre l'Église et Israël, le futurisme, l'imminence et l'Enlèvement avant la Tribulation. Puisqu'ils étaient des littéralistes bibliques qui croyaient déjà au retour pré-millénial de Christ, il ne fallait qu'un petit pas pour incorporer ces vérités dans leur vision des événements des temps de la fin.

La vision d'un Enlèvement avant la Tribulation ne mettant pas en cause leurs autres doctrines, peu jugèrent nécessaire de quitter leurs Églises pour rejoindre le mouvement des frères. En conséquence, ces enseignements devenant populaires, leurs Églises connurent une croissance au lieu d'une régression, ce qui empêcha le mouvement des frères de devenir l'expression visible des enseignements de Darby. L'enseignement darbyste s'est donc propagé en Irlande, en Angleterre, en Écosse, puis aux États-Unis et au Canada.

Les voyages de Darby aux États-Unis à sept reprises et au Canada furent plus productifs pour l'expansion de ses concepts qu'en Grande-Bretagne. De nombreuses écoles et instituts bibliques adoptèrent son enseignement et l'utilisèrent pour former la génération suivante de pasteurs. Comme ses idées étaient toujours soutenues par l'Écriture, elles étaient ainsi acceptables par des croyants attachés à la Bible ; ceci explique pourquoi ils ont gagné beaucoup de terrain dans l'Église pré-millénariste.

Certains de ces enseignants bibliques reconnaissent un Enlèvement pour les chrétiens, morts ou vivants, avant la révélation de *« l'impie »* (2 Thessaloniciens 2 : 3). Darby est cependant probablement le premier à l'identifier avant toute la Tribulation, qu'il considère comme durant sept ans. Darby a été aidé dans sa perception de cette vérité par Tweedy, « un homme spirituel et très consacré parmi ses frères irlandais et qui était un ancien pasteur. »[16]

Ces derniers discutaient autour de 2 Thessaloniciens 2 : 1-2 qui, de toute évidence à ses yeux, identifiait la phrase *« notre réunion avec lui »* comme faisant référence à l'Enlèvement. Huebner situe ces événements au plus tard en 1830, avant les dates des accusations couramment soulevées contre Darby.

Pourquoi pas avant le XIXè siècle ?

Il est vrai que la position pré-tribulationniste n'a été formée en détail que vers 1826-28, mais nous devrions nous poser la question : quand est-ce que le post-tribulationnisme fut clairement défini ?

Le Dr. Walvoord affirme que le post-tribulationnisme tel qu'il est enseigné aujourd'hui est assez récent. Les deux positions sont en accord avec le fait que le retour en gloire suit la Tribulation, tel que notre Seigneur l'a prédit, et l'apôtre Jean situe cet événement juste avant que Christ n'établisse son règne. Tous les pré-millénaristes sont d'accord là-dessus. Mais le temps précis de l'Enlèvement et les événements liés à la Tribulation génèrent d'intenses débats.

Autant que je puisse en juger de par l'histoire de l'Église, les post-tribulationnistes ont considéré comme acquis que l'Enlèvement et le retour du Seigneur en gloire étaient synonymes. Pour justifier leur critique à l'encontre du pré-tribulationnisme qu'ils accusent d'être d'origine récente, par opposition à l'ancienneté supposée de leur point de vue, la plupart des post-tribulationnistes ont recours à une approche quelque peu simpliste de la seconde venue. Ce n'est qu'après que le pré-tribulationnisme fut devenu populaire que les post-tribulationnistes prirent l'Enlèvement au sérieux et qu'ils ont élaboré les détails de leur propre position. Le début historique de chacune de ces deux positions n'a en réalité pas tellement d'importance dans le cadre de notre discussion.

Si Darby n'avait pas situé l'Enlèvement avant la Tribulation, quelqu'un d'autre de sa génération l'aurait probablement fait. L'acceptation quasi instantanée de cet enseignement par les Églises bibliques de l'époque n'était pas dû à Darby, mais au support offert par l'enseignement littéral des Écritures.

Un auteur chrétien du XXè siècle suggère ceci :

> « La conclusion de F.F. Bruce quant aux sources où Darby a puisé son enseignement sur l'Enlèvement avant la Tribulation semble être correcte. Cet enseignement était dans l'air dans les années 1820-1830 parmi les étudiants fervents de la prophétie restant à s'accomplir. » (17)

Remarquez encore que John Darby n'a pas inventé l'Enlèvement. Huebner a raison quand il explique : « Le mot *enlèvement* était utilisé pour désigner le départ soudain des saints, bien avant 1832. Par exemple, Joseph Mede (1586-1638) parle de "la résurrection de ceux qui se seront endormis en Christ, et de l'Enlèvement de ceux qui seront restés en vie ensemble avec eux dans les airs…" » (18)

Cela indique clairement que Mede, un grand littéraliste du XVIIè siècle comprit 1 Thessaloniciens 4 : 13-16 comme enseignant l'Enlèvement des saints et utilisa le terme *enlèvement* dans ce sens. Il tint ses propos plus de deux cents ans avant que Darby n'enseigne l'Enlèvement !

C'est ainsi que nous voyons que le terme d'Enlèvement n'était pas propre à Darby, mais que d'autres l'avaient utilisé avant lui. Pour chaque livre qui a pu être préservé jusqu'à nos jours en rapport avec le thème de l'Enlèvement, il y en a sans doute bien d'autres qu'ont pu rédiger des enseignants fidèles sur les sujets de la fin des temps et qui restent à découvrir ou qui ont pu se perdre.

Par exemple, dès 270 av. J.-C., St Victorinus, évêque de Petau, écrivit un commentaire sur le livre de l'Apocalypse dans lequel il dit :

> « Et je vis un autre signe grand et merveilleux, sept anges tenant dans leurs mains les sept derniers fléaux ; car c'est par eux que s'achève l'indignation de Dieu. Car la colère de Dieu finit toujours par frapper les gens obstinés avec sept fléaux, c'est-à-dire parfaitement, comme nous le montre le Lévitique ; et ce sera alors la fin des temps, quand l'Église aura été retirée de parmi les hommes ». (19)

Il est donc clair que l'enseignement selon lequel l'Église devait être retirée « à la fin des temps », signifiant au retour de Christ, était déjà connu dès le IIIè siècle.

Quand vous ajoutez à cette liste de preuves évidentes celles de ceux qui ont reconnu la présence de l'Enlèvement dans l'Écriture bien avant Darby, tels que Morgan Edward en 1742 et Pseudo-Éphrem en 372, vous ne pouvez que vous rendre à l'évidence que Darby n'a pas inventé l'Enlèvement pré-tribulationnel avant le retour de Christ.

Ce point de vue a plutôt été chéri et mentionné par d'autres bien plus tôt dans l'histoire de l'Église.

Les enseignements de Darby étaient fondés sur l'Écriture

Les adversaires du point de vue pré-tribulationniste aiment le faire passer pour un enseignement révolutionnaire, alors que la seule différence réside dans le moment où intervient l'Enlèvement, une différence d'un maximum de sept années. Cette distinction est cependant importante car elle détermine si les chrétiens devront traverser ces tribulations ou pas.

Il est raisonnable de conclure que Darby n'a pas reçu sa position sur le retour du Seigneur de quelque autre source qui ait pu lui être attribuée par ses détracteurs. Les recherches les plus récentes n'ont rien trouvé qui prouve le contraire, et ces attaques, qui ont malheureusement séduit les moins avisés, ne sont rien de plus qu'une remontée d'attaques du passé qui avaient pourtant perdu tout crédit.

Soyez assuré que cette position sur la fin des temps est fondée sur la Bible et qu'elle est digne de votre confiance.

Chapitre treize

Une calomnie à dénoncer

Il existe au moins une forme d'attaque qui n'est pas digne des chrétiens. Malheureusement, certains y eurent recours tout de suite après la mort d'un célèbre enseignant pré-tribulationniste. Cette sorte d'attaque est généralement livrée de la façon suivante : une fois que le corps a été descendu dans la tombe, les attaquants lancent la rumeur selon laquelle le défunt a répudié dans ses derniers moments sa croyance au retour imminent de Christ, et bien sûr, ce désaveu n'est connu que d'une ou deux personnes, qui ne sont jamais parmi les plus proches du défunt…

Un des plus célèbres avocats du pré-tribulationnisme fut victime de cette tentative infâme et vile de déshonorer son nom pendant la première moitié du siècle dernier. C'est là un exemple classique de ce que l'on pourrait appeler une attaque à titre posthume. Cette offensive n'ayant été élaborée qu'après sa mort, il lui a été impossible de se défendre lui-même.

Le Dr. Harry Ironside (1876-1951), pasteur de l'Église *Moody Memorial* de Chicago, était un enseignant de la Bible, pasteur, écrivain et conférencier extraordinaire. Il est mon « héros » dans le ministère, celui dont j'aurais tant voulu copier l'exemple dans le service de Dieu. Homme brillant, essentiellement autodidacte – il avait même appris le chinois tout seul – il était un étudiant infatigable de la Bible. Ses messages étaient toujours remplis de l'Écriture et il était célèbre pour sa façon pratique d'exposer la Bible et pour culminer soit par un défi à évangéliser ou un appel à une vie consacrée. Homme humble et profondément spirituel, il se considérait comme appelé à rendre le message de la Bible clair, enthousiasmant et pratique.

Le premier cadeau de Noël de ma femme six mois après notre mariage fut son commentaire des vingt-sept livres du Nouveau Testament. Je les ai usés jusqu'à la corde ! En fait, je ne prêchais jamais sur un texte avant d'avoir étudié ses notes. Par ses livres, ses conférences, et sa prédication, il inspira plus de jeunes serviteurs de Dieu que qui que ce soit d'autre dans son siècle. Et il parlait toujours clairement du retour imminent de Christ pour son Église.

L'attaque portée contre le Dr. Ironside

J'ai personnellement réagi à l'attaque portée contre lui quand elle émergea quelques trente ans après sa mort.

À ma surprise, elle prit naissance sous la plume d'un homme qui aime la Parole de Dieu et qui est, comme le Dr. Ironside, un évangéliste. De pré-tribulationniste qu'il était, cet antagoniste a adopté la position post-tribulationniste concernant l'Enlèvement. Comme bien d'autres de sa conviction, il a non seulement renoncé à cette espérance bénie mais s'est de plus senti obligé d'en priver les autres. Je suis profondément convaincu que certaines personnes ont quitté la position pré-tribulationniste parce qu'elles se sont trop exposées à des arguments opposés, en faveur de l'Enlèvement pendant ou après la Tribulation, et ne se sont pas assez exposés aux raisons bibliques de garder la perspective pré-tribulationniste.

John Bray s'en est pris à l'intégrité et à la fiabilité du Dr. Ironside dans deux de ses ouvrages.

« J'ai entendu parler de cette nouvelle interprétation de cette "soixante-dixième semaine" dans un livre du Dr. Harry Ironside, ancien pasteur de l'Église *Moody Memorial* de Chicago, en 1946. Dans la préface de son livre, le Dr. Ironside écrit : "J'ai préparé ce volume sans avoir la prétention d'avoir découvert quelque chose de nouveau." Puis, au chapitre 2, qui parle plus précisément de la prophétie de Daniel, il ajoute : "C'est ici la colonne vertébrale de tout le système prophétique de la Bible." Vous pouvez donc voir l'importance de cette interprétation particulière de cette prophétie pour les dispensationnalistes et les enseignants en faveur de l'Enlèvement avant la Tribulation. Le Dr. Ironside écrit encore : "Entre la soixante-neuvième et la soixante-dixième semaine, nous trouvons une grande parenthèse qui a déjà duré plus de dix-neuf siècles... L'horloge prophétique s'est arrêtée à l'instant où le Messie est mort sur la croix. Il y a dix-neuf siècles que l'horloge n'a pas émis le moindre son." Ce n'est que lors de l'Enlèvement que cette horloge reprendra son "tic-tac", selon son point de vue.

Non, le Dr. Ironside n'a pas découvert un nouveau point de vue quand il a écrit son livre *The Great Parenthesis (La grande parenthèse).* Celui-ci avait déjà été enseigné par quelqu'un avant lui, qui n'était autre que John Darby, qui écrivit : "Nous ne sommes à proprement parler nulle part, si ce n'est dans cette extraordinaire suspension du témoignage prophétique, qui intervient entre la soixante-neuvième et la soixante-dixième semaines de Daniel".

> Je pense qu'il serait utile de répéter à ce point ce que je disais dans mon petit livre, *The Great Tribulation? (« La Grande Tribulation ?»).*
>
> À l'automne 1943, le Dr. Ironside a dit à un ami qui travaillait à la radio où il venait parfois parler – et c'est cet ami qui me l'a confié – qu'il y avait de graves questions à se poser concernant tout le système d'enseignement du dispensationnalisme ; mais il se sentait trop avancé en âge pour y apporter des changements, ayant déjà écrit trop de livres sur le sujet. Le Dr. Ironside a alors concédé qu'il y avait dans ce système "trop de zones d'ombre".
>
> Souvenez-vous que le Dr. Ironside, ayant été luimême associé aux assemblées de frères de Plymouth, a reçu cet enseignement de John Darby. » (1)

Remarquez que Bray propose cette preuve basée sur une rumeur sans identifier l'accusateur du Dr. Ironside ; une telle preuve ne serait pas recevable devant un tribunal. Mais cela n'empêche pas Bray de calomnier ce grand homme, que l'on appelait affectueusement de son vivant « l'évêque du fondamentalisme », en faisant circuler sur son compte des déclarations sans fondement et ce longtemps après sa mort.

Le Dr. Robert Sumner, éditeur de la revue *The Biblical Evangelist (« L'évangéliste biblique »)*, est un chercheur avisé qui est parvenu à découvrir l'identité du témoin de John Bray.

> « Dave MacPherson est de ceux qui s'en sont pris à la mémoire du Dr. Ironside. MacPherson semble s'être arrogé un ministère qui consiste à attaquer le pré-tribulationnisme et ses adeptes, probablement à cause de problèmes personnels du passé liés à cette question. Comme Bray, il a déclaré que le Dr. Ironside aurait admis à « un proche associé » qu'il

savait que son enseignement était « plein de zones d'ombres », Mc Pherson ajoutant que Ironside aurait expliqué qu'il était trop vieux pour changer grand chose aux livres. Par contre, MacPherson identifia ce « proche associé » comme étant un certain Stanley Payne, nom qui nous est inconnu ainsi qu'aux proches de Ironside encore vivants. Mais la position de MacPherson fait de Ironside un hypocrite malhonnête qui prétendait dans ses écrits croire en une position dont il n'était pas vraiment si convaincu.

Les choses étant ce qu'elles sont, nous avons donc appris que Payne avait donné à MacPherson un écrit l'autorisant à le citer, si bien que nous lui avons écrit pour lui en demander une copie. Il répondit cordialement, précisant que sa déclaration serait utilisée dans un livre « qui serait publié par un éditeur chrétien bien connu » et devait sortir de presse au mois d'août suivant. Il nous suffira de dire qu'une telle propagande erronée ne peut que nous inciter d'autant plus à défendre la bonne réputation du Dr. Ironside devant toute une génération de lecteurs. Payne écrit dans sa lettre à MacPherson concernant cet incident :

> « Dans les années 40, je faisais partie de l'équipe de radio de l'institut biblique Moody en tant que rédacteur en chef. Le Dr. Harry Ironside, alors pasteur de l'Église Moody, venait parfois dans nos studios apporter des messages de trente minutes quand nous avions besoin de renfort. Un jour, après un de ces enregistrements, j'ai commencé à lui poser des questions sur les prédictions que lui et d'autres enseignants de la Bible avaient faites à la fin des années 30 juste avant la Deuxième

Guerre mondiale. Il me fit cette réponse : « Je sais que le système que j'enseigne [sur l'Enlèvement secret et divers sujets prophétiques] est plein de zones d'ombres, mais je suis trop vieux et j'ai écrit trop de livres pour pouvoir changer quoi que ce soit. »

Ce sont là ses paroles exactes.

Franchement, il nous serait plus facile de croire que le soleil se lève à l'ouest que de croire que ce grand homme de Dieu ait pu tenir de tels propos.

Pourquoi des hommes agissent-ils ainsi ? Nous pensons que A. Pollock a mis le doigt sur la plaie dans son livre *Will the Church go Through the Great Tribulation ? (« L'Église traversera-t-elle la Grande Tribulation ? »)* où il écrit : "Cela nous fait penser à une astuce très subtile d'un avocat qui n'a rien dans son dossier et qui, pour compenser, a recours à tous les moyens pour l'emporter malgré tout". »

William Newell, discutant cette même étrange et mauvaise habitude, écrivit :

« Là encore, pourquoi les post-tribulationnistes persistent-ils à affirmer que certains hommes qui croyaient au retour imminent de Christ quand ils étaient en vie, leur aurait confié "juste avant leur mort" avoir renié leur conviction ? »

Robert Cameron, qui a consacré la fin de sa vie essentiellement à une campagne de prosélytisme pour le post-tribulationnisme, prétendait que le Dr. Brookes, de St-Louis, avait renoncé à cette espérance "juste avant de mourir, dans un entretien que j'ai eu avec lui" ! Mais les derniers livres et les proches collaborateurs du Dr. Brookes ont démenti ces propos. D'autres ont affirmé que le Professeur W.

> Moorehead y avait renoncé, etc. Quelqu'un m'a dit que R. Torrey aurait fléchi dans sa conviction. Je lui ai demandé des preuves, qu'il n'a pas pu me fournir. Mme Torrey fut profondément troublée quand on lui apprit qu'un magazine canadien avait affirmé que son mari aurait renoncé à l'espérance de la venue imminente de Christ pour son Église ; elle écrivit alors à l'éditeur pour lui demander de publier son démenti d'une telle fausse information. » [Demande que le journal ne lui a jamais accordée. Pourquoi ?][2]

Le Dr. Ironside n'a jamais changé d'avis

Quand j'ai lu pour la première fois les propos de John Bray affirmant que le Dr. Ironside avait changé d'avis, je savais que c'était faux, car il datait sa soi-disant conversation « à l'automne 1943 ». Parallèlement à mon ministère, je suivais des cours à l'Université Bob Jones pendant les quatre dernières années de la vie du Dr. Ironside, années pendant lesquelles il était un des plus populaires prédicateurs. Je prenais des notes copieuses de ses prédications, car, en tant que pasteur d'une Église baptiste rurale, je devais préparer trois nouvelles prédications par semaine.

Pendant ma dernière année d'études, il a réchauffé nos cœurs avec un message sur le retour de Christ pour son Église, et soyez bien certain que le Dr. Bob Jones ne l'aurait jamais invité à l'Université s'il avait changé de position ! Il est inconcevable que l'on puisse suggérer qu'il prêchait le pré-tribulationnisme en 1950 pour la désavouer en 1943 !

Bray et d'autres post-tribulationnistes qui ont uni leurs forces pour défendre leur position en salissant le témoignage d'un respectable docteur de la Parole doivent faire face à un grave dilemme. Soit ils ont délibérément calomnié un grand leader chrétien sur des accusations supposées et non confirmées, ce qui tend à entacher leur intégrité chrétienne, soit ils se raccrochent aux branches pour justifier leur position. Certains post-tribulationnistes seraient presque prêts à tout pour gagner des adeptes à leur doctrine qui dit que les chrétiens devront traverser la Tribulation, au point de déclarer qu'un littéraliste biblique a changé de position.

J'ai récemment contacté un homme qui avait été un des responsables officiels de la radio de l'Institut Biblique Moody pendant bien des années. Il était ulcéré à la pensée que quiconque ait pu porter de telles accusations mensongères. Il m'a dit au téléphone que R. Stanley Payne était « un employé qui s'occupait de tâches administratives secondaires et dont pratiquement personne de ceux qui travaillaient là ne se souvient ; en fait, il est très probable qu'une telle conversation n'a même jamais eu lieu. »

J'ai discuté de ce sujet avec un ancien président de l'Institut Moody qui a eu la même réaction. Il ajouta : « Le Dr. Ironside aimait beaucoup plaisanter. Je suis sûr que, s'il a jamais tenu de tels propos, c'était sur le ton de la plaisanterie ! »

Je ne peux personnellement pas imaginer qu'il ait pu partager de tels propos avec un simple employé de ce qui n'était alors qu'une petite station de radio. À ce jour, et depuis la publication de cette fausse accusation, bien des gens ont pris position pour nier la crédibilité d'une telle accusation ; personne ne l'a fait pour soutenir les allégations de Payne !

Le témoignage du Dr. Ray Stedman

Un de mes amis pasteurs de longue date était le Dr. Ray Stedman, maintenant décédé. Il était alors depuis des années le pasteur de l'Église *Peninsula Bible Church* à Palo Alto en Californie. Quand il eut terminé ses études au séminaire de Dallas, il travailla étroitement avec Dr. Ironside quand ce dernier vint pour donner plusieurs conférences sur le livre d'Ésaïe. Stedman aida plus tard à la parution de ses messages sous forme écrite et par cassettes qui furent diffusées après la mort du Dr. Ironside. Pendant une partie de la dernière année de la vie du Dr. Ironside, Ray voyagea avec lui et son épouse. Vous trouverez sans doute son témoignage très intéressant :

> « J'ai voyagé avec le Dr. Ironside tout l'été de 1950. J'étais constamment avec lui, lui servant de chauffeur, de secrétaire et de compagnie personnelle puisqu'il souffrait de cataracte et qu'il était presque aveugle. J'ai eu bien sûr de nombreuses occasions de l'entendre prêcher et de parler personnellement avec lui de ses expériences passées et de ses croyances. Pendant tout ce temps-là, je ne l'ai pas entendu émettre le moindre doute sur ses positions concernant le pré-tribulationnisme ou d'autres sujets prophétiques. Tout au contraire, Israël étant récemment redevenu une nation, je l'ai trouvé plutôt enthousiasmé par ce qui se passait là-bas, et très convaincu que ces événements conduisaient à l'accomplissement de prophéties de l'Ancien Testament longtemps restées en sommeil.
>
> Il ne prononça jamais en ma présence la moindre parole qui porterait à penser que le pré-tribulationnisme puisse être un enseignement avec « de grandes zones d'ombre », ou qui puisse suggérer qu'il souhaitait « repenser sa position ». Nous avons souvent discuté de ces questions en parcourant le pays, et il me redisait souvent à quel point j'avais été privilégié de recevoir un tel enseignement au Dallas Seminary. Je l'ai quitté en août 1950 pour reprendre mon ministère pastoral à Palo Alto, et il partit peu de temps après pour la Nouvelle-Zélande où il décéda soudainement d'une crise cardiaque en janvier 1951.

Je suis heureux que vous preniez la défense de cet enseignement sur le pré-tribulationnisme, et je suis profondément troublé de voir avec quelle facilité certains pasteurs ignorent les Écritures sur ce sujet, dérivant ainsi vers l'amillénarisme, avec la gymnastique exégétique que cette position implique sur de nombreux passages de l'Ancien comme du Nouveau Testaments pour soutenir un tel enseignement. »[(3)]

Ray Stedman, le 18 juillet 1991

La famille du Dr. Ironside récuse cette accusation

Alors qu'il se préparait à écrire un article, le Dr. Sumner contacta la famille du Dr. Ironside pour voir s'ils pouvaient confirmer les rumeurs propagées par John Bray. Sans exception, tous les membres de la famille récusèrent cette accusation de toute leur énergie.

Le Dr. Sumner dit ceci concernant la réponse de Sally Gentry Ironside, belle-fille du Dr. Harry Ironside :

« La citation du Dr. Ironside qui aurait déclaré : "Le système était plein de zones d'ombre", reprise par Bray et MacPherson, a suscité cette réponse : "Je dois dire que je ne l'ai jamais entendu utiliser un tel propos ou une telle expression". Et elle ajouta dans la lettre qu'elle nous adressa : "Mon mari John et moi étions très proche du Dr Ironside pendant les années 1939-1950. En fait, il vécut chez nous après la mort de sa première épouse. Jamais de tels doutes ne sont sortis de la bouche de mon beau-père. S'il avait eu un tel doute, je suis sûre qu'il en aurait parlé avec nous". »

Mme Ironside nous a donné cette déclaration pour la défense de son beau-père :

> « Pendant ses douze dernières années, nous l'avons souvent entendu prêcher sur la soixante-douzième semaine de Daniel et d'autres sujets prophétiques, avec passion et conviction. Aucun homme n'aurait pu prêcher avec autant de puissance par le Saint-Esprit s'il s'était hasardé sciemment à prêcher un mensonge.
>
> Son caractère était tel, et son amour du Seigneur et de la vérité était si grand, qu'il aurait été incapable de propager un mensonge.
>
> S'il doutait d'une vérité – et même s'il n'en doutait pas –, il n'acceptait jamais la parole d'un homme aveuglément, mais sondait les Écritures pour voir s'il en était bien ainsi.
>
> S'il s'était surpris à prêcher une erreur, il aurait été le premier à le reconnaître, plutôt que de mépriser le nom du Seigneur.
>
> Il était vraiment un homme honnête et intègre, doux et humble, et sans ruse.
>
> Il vivait toujours ce qu'il prêchait.
>
> Nous pensons que ce témoignage serait le même s'il venait de quiconque l'a connu, y compris de ses ennemis théologiques. » (4)

Lillian Ironside Koppin, fille du Dr. Ironside, a écrit ceci :

> « Je suis heureuse de vous répondre concernant l'intégrité de mon père, même si je dois dire que je trouve un peu incongru de devoir défendre son ministère et sa mémoire quelques trente années après qu'il soit monté au ciel.

À ma connaissance, il n'a jamais déclaré des propos tels que ceux qui paraissent dans le livre en question...

Je crois profondément que mon père était assez honnête pour que, s'il avait été convaincu de devoir changer de pensée sur son enseignement, il eut alors publié quelque chose pour révéler sa position. Je refuse personnellement d'accepter les propos de telle ou telle personne. Que dit l'Écriture du commérage ? Je crois que la personne mentionnée dans cet article ferait bien de sonder son propre cœur avant de prêter à un saint des propos qu'il pense qu'il aurait prononcés ou pensés. »[5]

Les livres du Dr. Ironside après 1943 récusent cette accusation

Certains des livres du Dr. Ironside qui enseignent très clairement la position pré-tribulationniste furent écrits après les propos qui lui sont attribués et qui auraient été tenus en 1943.

Par exemple, ses commentaires sur 1 et 2 Thessaloniciens, publiés en 1947, incluent l'enseignement suivant :

« L'apôtre nous dévoile la vérité sur l'Enlèvement qui prendra place quand notre Seigneur béni reviendra de la maison du Père, descendra dans les airs et, qu'à un signal donné, les morts en Christ ressusciteront en premier ; ensuite, nous, les vivants qui seront restés pour être changés, nous serons enlevés avec eux à sa rencontre dans les airs. L'apôtre en vient ensuite à considérer le Jour du Seigneur.

Après l'Enlèvement des saints, tombera sur ce monde la période la plus sombre qu'il ait jamais connue, et qui est souvent appelée dans l'Ancien

Testament *« le jour du Seigneur »* ; il est aussi qualifié de *« temps d'épreuve »*, comme le disent l'Ancien et le Nouveau Testaments. »[(6)]

Le dernier livre du Dr. Ironside fut achevé par Ray Stedman après sa mort à partir d'enregistrements audio ; l'auteur y présente le soixante et unième chapitre d'Ésaïe comme tout autre théologien pré-tribulationniste l'aurait fait :

> « Nous vivons actuellement dans la parenthèse qui sépare la soixante-neuvième et la soixante-dixième semaine de Daniel, entre le début de l'année de grâce du Seigneur et le jour de vengeance de notre Dieu (341,342). »[(7)]

Comme le souligne le Dr. Sumner,

> « De toute évidence, si le Dr. Ironside a écrit ces mots après avoir confié à John Bray ce qu'il prétend en 1943, il serait le pire des hypocrites. Aucun homme de Dieu n'enseignerait sciemment une chose tandis qu'il en croirait une autre. Et tous ceux qui l'ont connu rendent ce témoignage que Harry Ironside était effectivement un homme de Dieu ! »[(8)]

Corriger une erreur

Les critiques du pré-tribulationnisme devront faire mieux que de porter des accusations sur un grand bibliste littéraliste plusieurs décennies après sa mort. Faute de pouvoir justifier leur position sur une interprétation littérale de la Bible, ils semblent réduits au point de dépouiller à ceux qui la possèdent la *« bienheureuse espérance »* du retour de Christ pour son Église avant l'holocauste de la Tribulation.

Il est grand temps que certains de ceux qui ont renoncé à l'espérance de l'Enlèvement avant la Tribulation admettent leur erreur et étudient tout à nouveau les Écritures. Et certains d'entre eux doivent quelques excuses à la mémoire du Dr. Ironside.

Chapitre quatorze

La *vendetta* de Dave MacPherson

L'attaque la plus célèbre contre le pré-tribulationnisme fut lancée dans les années 70 par un journaliste du nom de Dave MacPherson. À travers plusieurs livres et périodiques réguliers, ce post-tribulationniste convaincu a mené campagne pendant vingt ans contre la position établie depuis bien longtemps, dont les défenseurs lui auraient, selon lui, causé beaucoup de tort et de souffrance ainsi qu'à sa famille. Il semble qu'il les considérait comme tellement dangereux pour le corps de Christ qu'il éprouvait le besoin d'aider le Saint-Esprit à garder son Église. Il a choisi de raviver les attaques post-tribulationnistes discréditées du XIXe siècle, suggérant que les véritables origines de ce courant de pensée auraient été camouflées pendant cent cinquante ans. En bref, il attribue la thèse de John Darby concernant l'Enlèvement soit à un esprit démoniaque, à une jeune écossaise de quinze ans quelque peu confuse (en 1830-1832), ou aux adeptes de Edward Irving. (Voyez notre chapitre 12 pour une discussion détaillée sur John Darby, un enseignant biblique pieux et assidu).

J'ai lu les livres de MacPherson quand ils sont sortis et je fus impressionné par son style d'écriture. Depuis, j'ai lu bien des choses sur les deux points de vue et j'en ai conclu que les théories de M. MacPherson sont à la fois sans preuves ni fondements solides et peu convaincantes.

De plus, de nombreux chercheurs attentifs ont étudié ses livres et ont réfuté ses propos par leurs écrits. Vous trouverez dans les pages suivantes des extraits de ces revues, utilisés avec la permission de leurs auteurs. À vous de juger des faits.

Examinez ce que disent les autres...

Le Dr. Gerald Stanton

Le Dr. Gerald Stanton a consacré cinq pages sur ce sujet dans un de ses livres. Prenons le temps d'examiner ses arguments les plus forts plus en détail.

> « En 1973, Dave MacPherson, qui était alors journaliste à Kansas City dans le Missouri, publia une réfutation vigoureuse du pré-tribulationnisme sous le titre *The Unbelievable Pre-Trib Origin (« L'incroyable origine du pré-tribulationnisme »)*. Cet ouvrage fut ensuite révisé, complété et fondu en un seul livre avec un autre écrit du même auteur, *The Late Great Pre-Trib Rapture (« La récente position sur le pré-tribulationnisme »)*; il fut publié en 1975 sous le titre, *The Incredible Cover-Up (« L'incroyable camouflage »)*.
>
> Dans une lettre largement diffusée sous le titre *A Letter to Southern Christians (« Une lettre aux chrétiens du Sud »)*, l'auteur fait la promotion d'un autre ouvrage intitulé *The Great Rapture Hoax (« La grande supercherie sur l'Enlèvement »)* : « Ce livre regorge de toutes sortes d'informations choquantes,

connues – et tenues sous silence – par les porte-parole du pré-tribulationnisme depuis des décennies. » Cette lettre affirme également : « Il n'a jamais été question où que ce soit au monde du point de vue pré-tribulationniste avant les années 1800... Celui-ci a trouvé son origine chez une jeune fille écossaise au printemps 1830 », pour être ensuite « piraté » par John Darby, un Britannique « qui considérait les Américains comme des créatures inférieures, dignes d'être exploitées. » Parmi d'autres propos désagréables, MacPherson poursuit en s'en prenant à l'honnêteté et à la moralité de C. Scofield, promettant que ce livre « vous bouleversera ».

Il est tout de suite évident que ces titres de livres sont pour le moins provocateurs, pour ne pas dire exagérés. Il n'y a eu ni « camouflage », ni « supercherie » de la part des auteurs qui ont écrit sur le pré-tribulationnisme et qui sont arrivés à ces conclusions à partir d'une exégèse des textes bibliques et non d'une histoire présumée de la doctrine, et ce certainement pas avec l'intention de tromper qui que ce soit. De plus, s'en prendre à la moralité et à l'intégrité de frères dans la foi pour faire avancer une opinion eschatologique est un affront au nom et à la cause de Christ.

Quel est donc le fer de lance de MacPherson dans ses divers livres ? D'après ses propres mots, « cet enseignement à deux étapes est une invention du début du XIXe siècle qui a tout d'abord vu le jour en Grande-Bretagne et ne reflète pas l'enseignement du Nouveau Testament » (1975, 6). « La théorie de l'Enlèvement avant la Tribulation est montée du brouillard de l'ouest de l'Écosse au printemps 1830 » (1975, 138). Elle a connu « un arrière-plan caché » et une « origine bizarre » (1975, 90, 101), quand une jeune fille « dangereusement malade » du nom de Margaret MacDonald fut exposée à l'influence du Réveil écossais et eut une révélation dans laquelle elle proclamait un tout nouveau point de vue selon lequel l'Église échapperait à la Tribulation à venir.

De longues citations de Robert Norton qui était un médecin de vingt-deux ans à l'époque des « révélations » de Margaret MacDonald, indiquent qu'elle, sa sœur et leurs frères étaient membres de l'Église apostolique catholique de Edward Irving et qu'ils avaient très tôt été sous l'influence charismatique, y compris les « dons de prophétie » et le « parler dans des langues inconnues ».

Sous une telle influence, Margaret MacDonald est censée avoir révélé que l'Église échapperait à la Tribulation. Certains sont allés jusqu'à attribuer ses propos à des forces démoniaques. MacPherson insiste à plusieurs reprises sur le fait que cette « révélation » de Margaret est à l'origine de la vision prétribulationniste selon laquelle l'Église échapperait à la Tribulation à venir.

Mais les faits prouvent qu'il n'en a pas été ainsi. Les déclarations enregistrées de Margaret MacDonald montrent clairement qu'elle ne tentait pas d'établir les détails d'un avenir prophétique, mais qu'elle se lamentait surtout sur la faiblesse et la condition pitoyable de l'Église professante de son temps. Elle pleurait sur « l'état lamentable du pays », « la détresse des nations », le besoin de voir les vrais membres du corps de Jésus se purger et se purifier ». Elle pria pour « une effusion de l'Esprit » sur l'Église afin que les croyants soient considérés comme dignes de se tenir devant le Fils de l'homme. » « Ceux qui vivent en lui, déclarait-elle... seront enlevés à sa rencontre dans les airs. » Mais elle affirmait aussi que l'Église devait passer par un temps d'épreuve et par le feu alors que le « méchant », celui qui doit se révéler par « toutes sortes de miracles, de signes et de prodiges mensongers ». Elle déclara ensuite très clairement : « La mise à l'épreuve de l'Église viendra de l'antichrist », ce dont le moins que l'on puisse dire est qu'on est ici loin d'un concept pré-tribulationniste ! »[(1)]

De nombreux post-tribulationnistes ont cru ce mensonge

Il est facile de comprendre pourquoi des auteurs post-tribulationnistes ont pu citer et réciter MacPherson en le considérant comme un journaliste digne de foi. Il s'applique à faire dire à ses témoins, morts depuis longtemps, ce qu'il veut les entendre dire. On ne peut lire MacPherson sans être impressionné par son style littéraire. Les faits qu'il avance ne tiennent cependant pas face à un examen sérieux. Stanton défend l'opinion selon laquelle la signification de la vision de Margaret MacDonald a été « exagérée et exploitée hors de toute proportion par ceux qui cherchent à discréditer le pré-tribulationnisme. »

« Alexander Reese fait remonter le point de vue pré-tribulationniste aux « mouvements séparatistes de Edward Irving et John Darby. » Citant Tregelles, Georges Ladd fait remonter « l'idée d'un Enlèvement secret » à une déclaration publique dans l'Église de Edward Irving, « qui ne venait pas des Saintes Écritures mais de ce que certains prétendaient à tort être l'Esprit de Dieu. »

J. Payne dira que « peu après 1830, une femme, tout en parlant en langues, annonça la "révélation" selon laquelle la véritable Église serait emportée

> vers le ciel avant la Tribulation » (156). Même Robert Gundry déclare : « Le pré-tribulationnisme est né au milieu du XIXè siècle. En toute vraisemblance, Edward Irving semble être le premier à avoir suggéré que l'Enlèvement aurait lieu avant la Tribulation » (185).
>
> Cependant, Gundry observe avec une certaine objectivité que « l'origine d'une interprétation de l'Écriture n'est pas toujours la mesure de son exactitude. » Il dit aussi de Irving : « Les langues et les paroles prophétiques ne sont pas apparues dans son église avant la fin de 1831, c'est-à-dire après l'apparition du pré-tribulationnisme » (187).Il reste à MacPherson le soin de démontrer au-delà de tout soupçon que le pré-tribulationnisme est né en 1830 d'une révélation de Margaret MacDonald. »[2]

Malheureusement pour MacPherson, il fut incapable de le prouver, ce qui n'a pas freiné l'ardeur des défenseurs du post-tribulationnistes à le citer sans avoir fait leur propre travail de recherche.

Pauvre Margaret MacDonald

Certains avancent que Margaret avait environ quinze ans quand elle devint disciple de Edward Irving et commença à avoir des visions. Quiconque lira ses visions sera frappé par sa préoccupation profonde pour la mondanité de son temps et son désir sincère d'appeler l'Église à revenir à la sainteté dans la perspective du proche retour du Seigneur sur terre. Mais elle ne savait rien de l'Enlèvement avant la Tribulation. Stanton dit d'elle, non sans compassion :

> « Il est cruel de supposer que ses propos étaient purement émotionnels, voire sataniques. Elle était

une humble et jeune chrétienne désirant appeler une Église froide et indifférente à redécouvrir la puissance et le contrôle du Saint-Esprit. L'auteur est bien d'accord avec Hal Lindsey qui disait : "Quoique je ne reconnaisse pas l'authenticité de sa vision, tout montre qu'elle était une noble sœur dans le Seigneur, remplie d'amour et de compassion pour les autres" (1983, 173).

Il n'y a rien dans les citations de Margaret qui indique qu'elle croyait en l'Enlèvement avant la Tribulation. Elle ne faisait pas la différence entre l'Enlèvement et la seconde venue de Christ mais divisait plutôt l'Enlèvement en deux ou trois parties en fonction de la condition spirituelle de chacun. C'est ce que l'on appelle l'Enlèvement partiel, qui est très différent du pré-tribulationnisme. MacPherson est contraint d'admettre ceci : "Margaret a vu une série d'Enlèvements, et elle parlait d'un Enlèvement partiel, qu'elle ait ou non employé cette expression" (1975, 85).

En fait, elle semble avoir cru que l'Église était déjà entrée dans la Tribulation, ce qui semble être confirmé par une déclaration publiée par Irving en décembre 1831 dans *The Morning Watch (« La veille du matin »)* : "Béni soit Dieu, nous avons vécu pour voir le début de la septième coupe, et c'est pendant qu'elle sera déversée que le Seigneur viendra !" (Huebner, 23). Cela non plus ne ressemble pas du tout à du pré-tribulationnisme ! (3)

Pourquoi cette vendetta personnelle de MacPherson ?

Chacun est en droit de se demander ce qui a pu motiver MacPherson à ressusciter ces vieilles accusations. Peut-être Stanton apporte-t-il quelques lumières :

« MacPherson part du présupposé que le principe de l'Enlèvement avant la Tribulation est une hérésie relativement moderne entretenue par un complot de la part de ses adhérents dans le but de couvrir ses origines douteuses. Il porte une terrible accusation en affirmant que "le pré-tribulationnisme a provoqué la mort de milliers de personnes en Chine" du fait que les missionnaires n'avaient pas averti les gens des persécutions à venir (1975, 103). Il conclut en déclarant que "le pré-tribulationnisme est à bout de souffle, pour autant qu'il ait jamais vécu".

Pourquoi une telle tirade de la part de ce jeune reporter ? Se pourrait-il que l'on assiste ici à un règlement de compte personnel ?

Dave a découvert le pré-tribulationnisme quand il était tout jeune, de son père et pasteur Norman Spurgeon MacPherson, un homme bon et disciple enthousiaste de Alexandre Reese, dont il considérait les arguments comme irréfutables et dont il défendait activement les points de vue. Il a même écrit son propre livre sur le thème : *Triumph Through Tribulation (« Le triomphe à travers la Tribulation »)* en 1944.

Dave parle ouvertement de "l'étroitesse d'esprit sur le plan prophétique qui resurgissait périodiquement dans le ministère pastoral de mon père pendant notre séjour en Californie" et de ses effets sur la santé de sa mère. Il raconte comment il a été lui-même renvoyé d'une école biblique parce qu'il présentait des points de vue prophétiques "qui différaient en détail avec la position officielle de l'école". Deux semaines avant la fin du semestre, déclare-t-il : "J'ai été exclu de l'école... Mon renvoi a sans doute été la goutte qui a fait déborder le vase. Ma mère est décédée quelques jours plus tard" (1973, 15).

Si tout cela est vraiment très regrettable, il ne faut pas répondre à la douleur d'un individu en rompant toute communion fraternelle avec d'autres croyants sur des points de détail prophétique, pas plus qu'en les attaquant et en s'en prenant à leur intégrité sous prétexte qu'ils défendent un autre point de vue. »(4)

Le Dr. John Walvoord

Le Dr. John Walvoord est certainement l'un des érudits les plus respectés aux États-Unis dans le domaine prophétique ; il a écrit de nombreux livres sur le sujet et fut longtemps président du *Dallas Theological Seminary (Séminaire Théologique de Dallas).*

Dans deux de ses livres sur l'Enlèvement, il aborde la question de cette vieille attaque contre le pré-tribulationnisme. Il relève que l'accusation de MacPherson selon laquelle John Darby emprunta sa théorie à Edward Irving et Margaret MacDonald en 1832 est mensongère.

« Il y a des preuves montrant que cette histoire racontée par Tregelles en 1864 trente-deux ans après l'incident supposé n'est pas vraie.

Comme R. Huebner l'a démontré par une analyse détaillée des documents attribués à Irving et MacDonald, neuf ans avant que Tregelles ne raconte cette fausse histoire, il avait attribué l'origine à des judaïsants et n'avait apparemment pas encore élaboré sa nouvelle histoire. Les deux allégations deTregelles sont sans fondement, et il est évident qu'il était un témoin orienté. »(5)

Walvoord ajoute que la plus grande faiblesse des arguments certes colorés de MacPherson est que ses propres écrits citent suffisamment Irving et MacDonald pour prouver que ni l'un ni l'autre n'étaient près d'être des pré-tribulationnistes. Ils étaient tous les deux post-tribulationnistes !

> « Il est tout à fait surprenant de voir, en lisant la littérature post-tribulationniste, combien d'érudits dignes de foi ont cité les origines du pré-tribulationnisme comme remontant à MacDonald et Irving sans la moindre recherche pour s'en assurer ; parmi ces érudits figurent Ladd, Reese, et Payne. Maintenant que la recherche a démontré, par le travail de MacPherson lui-même, qu'en fait ils n'étaient pas pré-tribulationnistes, ceci illustre à quel point des affirmations peuvent être avancées sans jamais être fondées sur les faits.
>
> En contraste avec l'affirmation selon laquelle Irving était pré-tribulationniste, Huebner a démontré que Irving croyait en un Enlèvement à la fin de la Tribulation, après le septième sceau, la septième trompette et la septième coupe du livre de l'Apocalypse, moment que pratiquement tous les post-tribulationnistes s'accordent à considérer comme la fin de la Tribulation.
>
> Selon Huebner, Irving a fait une déclaration dans *The Morning Watch (« La veille du matin »)* en décembre 1831 : « Le septième sceau a été ouvert, la septième trompette a retenti, la septième coupe a commencé à se répandre. Mais nous fixerons notre attention sur cette dernière portion de la prophétie. Dieu soit béni, nous avons vécu le début de la septième coupe, et c'est pendant qu'elle est déversée que le Seigneur reviendra ! »

À la lumière de tels propos, comment qui que ce soit pourrait-il encore affirmer que Irving était pré-tribulationniste ? Il est aussi notoire que cette déclaration fut faite environ un an après qu'il ait supposément reçu la révélation du pré-tribulationnisme. La recherche faite par MacPherson pour prouver que Irving était pré-tribulationniste finit par démontrer elle-même le contraire.

Il en est de même pour Margaret MacDonald qui n'a laissé derrière elle aucune trace prouvant qu'elle ait cru en un Enlèvement avant la Tribulation. Il est certes possible à partir de certains de ses propos d'en arriver à la conclusion qu'elle était quelque peu confuse dans son approche de la prophétie et qu'elle croyait probablement à un Enlèvement partiel. Mais aucun des propos n'a placé l'Enlèvement avant le début de la Tribulation. Tout au mieux, il peut être avancé que l'Enlèvement ferait partie d'une série d'événements qui atteindraient leur apogée dans la Grande Tribulation. »(6)

Après avoir établi cet argument, le Dr. Walvoord en appelle à MacPherson pour remettre les choses à leur place :

« Toute la controverse soulevée par Dave MacPherson et ses affirmations a si peu de fondement, en dépit de toute sa recherche attentive, que l'on est en droit de se demander comment il a pu écrire un tel livre sans sourciller. Les pré-tribulationnistes peuvent en tout cas remercier Dave MacPherson d'avoir clairement établi un fait avec certitude, à savoir qu'il n'y a aucune preuve que MacDonald ou Irving aient été à l'origine de l'enseignement sur l'Enlèvement avant la Tribulation.(7)

Dans ces circonstances, il semblerait que la simple honnêteté devrait pousser Dave MacPherson à écrire un autre livre pour confesser que son point de vue selon lequel le pré-tribulationnisme est récent est en fait sans fondement; malheureusement, les post-tribulationnistes choisissent d'ignorer les faits, ce qui limiterait grandement la pertinence d'une telle démarche. »[8]

Roy Huebner

Roy Huebner est un historien des assemblées de Frères et un enseignant de la Bible qui a publié deux livres sur Darby et les enseignements qu'il a ravivés, défendus et rendus populaires. Le premier parut en 1973, le second en décembre 1991. Dans le dernier, il règle cette question une fois pour toutes. Son livre cite près de cinq cents sources originales; il constitue le volume le plus documenté sur le sujet jusqu'à ce jour.

De longues citations de documents très anciens, de livres et de lettres en font une ressource de grande valeur pour l'étudiant assidu.

Probablement parce que membre des assemblées de Frères, comme Darby, Huebner était profondément choqué de voir MacPherson appeler Darby un menteur et l'accuser de puiser ses idées d'une source occulte. Dans une de ses citations, il emploie les propres mots de MacPherson pour montrer à quel point son raisonnement est tortueux :

> « Dans un document daté du 23 janvier 1990, dans lequel MacPherson est affublé du titre de "première autorité au monde sur l'origine de la théorie pré-tribulationniste", il écrivit :
>
> 1830 : "La connexion occulte"
>
> Darby n'a pas enfanté son opinion sur l'Enlèvement en 1827 ni en aucune autre

année. Les leaders pré-tribulationnistes savent que le concept selon lequel l'Enlèvement aurait lieu avant la Tribulation date de 1830. Mais ils savent aussi que celui qui en est à l'origine ainsi que le premier groupe qui ait adopté cette doctrine (à savoir les *Irvingites*, disciples de Edward Irving) furent tous fortement influencés par l'occultisme ! C'est pour cela qu'ils font tout ce qu'ils peuvent pour détourner l'attention de cette année 1830...
"C'est pour cela qu'ils ignorent délibérément ce fait..." Darby savait qu'en 1830, Margaret, à qui il avait rendu visite, avait donné naissance à la doctrine de l'Enlèvement avant la Tribulation. Il savait aussi que les *Irvingites* s'étaient très tôt faits l'écho de ses idées et l'avaient honorée. Trop de gens savaient déjà cela en 1850. Si Darby avait osé déclarer en 1850 qu'il avait adopté ces idées avant 1830, toute l'Angleterre aurait ri de lui ! En fait, le Darby pré-tribulationniste de 1850 contredit les pré-tribulationnistes qui ont malicieusement mis l'accent sur 1827. Un tel révisionnisme de l'Histoire leur permet de contourner cette année 1830, quoique Darby y ait fait lui-même référence, et échapper ainsi à l'accusation de tremper dans l'occultisme !
Je vous révèlerai plus tard certaines de ces relations. Leur affirmation que Darby fut l'instigateur de ce mouvement en 1827 est sans fondement. Ni Darby ni aucun autre instrument du développement de cet enseignement n'a jamais prétendu une chose pareille. »

Il ressort de façon évidente que le seul but est ici de condamner. S'il s'avérait cependant que les sources de Margaret MacDonald soient occultes comme le prétend MacPherson, les propos de cette jeune femme vont de toute façon plus dans le sens du post-tribulationnisme que dans un autre.

Dans tous les cas, présenter MacPherson comme « première autorité au monde sur l'origine de la théorie pré-tribulationniste », comme le font les chapitres 2.4 et 5.1, n'a fait que contribuer à déformer et réécrire l'Histoire. Il n'a tiré aucun profit de sa lecture des propos que l'on a prêtés à Margaret MacDonald. Au lieu de s'en tenir au sens premier de ses dires, par lesquels elle exprime surtout ses affinités avec le schéma post-tribulationniste bien plus qu'elle ne défend les vérités enseignées par bien des églises sur le pré-tribulationnisme et le dispensationnalisme, il lui a surtout fait dire ce qu'il voulait entendre. Il a calomnié et diffamé Darby depuis environ trente ans et attribué des mobiles impurs à ceux qui ne lui ont pas emboîté le pas en acceptant ses dires (Luc 12 ; 2-3 ; 2 Corinthiens 5 : 10).

Le fait que MacPherson ait attribué les « révélations » de Margaret MacDonald à une source occulte est particulièrement intéressant quand on considère le fait qu'au moins trois de ses livres ont été publiés par des maisons d'éditions qui croient aux révélations et aux visions, à savoir *Logos International* et *New Puritan Library.* En fait, un de ses livres a même été préfacé et postfacé par Pat Brooks des éditions *New Puritan Library.* James McKeever, un post-tribulationniste qui semble constamment recevoir des révélations et a également emboîté le pas à MacPherson dans le chemin de la calomnie.

MacPherson fait partie des calomniateurs de Darby dont les propos sont discrédités par le fait que l'on ait retrouvé des traces d'enseignement pré-tribulationniste remontant semble-t-il à 1855, quand Tregelles, qui soutenait B. Newton dans ses efforts pour attaquer cet enseignement, affirma que cette doctrine venait des judaïsants. En 1864, il est allé jusqu'à dire qu'elle venait d'un esprit.

MacPherson reçut donc cette idée de Tregelles, pour ensuite porter ses attaques contre Margaret MacDonald de Port Glasgow en Écosse. Ceci explique ses allégations sans fondement : « John Darby, qui a organisé les assemblées de Frères de Plymouth, a donc rejeté les “dons miraculeux” de Margaret, mais en a accepté la nouveauté selon laquelle le retour de Christ se ferait en deux étapes. » Il est intéressant de voir comment certaines personnes hostiles au dispensationnalisme sont tombées dans des caricatures absurdes. Voyez par exemple ce qu'écrit le « révisionniste » postmillénariste Gary North :

> « Personne ne dit aux étudiants que Dave MacPherson a découvert que Margaret MacDonald, une jeune fille d'une vingtaine d'années, tombait en transes en 1830, annonçant la doctrine de l'Enlèvement avant la Tribulation. Nous attendons encore du professeur John Hannah, ce spécialiste de l'histoire de l'Église compétent et talentueux, la publication des documents originaux prouvant soi-disant que la thèse de MacPherson ne serait qu'une contrefaçon. Curieusement, il semble qu'il ait choisi de garder le silence. Ce qui, après tout, n'est pas si curieux. » [9]

North n'a plus besoin d'attendre que le professeur Hannah démontre la fausseté de la thèse de MacPherson à partir de documents originaux ; en effet, sa thèse n'est, en fait, qu'une contrefaçon. Le mot est fort et signifie « une imitation réalisée dans le but de tromper ; une séduction, un faux ». J. Boyd, auteur aux tendances amillénaristes, a écrit :

> « Pour stimuler la réflexion et la recherche, nous avons fait circuler certains arguments forts et dévastateurs de Dave MacPherson dans son *« Incredible*

Coverup »... des arguments chocs censés détruire toute prétention trompeuse...

Malgré les prétextes invoqués, ceux-ci ne sont en réalité que pure calomnie. »[10]

Cette « pure calomnie » de la part de MacPherson s'est avérée ne rien détruire du tout. Ses arguments sont convaincants quand on les lit sans vérifier les preuves flagrantes, à savoir que Darby n'aurait jamais pu recevoir ses idées d'un homme ou des démons, ces derniers ne croyant pas eux-mêmes au pré-tribulationnisme. Il est bien plus facile de croire que Darby a tiré ses opinions, comme il le dit lui-même, de la Bible.

John Bray, post-tribulationniste

John Bray, qui a renoncé au pré-tribulationnisme pour adhérer au post-tribulationniste, reconnaît néanmoins que ni Irving ni MacDonald n'ont enseigné que l'Enlèvement aurait lieu avant la Tribulation.

Je ne partage pas son enthousiasme pour Lacunza qui serait selon lui la source de la position pré-tribulationniste, tout simplement parce que Lacunza n'a pas vu tout cela. J'apprécie cependant son honnêteté à ne pas accuser Darby de duplicité et à respecter sa mémoire en tant que frère et gagneur d'âmes qui attendait avec anticipation le retour du Seigneur.

John Bray admet clairement qu'en dépit de ce qu'avance Dave MacPherson, Margaret MacDonald n'a rien vu dans ses visions qui ressemble à un Enlèvement avant la Tribulation, mais qu'elle était en fait, tout comme lui, post-tribulationniste. À la page 20 de son livret *The Origin of Pre-Tribulation Rapture Teaching (« L'origine de l'enseignement sur l'Enlèvement avant la Tribulation »)*, il fait candidement référence au livre écrit par Robert Norton en 1861 dont s'inspire largement MacPherson et fournit sa propre analyse :

« Dans son livre, Robert Norton dit de la description que donne Margaret MacDonald de sa prophétie : "Nous voyons ici tout d'abord la distinction entre la dernière phase du retour du Seigneur, quand tout œil le verra, et son apparition préalable dans la gloire pour ceux qui l'attendent."

Mais en ce qui me concerne, je ne suis pas tout à fait convaincu que Mlle MacDonald voulait dire pour autant que les chrétiens seraient enlevés de ce monde avant le temps de la Tribulation. Il me semble que Margaret MacDonald croyait que les chrétiens affronteraient ce temps d'épreuve sous le faux Christ (l'antichrist), et seraient ainsi placés "dans une situation extrêmement dangereuse", et que seul l'Esprit en eux serait capable de les garder de la séduction ; que l'antichrist serait à l'œuvre comme l'est le Saint-Esprit, mais que l'effusion de l'Esprit "nous préparera pour le repas des noces de l'Agneau", et que ceux qui seront remplis de l'Esprit seront pris tandis que les autres seront laissés. Elle enseignait très clairement que seuls ceux qui seraient remplis de l'Esprit seraient enlevés à la rencontre de Christ à son retour. C'est donc bien la théorie de l'Enlèvement partiel, semblable à celle qu'enseignait Lacunza, si ce n'est que ses critères pour être digne d'être enlevé étaient quelque peu différents de ceux de Margaret... Dans sa « révélation », elle ne précise pas ce qu'il adviendra des autres chrétiens qui ne sont pas remplis de l'Esprit et qui ne seront pas emportés ; Lacunza, quant à lui, a fini par régler la question dans son livre en plaçant la résurrection au moment de la résurrection générale suite au Millenium. En fait, dans sa « révélation », elle n'a rien dit de ce qui se passe entre le moment où les

> chrétiens remplis de l'Esprit sont enlevés et le retour du Seigneur sur terre, au point qu'il n'est pas clair selon elle qu'il y ait un laps de temps entre les deux. Lacunza, quant à lui, déclare qu'il y a un long laps de temps entre l'apparition de Christ et la résurrection des saints dignes d'être enlevés, et le moment où il redescend sur la terre. Peut-être cela ne lui a-t-il pas été « révélé », à savoir ce qui arrivera aux autres !
>
> Margaret MacDonald a dit clairement : "C'est là l'épreuve par laquelle doivent passer ceux qui seront jugés dignes de se tenir devant le Fils de l'homme." L'épreuve à laquelle elle fait référence est celle de l'antichrist sur terre imitant l'œuvre du Saint-Esprit, *"afin de séduire, si cela est possible, les élus."*(11)
>
> Il me semble donc qu'alors que Norton était en faveur d'un Enlèvement avant la Tribulation, MacDonald était en faveur d'un Enlèvement après la Tribulation ; les deux croyaient en un Enlèvement partiel, si bien que seulement une partie des chrétiens seraient enlevés, comme Lacunza l'enseignait aussi. »(12)

Je suis surpris de voir que Bray est prêt à admettre que Darby n'a pas pu emprunter ses points de vue à Irving ni à MacDonald, mais qu'il croit cependant que Darby a adopté les idées de Lacunza. Cela est d'autant plus curieux que Lacunza ne partageait justement pas de telles opinions, Bray admettant lui-même que les points de vue de Lacunza étaient semblables à ceux de Irving, ce qui explique pourquoi Irving a traduit son livre et en a écrit la préface.

Le Dr Thomas Ice

Diplômé du *Dallas Theological Seminary*, Pasteur et auteur, le Dr Ice a traité ce sujet dans *Bibliotheca Sacra* (avril/juin 1990) et dans son propre ouvrage *Biblical Perspectives (« Perspectives bibliques »)* (janvier/février 1989).

Il est d'accord pour dire que les deux raisons de rejeter la thèse selon laquelle Darby aurait glané ses idées chez Irving et MacDonald sont : 1) Darby a établi ses positions en 1827, soit cinq ans avant les visions de MacDonald ; et 2) Irving et MacDonald n'ont jamais cru en un Enlèvement de l'Église avant la Tribulation et l'apparition de l'antichrist.

Parmi les contributions du Dr Ice à ce sujet figure sa réplique aux affirmations de MacPherson selon lesquelles nombre de leaders pré-tribulationnistes respectent ses écrits et sa recherche.

> « Certes, de nombreux érudits ont complimenté MacPherson pour ses efforts ; cependant, la plupart d'entre eux n'ont pas endossé ni approuvé sa thèse. Les commentaires de F. Bruce sont typiques : "Cela constitue une lecture fort intéressante... C'est un livre qui nous éclaire." MacPherson prend de telles déclarations générales sur son livre pour une approbation de son contenu.
>
> Mais il s'avère que, si la plupart des érudits reconnaissent la valeur de son ouvrage, ils sont loin d'être d'accord avec ses conclusions. Bruce, qui fut longtemps associé au mouvement dit "des Frères", n'est pas pré-tribulationniste ; il déclare : "Où Darby a-t-il puisé ses idées ? La réponse la plus raisonnable semble bien être que c'était dans l'air du temps dans les années 1820-30 parmi les étudiants passionnés de la prophétie inaccomplie... Il est très improbable que Darby ait dépendu de Margaret MarcDonald."

Divers érudits ont révélé qu'ils pensent, à des degrés divers, que MacPherson n'a pas pu prouver ce qu'il affirme. La plupart des six auteurs suivants (sinon tous) que nous citons n'adhèrent pas à une vision pré-tribulationniste.

Ernest Sandeen déclare :

> « Il semble bien qu'il s'agisse là d'une accusation pernicieuse et sans fondement. Ni Irving ni aucun membre du groupe Albury ne se faisait l'avocat d'une doctrine qui ressemble de près ou de loin à celui d'un Enlèvement secret... L'intention de cette accusation étant clairement de discréditer la doctrine en attribuant son origine au fanatisme plutôt qu'à l'Écriture, cette accusation perd dès lors toute crédibilité. »

L'historien Timothée Weber évalue ainsi le dilemme :

> « L'Enlèvement avant la Tribulation était une solution facile à un problème délicat, et les historiens sont encore occupés à essayer de déterminer où et quand Darby l'a trouvée... Une nouvelle théorie, quoique non encore bien fondée, avance que cette doctrine pourrait avoir vu le jour suite à une vision prophétique de Margaret MacDonald...
>
> Il est fort possible que nous ayons à nous fier à l'explication de Darby lui-même. Il affirmait que la doctrine sautait d'elle-même des pages de l'Écriture une fois la distinction entre Israël et l'Église admise et prise en compte de manière cohérente. »

L'historien américain Richard Reiter ajoute :

> « Robert Cameron est remonté, sur ce point de vue important mais non moins erroné, jusqu'à S. Tregelles... Une étude plus détaillée sur l'origine du pré-tribulationnisme est apparue récemment dans les écrits de Dave MacPherson... L'historien Ian Rennie considère la thèse de MacPherson comme intéressante mais non concluante. »

Le pos-Tribulationniste William Bell déclare :

> « En l'absence de témoins oculaires pour régler la question, il semble juste d'accorder à Darby le bénéfice du doute, et que les accusations portées par Tregelles soient considérées comme une possibilité, sans toutefois disposer de preuves suffisantes pour être retenues...
>
> Dans l'ensemble, il semble que Darby soit peut-être le meilleur choix, avec l'aide de Tweedy.Cette conclusion est fortement appuyée par le fait que Darby affirme lui-même être parvenu à cette doctrine par l'étude de 2 Thessaloniciens 2 : 1-2. »

John Bray n'accepte pas davantage la thèse de MacPherson :

> « (Darby) rejetait ces pratiques, et il croyait déjà au retour du Seigneur pour les saints (distinct de son retour plus tard sur la terre) et ce depuis 1827... C'est le rapprochement de la prophétie sur la « soixante-dixième année de Daniel » et son interprétation futuriste, avec l'enseignement sur l'Enlèvement secret, qui

nous a donné le tableau complet de la doctrine de l'Enlèvement secret avant la Tribulation, et ce sous la forme que nous lui connaissons depuis maintenant bien des années. Il m'est de ce fait impossible de croire que Darby a reçu son enseignement sur l'Enlèvement avant la Tribulation de la vision de Margaret MacDonald en 1830. Il y croyait déjà en 1827, comme il le déclara clairement.

Roy Huebner, érudit des assemblées de Frères, considère les accusations de MacPherson comme "une calomnie à l'encontre de Darby, l'accusant d'avoir reçu cette doctrine de déclarations adverses de sources démoniaques". Huebner en déduit que MacPherson n'a pas fait la part des choses en lisant certaines révélations attribuées à Mlle Margaret MacDonald sans toutefois tenir compte de l'ensemble de ses propos, comme le fait R. Norton, propos qui ont clairement des affinités avec le post-tribulationnisme, et aucune ressemblance avec le pré-tribulationnisme et le dispensationnalisme ; en fait, il a lu entre les lignes pour y trouver ce qu'il y cherchait fébrilement. Il semble donc fort probable que Margaret MacDonald n'a rien enseigné des éléments essentiels du pré-tribulationnisme comme le suggère MacPherson, et n'a donc pas pu être une source à l'origine de cette doctrine. »[13]

Pourquoi MacPherson a-t-il agi ainsi ?

Alors que je lisais de la documentation, que j'étudiais la vision de Margaret, constatant qu'elle ne dit pas ce que MacPherson voudrait lui faire dire, je ne pus m'empêcher de me poser la question : « Pourquoi a-t-il agi ainsi ? Pourquoi quelqu'un de visiblement intelligent perdrait-il trente années de sa vie ou plus à essayer de détruire un concept qui a été une source de bénédiction pour des millions de croyants ? » Il n'a certainement rien de meilleur à offrir à la place ! Le post-tribulationnisme est un concept qui ouvre une perspective plutôt sombre de l'avenir.

À travers toute cette recherche, j'ai été amené à considérer cet homme avec beaucoup de compassion, lui qui a consacré une bonne partie de sa vie à une tentative futile de saper ce qui a été un instrument de bénédiction pour tout le corps de Christ. Thomas Ice nous apporte des précisions sur l'arrière-plan de cet homme qui peuvent nous aider à mieux comprendre :

> « Dave MacPherson est tout entier consacré à la tâche de réduire à néant toute foi en un Enlèvement avant la Tribulation. De son propre aveu, cette doctrine a causé bien du trouble dans sa propre vie. "C'est en 1953 que j'ai fait une rencontre tumultueuse avec la doctrine de l'Enlèvement." Telle est la première phrase d'un des livres de MacPherson. Il fait ici référence à son expulsion d'une université chrétienne en Californie pour avoir propagé des idées qui étaient en conflit avec la position prétribulationniste de l'école. Il suggère que cette expérience a été tellement dévastatrice qu'il a alors régressé sur le plan de sa vie chrétienne. À cause de son découragement, MacPherson et un de ses amis se sont saoulés à Mexico et ont perdu connaissance. MacPherson dit comment il a le sentiment d'avoir frôlé la mort compte tenu de tous les dangers que quelqu'un dans cet état peut rencontrer dans une ville comme Mexico. Plus tard, il fut impliqué dans un accident à moto dans lequel il a presque perdu son bras gauche.

Mais ce n'était pas encore le début de ses souffrances et de celles de sa famille à cause du pré-tribulationnisme.

Il semble que la famille MacPherson ait connu toutes sortes de problèmes à cause de cette doctrine. Norman, le père de Dave, avait implanté une église à Long Beach en Californie, et tout allait bien jusqu'à ce qu'un groupe de personnes nouvelles provoquent du trouble au sujet du moment de l'Enlèvement. Norman MacPherson a dû quitter son église prospère pour être passé du pré-tribulationnisme au post-tribulationnisme. Il commença alors une autre église moins florissante à Long Beach. »(14)

Ice inclut cette note :

Robert Sumner a remarqué que MacPherson avait la fâcheuse habitude d'imputer toutes sortes de tragédies personnelles à l'enseignement sur la pré-Tribulation : la mort de sa mère, l'incapacité de sa sœur à avoir davantage d'enfants, son propre échec dans sa tentative de ministère en tant qu'évangéliste et bien d'autres choses encore.

Sumner ajoute que le beau chien de MacPherson, Wolf, serait devenu possédé par les démons quand MacPherson était sur le point d'écrire son premier livre contre le pré-tribulationnisme, le mordant sauvagement à la main à plusieurs reprises (15).

Qu'est-ce que Margaret MacDonald a vraiment dit ?

Ice et d'autres qui ont étudié de près la vision de Margaret MacDonald, trouvent difficile de comprendre comment

MacPherson a pu y trouver trace d'un Enlèvement avant la Tribulation.

> « MacPherson admet désormais qu'elle ne parlait pas de l'Enlèvement avant la Tribulation mais qu'elle voyait deux venues de Christ, avec un laps de temps entre les deux, l'une de ces deux venues précédent la révélation de l'antichrist.
>
> Mais chacun de ces points n'est qu'une conséquence que l'on peut tenter de déduire de ses propos. Elle ne dit pas clairement ces choses.
>
> MacPherson prend par exemple le terme de « signe » dans la bouche de Margaret comme signifiant l'Enlèvement. Mais ce n'est pas ce qu'elle dit. Elle dit simplement que ceux qui sont spirituels verront le signe secret du Fils de l'homme, qui précèdera la seconde venue de Christ.
>
> Elle est et demeure une post-tribulationniste dans l'âme. Il est étonnant de voir comment MacPherson, post-tribulationniste, affirme que Margaret MacDonald, une autre post-tribulationniste, ait pu inventer l'Enlèvement avant la Tribulation. Ce n'est qu'en jonglant ainsi avec les déclarations de cette jeune femme que l'on peut commencer à imaginer ce que MacPherson suggère. »[16]

Note : Si cela vous intéresse, vous pouvez lire la vision de Margaret MacDonald par vous-même et voir si elle avait une perspective pré-tribulationniste. Vous trouverez ce texte à l'annexe C.

En résumé

Nous pouvons en conclure que les chercheurs ont pleinement exposé les faits. John Darby a essentiellement construit ses positions sur son étude de la Parole de Dieu, l'inspiration du Saint-Esprit et l'influence émergeante des biblistes littéralistes prémillénaristes ; ceux-ci allaient de l'école historique de l'interprétation de la prophétie vers la position futuriste.

Mais même si ses sources n'étaient pas celles-là, cela ne changerait rien : la position pré-tribulationniste est soutenue par les Écritures. Et cela devrait nous suffire !

Chapitre quinze

Le mythe de l'Enlèvement avant la colère

La plus récente attaque majeure contre le pré-tribulationnisme a été portée en 1990 avec la publication du livre de Marvin Rosenthal, *The Pre-Wrath Rapture of the Church (« L'Enlèvement de l'Église avant la colère »).* (1) Ce livre de 319 pages écrit par un éditeur jusqu'alors fiable en matière de prétribulation, a une très belle couverture et fut promu avec le meilleur plan de *marketing* que cette compagnie ait produit depuis bien des années.

Le livre est pour le moins original. Je n'ai rien vu de semblable dans toutes mes lectures sur le sujet. L'auteur, qui dit avoir été pré-tribulationniste pendant trente ans, puise sa matière dans les trois positions les plus populaires sur l'Enlèvement : pré, mi et post-tribulationnisme. Il considère que l'Enlèvement aura lieu avant le temps de la colère de Dieu, comme le suggère son titre, mais il la situe vingt-et-un mois après le temps que retiennent ceux qui croient en l'Enlèvement au milieu de la Tribulation, et cinq ans et demi après celui que retiennent les pré-tribulationnistes.

C'est ainsi qu'il compose l'interprétation la plus confuse de la fin des temps qui ait jamais été publiée, un concept auquel personne d'autre que l'auteur lui-même ne pourrait se rallier, à moins de vouloir se distinguer. Sa position ne représente certainement pas les conclusions qu'un étudiant attentif et humble de la prophétie peut arriver à déduire d'une lecture littérale des Écritures.

Rosenthal affirme avec enthousiasme que son point de vue « est soutenu par la Parole de Dieu... D'ici deux ans, nombreux seront ceux qui enseigneront que l'Enlèvement aura lieu avant la colère de Dieu. D'ici cinq ans, cette position sera largement reconnue. Et si Dieu le permet, d'ici quinze ans, ce sera une position majeure au sein des églises chrétiennes. »[2] La plupart d'entre nous restons cependant sceptiques, et le livre a été rejeté par la plupart des érudits de la prophétie.

Dans la douzaine d'années qui a suivi sa publication, je ne connais aucune autorité crédible qui ait adopté ses opinions, mais j'ai en revanche pu lire plusieurs critiques dévastatrices. Je doute fort que l'auteur vive assez longtemps pour voir sa position devenir populaire. Elle pourrait certes attirer ceux qui sont à l'affût de quelque innovation prophétique, mais une fois la mode passée, cette position a toutes les chances de disparaître dans l'oubli. Malgré le succès initial du livre dû à son originalité et à un bon coup de *marketing*, ses défauts le feront sombrer dans la mer de l'indifférence plutôt que de contribuer utilement à l'étude prophétique.

Parce que l'auteur n'a pas fait évaluer son manuscrit par des littéralistes bibliques versés dans le grec, l'hébreu et la prophétie et qu'il a voulu le publier très rapidement, ce livre pourrait bien contibuer à semer la confusion, au risque de détourner certains de leur bienheureuse espérance, à savoir la promesse du retour de notre Sauveur d'un moment à l'autre. Fort heureusement, ce méli-mélo d'idées diverses ne semble pas avoir pris dans les églises, faute de quoi il aurait pu être un facteur mortel pour le corps de Christ.

Une des premières choses à me troubler dans le livre de Rosenthal est son arrogance dogmatique. Au lieu des expressions d'usage telles que « Il semblerait que… » ou encore « Le texte suggère… », l'auteur écrit de façon autocratique pour exposer sa nouvelle théorie. Le Dr Gerald Stanton, que j'ai cité plus tôt, partage le même point de vue :

> « Les treize chapitres présentant l'argumentation de l'auteur pour soutenir sa thèse sont souvent ennuyeux et répétitifs, avec un dogmatisme qui fait que ce livre sort du lot des autres ouvrages traitant de l'Enlèvement. Rosenthal explique que John Walvoord, Dwight Pentecost et Charles Ryrie ont longtemps été ses "héros" quant à la prophétie et l'eschatologie (Rosenthal : 25), mais que leur logique lui semble maintenant faire défaut au point que leur interprétation de la Bible n'est plus digne de confiance. Ses opinions, par contre, sont "indiscutables" et "irréfutables" (105, 109). Les faits qu'il avance "ne sauraient être mis de côté" et ses conclusions "ne sauraient être remises en question" (110). La doctrine de l'imminence, qu'il appelle "une colonne essentielle du mouvement pré-tribulationniste", est "insoutenable" ; sa position sur ce point est "claire, vraie et inattaquable, et ne saurait donc être ignorée" (150). Il déclare que les pré-tribulationnistes sont enfermés dans un "dilemme insoluble" (112).
>
> Un tel dogmatisme est pour le moins malsain et irritant, car beaucoup de ses dires appellent à un examen attentif. » (3)

Qu'enseigne ce livre ?

Comme le dit le titre, ce livre traite essentiellement du temps de l'Enlèvement en relation avec la Tribulation ou la soixante-dixième semaine de sept ans de Daniel. Étant moi-même amateur de tableaux qui aident à illustrer la vérité biblique, je félicite l'auteur pour ses vingt-cinq tableaux en couleur dans son livre. Le principal se trouve à la page 241 et décrit le concept central. Le tableau que j'ai reproduit ci-contre présente l'essentiel de sa nouvelle théorie.

Comme vous pouvez le voir, Rosenthal transpose la première moitié de la Tribulation au temps du « commencement des douleurs », dont on évalue généralement qu'il aura lieu avant la signature de l'alliance avec Israël et le début de la Tribulation de sept ans. Cela lui permet de diviser ce temps en trois sections que notre Seigneur a séparée en deux : la Tribulation (voir Matthieu 24 : 9) et la Grande Tribulation (Matthieu 24 : 21). Il place ensuite l'Enlèvement cinq ans et demi dans la période de sept ans – *« l'épreuve de Jacob »* – et le fait suivre par *« le jour du Seigneur »* qu'il fait correspondre aux vingt-et-un derniers mois.

Pour être juste envers Rosenthal, il faut reconnaître qu'il essaie courageusement de préserver l'intégrité de la promesse du Seigneur de nous garder de l'heure de la colère, mais ce faisant, les chrétiens sont donc voués à traverser les trois premiers quarts de la Tribulation. Il voudrait ensuite nous faire croire que *« le commencement des douleurs »* (Matthieu 24 : 8) et la *« Grande Tribulation »* (Matthieu 24 : 21) – soit les premiers cinq ans et demi de cette période de sept ans – ne sont pas l'expression de la colère de Dieu qui n'interviendrait qu'après l'Enlèvement. Il place cette période de colère au début des derniers vingt-et-un mois, et les appelle *« le jour du Seigneur »*. Autrement dit, selon le tableau de la page 197 de son livre, il voit le jugement des sceaux occuper les trois-quarts du temps de la Tribulation, puis entasse les

« Parce que tu as gardé la parole de la persévérance en moi, je te garderai, moi aussi, de l'heure de l'épreuve qui va venir sur le monde entier pour éprouver les habitants de la terre. »
Apocalypse 3 : 10

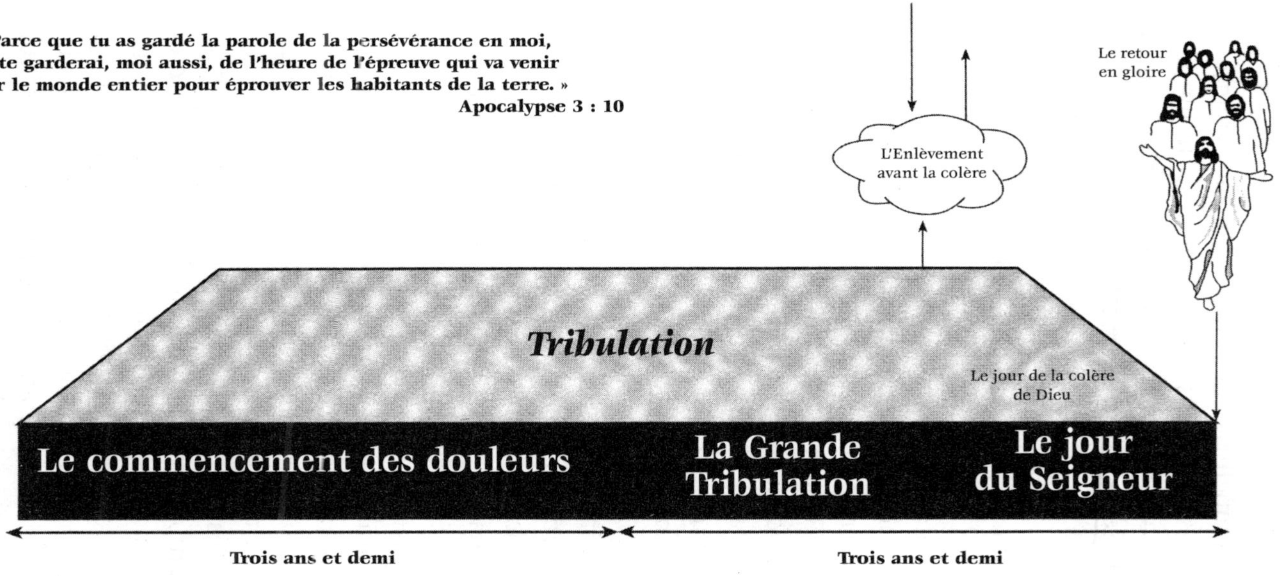

L'Enlèvement avant la colère

jugements des trompettes et des coupes dans les vingt-et-un derniers mois. Cela semble terriblement forcé à la lumière de la logique avec laquelle s'enchaînent les jugements tels qu'ils sont décrits dans le livre de l'Apocalypse et dont je présente le plan au chapitre 4.

Le Dr Stant dit de l'analyse faite par Rosenthal :

> « Pratiquement chaque point du tableau qui résume sa position à la page 197 est sujet à discussion. Une comparaison avec son tableau de la page 147 révèle que Rosenthal se contredit quant à la durée de la colère de Dieu et au temps de la seconde venue de Christ. Si sa sincérité ne fait pas l'ombre d'un doute, beaucoup de ses définitions semblent être très personnelles et sans fondement...
>
> Rosenthal est sérieusement dans l'erreur quand il entreprend de placer le temps de l'Enlèvement aux trois-quarts des sept ans de jugement et de colère, quelque 1 890 jours après que l'antichrist ait fait son alliance sans précédent avec Israël. Parmi tous les chrétiens évangéliques ayant adopté toutes les principales positions sur l'Enlèvement, Rosenthal marche seul quand il affirme que ces six signes convergent pour définir le moment de l'Enlèvement. Les croyants doivent s'attendre au retour de Christ et vivre dans cette perspective, car c'est là l'espérance qui les bénit et les purifie et la prochaine étape du programme prophétique de Dieu. Le peuple de Dieu ne devrait pas être dans la confusion à cause de telle ou telle argumentation véhémente visant à définir le jour de son retour, ajoutant ainsi une cinquième position des plus douteuses à une question qui a déjà eu son lot de débats. »(4)

Ce que d'autres ont dit de cette position

Le livre de Rosenthal n'a certainement pas manqué d'être commenté dans les grands magazines chrétiens. Comme on pouvait s'y attendre, parce qu'il prend un peu de chaque position et qu'il est en désaccord avec toutes, il se fait mettre à l'index par les représentants des diverses tendances. À ce jour, je n'ai pas encore lu un seul commentaire positif, mais j'ai dans mon classeur plusieurs critiques négatives de sa théorie. En voici quelques extraits.

Dr James Combs, éditeur du *Baptist Bible Tribune* et enseignant sur la prophétie pendant cinquante ans, s'est exclamé :

> « Ce qui m'étonne le plus, c'est de voir que, selon M. Rosenthal, tant de grands enseignants de la Bible ont été dans l'erreur depuis plus d'un siècle. En fait, cet auteur répudie toute notion d'imminence, notion qui est clairement enseignée par Christ lui-même (voir Marc 13 : 34-37 et Tite 2 : 13)... Sommes-nous sensés croire qu'il a fallu attendre 1990 pour que Marvin Rosenthal découvre enfin la vérité à côté de laquelle nous étions tous passés ? Quelle grande et superbe révélation M. Rosenthal a-t-il donc reçu ? Pourquoi a-t-il été ainsi choisi pour se faire l'avocat de cette nouvelle variante de mi-tribulationnisme tandis que le Saint-Esprit aurait laissé dans l'aveuglement des dizaines de milliers d'entre nous ? Pense-t-il être, le seul et unique "véritable prophète" ? Sa nouvelle théorie démolit le sens réel de la bienheureuse espérance. » (5)

Dave Hunt, auteur populaire sur de nombreux sujets prophétiques, chercheur et consultant, déclare dans *The Omega Letter* :

« Les idées de ce livre ne peuvent être soutenues par les Écritures et les efforts de Rosenthal à vouloir prouver le contraire ne font qu'engendrer de nombreuses contradictions...

De nombreux problèmes surgissent très vite. Puisque, selon Rosenthal, l'antichrist doit paraître en premier, l'Église se trouve en train d'attendre non plus Christ mais l'antichrist ! Plus encore, même après que l'antichrist ait pris le contrôle de la terre, l'Église ne peut s'attendre à la venue de Christ tant qu'elle n'aura pas souffert considérablement sous *"l'impie"*.

Pourtant, il est bien clair que l'Église primitive attendait son Seigneur, et non l'antichrist : *"De là (des cieux) nous attendons comme Sauveur le Seigneur Jésus-Christ"* (Philippiens 3 : 20) ; *"Et pour attendre des cieux son Fils"* (1 Thessaloniciens 1 : 10) ; *"Il apparaîtra une seconde fois... pour ceux qui l'attendent"* (Hébreux 9 : 28), etc.

Si Rosenthal a raison, nul ne peut s'attendre au retour de Christ à tout moment. L'imminence est perdue, ainsi que *« la bienheureuse espérance »* qui a soutenu les croyants au fil des siècles...

Attendre l'Enlèvement « après la colère » ne ressemble en rien à une *« bienheureuse espérance »*. En fait, ce serait un « non événement », car il y aurait bien peu de chrétiens, sinon aucun, encore en vie pour être enlevé à ce moment-là. Un chrétien pourrait-il accepter la marque de l'antichrist et être enlevé ? Certainement pas ! Apocalypse 14 : 9-10 déclare sans ambiguïté : *« Si quelqu'un se prosterne devant la bête et son image, et reçoit une marque sur le front ou sur la main... »* il sera condamné à l'enfer.

En élaborant sa thèse non biblique, Rosenthal tombe dans nombre d'autres erreurs. »[(6)]

Le Dr Paul Karleen, érudit biblique et linguiste (en grec ancien), enseignant dans une école biblique pendant plus de vingt ans, et auteur de plusieurs ouvrages dont *The Handbook to Bible Study (« Manuel d'étude de la Bible »),* a rédigé le fruit de ses recherches détaillées dans son livre *The Pre-Wrath Rapture of the Church : Is It Biblical? (« L'Enlèvement de l'Église avant la colère est-il biblique ? »).* [7]

Après avoir passé en revue le livre de Rosenthal en 102 pages, le Dr Karleen en conclut :

> « Accumuler de mauvais arguments n'en produit jamais de bons, mais suffit à avancer des erreurs qui finissent par tromper plus d'un lecteur. Rosenthal présente sa position en ajoutant une conclusion après une autre et les enchaîne, écrivant de telle façon que, si le lecteur accepte chaque élément, il peut finir par en conclure que la position de l'auteur est crédible. Mais de nombreuses demi-vérités ne produisent pas de vérités. Le produit d'un ensemble d'éléments ne sera jamais meilleur que la qualité des éléments qui le composent... Il ne fait aucun doute que Rosenthal a soulevé et creusé de vraies questions d'interprétation biblique. Mais croire en « l'Enlèvement avant la colère » n'est pas justifiable comme explication véridique du déploiement de la soixante-dixième semaine de Daniel et des événements qui y sont associés. » [8]

Theodore Ertle, dans sa revue pour *The Baptist Bulletin* de septembre 1990, note :

> « Une nouvelle tendance est apparue sur la scène prophétique avec la parution de ce livre. Le danger est que certains soient séduits par la position de

l'auteur par manque de recherche ou de conviction. Pour ma part, ma foi reste bien ancrée dans le prétribulationnisme.

Voici plusieurs de mes objections :

• Rosenthal est dans l'erreur dès le départ en partant du principe que *"le jour du Seigneur"* ne dure que quelques mois et qu'il est *"le temps de la colère"* de la fin des sept années de la soixante-dixième semaine de Daniel. Tout son système s'écroule ici et pourrait être rejeté sur ce seul point...

• Rosenthal dit que le terme "ce jour" n'est pas un terme technique équivalent au *"jour du Seigneur"* (129). Ce n'est pas là la moindre de ses erreurs. Ces termes sont souvent synonymes dans les grands comme dans les petits prophètes (Ésaïe 2 : 11, 12; Jérémie 30 : 7, 8; Ézéchiel 30 : 3, 9; Joël 3 : 14, 18; Amos 5 : 18; 8 : 3, 9; Sophonie 1 : 7-10; 2 : 2; 3 : 11; Zacharie 14 : 1, 4; Malachie 4 : 1, 5). Même quand ces termes ne sont pas associés, il est évident que *"ce jour"* se réfère au *"jour du Seigneur"* dans bien des textes prophétiques (Exemples : Jérémie 25 : 33; Zacharie 12 : 9)...

• Rosenthal fait un chevauchement sans précédent que je crois illégitime entre les alliances qui concernent Israël et l'Église. C'est ainsi qu'il voit l'Église dans Matthieu 24 et dans la plupart de la Tribulation.

Le voile déchiré (Matthieu 27 : 51) indique qu'une nouvelle alliance a pris effet à la croix sans aucun chevauchement. Hébreux 10 : 9 nous dit que la première a été abolie afin que la seconde puisse être établie. Romains 11 : 19 nous enseigne qu'Israël a été privé de l'alliance afin que nous soyons greffés et qu'Israël serait un jour à nouveau greffé en tant que nation (v. 23-26). Daniel 9 : 24 dit que la soixante-dixième semaine de la prophétie appartient exclusivement au peuple et à la ville de Daniel, et certainement pas à l'Église.

Il n'y a pas de logique prophétique plus grande pour expliquer l'Enlèvement surnaturel de l'Église que la nécessité de mettre à l'écart le peuple racheté qui est entré dans une alliance qui est en conflit avec celle qui lie Israël en tant que nation. Le sort d'Israël ne se chevauche pas avec le nôtre dans la part qui la concerne dans la soixante-dixième semaine de Daniel...

Les faits sont clairs : Marvin Rosenthal a pris pour acquis le principe de l'Enlèvement pendant la Tribulation et l'a raffiné à sa façon dans son livre. Son livre a tenté de remettre en question ces présupposés auxquels je crois, sans toutefois y parvenir en quoi que ce soit, à savoir qu'Israël sera toujours Israël, distincte et séparée de l'Église ; ensuite que le Seigneur Jésus-Christ peut revenir pour nous à tout moment pour nous écarter de la scène de sa colère par l'Enlèvement, et afin qu'il puisse accomplir les promesses de son alliance envers Israël. » [9]

Le Dr Stanton a étudié le livre de Rosenthal en détail et a soulevé les questions suivantes :

« Il est évident que le moment où doit intervenir l'Enlèvement (et non sa relation avec la colère divine) est au cœur des préoccupations de Rosenthal quand il écrit ce volume. Il en arrive presque à proposer un scénario permettant d'établir la date du retour du Seigneur, défendant avec enthousiasme le point de vue que l'Enlèvement aura lieu aux trois-quarts de la *« soixante-dixième semaine de Daniel »*, la colère de Dieu ne déferlant que pendant le dernier quart. Son argumentation pour arriver à de telles conclusions est longue et complexe, fondée uniquement sur sa division personnelle de la *« soixante-dixième semaine de Daniel »* en trois périodes clairement reconnaissables, le *« commencement des douleurs »*, la *« Grande Tribulation »* et le *« jour de l'Éternel »* si souvent annoncé.

L'Enlèvement est ensuite placé immédiatement entre la Grande Tribulation et le jour de l'Éternel, qui, selon sa définition, se situe après la Tribulation mais avant *« le temps de la colère »*.

Rosenthal insiste à vouloir prouver ses idées par quelques 200 pages d'arguments assez forts, attaquant férocement tout ce qui ressemble à un rappel de son ancienne position pré-tribulationniste.

Sa terminologie et sa façon unique de diviser la *« soixante-dixième semaine »* sont au centre de son argumentation. Il essaie, à quelques exceptions notoires près, d'éviter l'expression « période de la Tribulation », disant qu'elle contient une prédisposition au pré-tribulationnisme quand elle est employée en référence à l'ensemble de la soixante-dixième semaine de Daniel. Il préfère appeler ces sept années de jugement et de colère *« la soixante-dixième semaine de Daniel »*.

Il subdivise ensuite ses sept années comme suit : (1) les trois ans et demi suivants sont "le commencement des douleurs" ; (2) la première moitié des seconds trois ans et demi (qui équivaudrait à un an et trois quarts ou vingt-et-un mois) est ce qu'il appelle "la Grande Tribulation" ; (3) les vingt-et-un derniers mois, c'est-à-dire le quatrième quart des sept ans, est le temps qu'il désigne comme "le jour de l'Éternel", lors duquel se manifeste "la colère de Dieu". Juste avant le jour du Seigneur, quand la septième trompette retentira, l'Enlèvement aura lieu. L'Enlèvement de l'Église se produira donc entre le troisième et le quatrième quart de la soixante-dixième semaine de Daniel, juste avant le déferlement de la colère de Dieu. Pour Rosenthal, l'Enlèvement aura donc lieu à un moment bien précis de l'histoire prophétique, en tout cas après la Tribulation et avant la colère de Dieu. »[10]

Stanton ajoute ensuite :

« C'est une faute sérieuse que de prétendre comme le fait Rosenthal que "les premiers trois ans et demi ne font pas partie de la Tribulation" (106-7) parce que la colère de Dieu ne commencerait que "beaucoup plus tard" pendant cette soixante-dixième semaine. Selon ses propres termes, "les sceaux ne sont pas l'expression de la colère de Dieu ; ils sont la promesse de protection de Dieu pendant tout le temps de la colère des hommes" (145). De plus, "les cinq premiers sceaux sont en rapport avec l'activité de l'homme sous l'influence contrôlante de Satan. La colère de Dieu n'a pas encore commencé" (247). Mais cela n'est pas tout à fait vrai, car les sceaux reflètent aussi le jugement du Dieu souverain. Les sept sceaux sont brisés par Christ, et les cavaliers des quatre premiers sceaux ainsi que les jugements qui les accompagnent sont initiés par quatre "êtres vivants" qui descendent de la présence même de Dieu (Apocalypse 4 : 6-8). Ils répondent à la sainteté divine quand ils ordonnent à ces cavaliers non pas de "venir pour voir", mais simplement de "venir"...

Déclarer que les quatre premiers sceaux décrivent l'activité des hommes plutôt que le jugement de Dieu revient à nier le sens évident des Écritures. Un Enlèvement qui aurait lieu après les six premiers sceaux n'aurait rien d'un Enlèvement qui précèderait la colère de Dieu. »[11]

Puis, Stanton prend huit pages entières pour détailler les failles du raisonnement de Rosenthal, y compris son point de vue de la Tribulation, de l'avenir de l'Église, du jour de l'Éternel, de la dernière trompette, de l'Enlèvement et d'autres événements majeurs devant se réaliser dans l'avenir. Il fait certains commentaires particulièrement pertinents sur un chapitre en particulier :

« Au chapitre 18, Rosenthal pose la question : "Les arguments en faveur d'un Enlèvement avant la Tribulation sont-ils vraiment irréfutables?" Tout en admettant que "le pré-tribulationnisme a plus que sa part de notables de la foi pour adeptes", il ajoute que "l'histoire de l'Église est saturée d'hommes distingués qui avaient certains angles morts dans leur théologie" (243). Il donne ensuite onze arguments pré-tribulationnistes ainsi que sa réplique à chacun d'eux, tout en réaffirmant sa propre position autant que faire se peut.

Nous n'avons pas assez de place pour discuter de ces divers arguments, ni pour répondre aux propos de Rosenthal. Nous nous contenterons de dire que certains arguments ne sont pas très représentatifs des positions pré-tribulationnistes, et que bien des arguments solides du pré-tribulationnisme ne sont pas même mentionnés. Walvoord comme

Pentecost offrent un résumé substantiel des arguments pré-tribulationnistes qui ont été largement discutés dans le grand débat sur l'Enlèvement. D'ailleurs, les réfutations de Rosenthal sont essentiellement une reformulation de positions déjà défendues. » (12)

Stanton souligne ensuite une difficulté bien réelle :

« Un problème subsiste tout le long du livre. Rosenthal cite constamment l'Écriture, ce qui est très louable, mais en y intercalant toujours ses propres définitions ou explications, parfois entre guillemets et d'autres fois entre parenthèses.

Cela donne le sentiment que le lecteur ne peut pas comprendre chaque passage de l'Écriture à moins que l'auteur ne soit là pour l'aider. S'il est certes légitime d'inclure des commentaires distincts, l'Écriture est inspirée par l'Esprit avec toute la puissance nécessaire pour enseigner le lecteur, *"même les profondeurs de Dieu"* (1 Corinthiens 2 : 10-12).

Cela est aussi vrai de la prophétie, car *"quand il sera venu, lui, l'Esprit de vérité, il vous conduira dans toute la vérité... et vous annoncera les choses à venir"* (Jean 16 : 13). »(13)

Et de conclure en résumant,

« Rosenthal témoigne du fait que la rédaction de son livre "fut une période de deux ans remplie de difficultés, de tension et de souffrance." (17) Il parle de nuits d'insomnie, de tension terrible, de réunions sombres et tendues, d'une agonie de l'âme et du traumatisme d'avoir perdu des amis et un emploi.

Si le lecteur ne peut qu'être désolé et veut compatir à sa peine, il est difficile de voir en cela la marque d'un cœur enseigné et conduit par l'Esprit. On est en droit de penser que le fait de clarifier un problème qui a causé bien des divisions en eschatologie et qui a troublé l'Église pendant plus d'un siècle, et de voir l'Esprit enfin accomplir la promesse de Daniel 12 : 4, serait accompagné de la joie de la découverte et de la paix qu'apporte la direction divine. De toute évidence, tel ne fut pas le cas.

Rosenthal doit être félicité pour son assiduité et remercié pour toute la lumière qu'il a pu apporter sur tel ou tel aspect de la vérité. Mais après mûre réflexion, ma conclusion est que les écrits de Rosenthal sont une distorsion de la vérité prophétique, parfois curieuse, d'autrefois étrange, et fréquemment erronée. Considérés dans leur ensemble, ses écrits n'ont rien à offrir de comparable à la *"bienheureuse espérance"* du retour imminent de Christ pour son Église lors de l'Enlèvement." (14)

Une telle optique détruit tout sentiment d'urgence et d'imminence

La plupart des commentaires publiés sur cette position soulignent son plus gros problème : l'attente de l'Enlèvement juste avant la colère du jugement détruit tout sens d'urgence et d'imminence, cette force qui a tellement suscité de consécration dans les temps de persécution, face à l'esprit du monde et à la confusion théologique.

Depuis le temps de l'apôtre Paul jusqu'à nos jours, le chrétien convaincu que son Seigneur pouvait revenir à tout moment a été motivé pour vivre dans la sainteté, gagner des âmes, et vivre au service de la vision missionnaire. Cette motivation en a aidé plus d'un à faire face à l'adversité et aux circonstances de la vie, à investir sa vie pour les choses d'en haut, et non pour celles qui sont sur la terre, comme le Seigneur nous l'a appris. Je doute fort que Marvin Rosenthal et d'autres qui s'en prennent au prétribulationnisme le fassent dans le but de démotiver le corps de Christ par leurs enseignements, mais cela semble néanmoins être le résultat.

Situer l'Enlèvement et le temps de la colère aux trois-quarts du temps de la Tribulation signifie que cela se produit vingt-et-un mois après que l'antichrist profane le Temple (voir Daniel 9 : 27 ; Matthieu 24 : 15 ; 2 Thessaloniciens 2 : 4). Cela inciterait l'Église à s'attendre à la venue de l'antichrist, ce qui est de toute évidence non biblique. Cela émousse aussi tout le sentiment d'imminence, dont Rosenthal va jusqu'à dire que Paul ne l'a pas enseigné (249). Il voudrait ensuite que nous croyions que nous pouvons trouver un réconfort (voir 1 Thessaloniciens 4 : 18) dans le fait que l'Église sera enlevée juste avant la bataille d'Armaguédon.

Rosenthal ne semble pas réaliser que le fait de laisser l'Église sur terre pendant cinq ans et demi du temps de la Tribulation (ce qui inclut le temps des quatre cavaliers, une guerre mondiale, une famine, la mort du quart de l'humanité et le martyr de millions de chrétiens) revient à renier la promesse de notre Seigneur : *« Je te garderai moi aussi de l'heure de l'épreuve qui va venir sur le monde entier pour éprouver les habitants de la terre »* (Apocalypse 3 : 10).

Suggérer comme il le fait que les six premiers sceaux du jugement prophétique ne sont pas des événements qui font partie intégrante de la Tribulation revient à rejeter les paroles de l'Écriture dans leur sens premier et littéral, quoi qu'il s'en défende.

Rosenthal reconnaît que c'est bien Christ qui brise chaque sceau, mais il se retourne et qualifie ces jugements de « colère de l'antichrist ». Il va jusqu'à suggérer sur la page 247 : « Il est fort possible que la “bienheureuse espérance” soit rendue plus glorieuse encore de par le temps de difficultés qui va la précéder » (voir Romains 5 : 2-4,9). Il identifie donc cette période de cinq ans et demi comme « un temps de difficultés »! Mais il a tort : il s'agit d'un temps de jugement pendant la Tribulation !

Le terme le plus fort qui soit employé dans l'Apocalypse pour décrire cette période se trouve dans Apocalypse 6 : 16-17 : *« celui qui est assis sur le trône, et de la colère de l'Agneau, car le grand jour de leur colère est venu, et qui pourrait subsister ? »* Mais Rosenthal s'obstine à vouloir situer l'Enlèvement entre le sixième et le septième sceau. Apparemment, selon lui, la *« colère de l'Agneau »* ne serait pas « un temps de difficultés ». Ce point à lui seul suffit à détruire les prémices sur lesquelles tout le livre repose. La plupart des croyants raisonnables, attachés à la Bible et s'attendant au retour du Seigneur avant la Tribulation seraient prêts à changer de position si une meilleure théorie fondée sur l'Écriture leur était proposée. Mais ce n'est certes pas la théorie qui attend l'Enlèvement avant la colère de Dieu.

Bien d'autres présupposés erronés pourraient être appelés à la barre pour témoigner, tel que le fait que Rosenthal refuse de faire une distinction claire entre l'Église et Israël. Sa suggestion novatrice selon laquelle *« celui qui le retient »* (2 Thessaloniciens 2 : 7) serait l'archange Michael ne fait rien pour renforcer sa position. Si Michaël ne pouvait tenir tête au diable lorsqu'il contesta avec lui au sujet du corps de Moïse (voir Jude 9), il aura bien du mal à contenir l'adversaire pendant la Tribulation. Dans 2 Thessaloniciens 2 : 7, *« celui qui le retient »* est celui qui est la seule influence qui freine la société dans sa folie aujourd'hui, à savoir le Saint-Esprit présent dans l'Église. Quand l'Église sera enlevée au début de la Tribulation, le Saint-Esprit qui l'habite se retirera aussi. C'est ainsi que le monde sera complètement livré au mal (voir Apocalypse 9 : 20-21).

Parce que le Saint-Esprit est Dieu, et parce que Dieu est omniprésent, il sera toujours présent dans ce monde tout comme il l'était dans l'Ancien Testament. La grande moisson d'âmes prédite pendant la première moitié de la Tribulation (Apocalypse 7 : 9) démontrera sa présence, mais il ne sera plus présent à travers l'Église pour restreindre le monde pendant la Tribulation.

Si Rosenthal affirme : « Il y a suffisamment de preuves substantielles pour pouvoir identifier *"celui qui le retient"*... » (256), il n'en donne aucune. Il semble interpréter les textes de l'Écriture comme bon lui semble, puis déclarer avec dogmatisme et certitude qu'elle confirme ses dires.

Rosenthal se sert de l'argument pré-tribulationniste qui souligne le fait que l'Église est mentionnée 19 fois dans les trois premiers chapitres de l'Apocalypse, pour ne réapparaître qu'au chapitre 22. Il suggère qu'une telle omission « crée un problème significatif » (244) pour les post-tribulationnistes. Cependant, il ne semble pas réaliser qu'un silence sur l'Église de cinq ans et demi pendant la colère de l'Agneau lui en pose un autre, et non des moindres. En fait, toute la théorie de l'Église qui serait enlevée juste avant la colère crée une série de problèmes significatifs.

En fait, il n'est pas tout à fait exact de parler d' « Enlèvement avant la colère ». En effet, Rosenthal situe l'Enlèvement au soixante-troisième mois de la période de Tribulation. Et selon lui, il ne s'agit pas vraiment de la colère puisqu'il refuse de reconnaître que les textes parlent de la colère de la Tribulation avant que cinq ans et demi de la Tribulation ne se soient écoulés. Ces deux principes ne sont pas scripturaires, exposant cette théorie à toutes les objections que j'exprimerai dans un autre chapitre à l'encontre des autres formes de post-tribulationnisme. La théorie de Rosenthal est essentiellement une autre forme de post-tribulationnisme, dont le Dr Walvoord dit qu'il existe quatre variantes. Rosenthal ajoute quelques points tirés du mi-tribulationnisme et inclut quelques éléments enseignés par les pré-tribulationnistes, pour finir par développer une cinquième variante de la vision post-tribulationniste.

Le point de vue pré-tribulationniste a captivé la plupart des églises qui croient en la Bible, ces derniers 170 ans ou plus. Il n'est pas près d'être remplacé par la théorie de l'Enlèvement avant la colère. Je crois pouvoir dire que l'auteur, au lieu de gagner des adeptes, risque fort de passer la plupart de son temps à devoir défendre et réviser sa position. Le Dr Ironside avait l'habitude de dire : « Méfiez-vous des enseignements nouveaux ; il se pourrait bien qu'ils soient erronés. »

Un autre livre qui prône l'Enlèvement avant la colère

J'ai eu une belle surprise en juin 1992 lors d'une convention d'éditeurs chrétiens. Quelqu'un avait glissé sous la porte de ma chambre d'hôtel une publicité multicolore et très sophistiquée pour un nouveau livre au concept identique de l'Enlèvement avant la colère intitulé *The Sign (« Le signe »)*. Au premier coup d'œil, je me suis dit que Rosenthal avait trouvé son premier adepte, quelques deux ans après la parution de son livre ! Mais celui-ci semblait réaffirmer l'idée que l'Enlèvement de l'Église aurait lieu vers les deux tiers de la Tribulation.

Nul besoin de s'inquiéter : Robert VanKampen, auteur de cet ouvrage, n'était pas du tout un adepte de la position de Rosenthal. En fait, il en était la source ! Rosenthal avait reconnu dans son livre qu'un ami lui avait suggéré le concept ; VanKampen était cet ami et avait largement les moyens de se permettre une campagne publicitaire qui a impressionné les éditeurs. Fort heureusement, le livre pèse environ un kilo et contient 518 pages, ce qui devrait décourager même la plupart des passionnés de la prophétie de vouloir le lire. Le pire est que le livre présente des concepts bizarres et originaux que même Rosenthal n'avait pas développés.

VanKampen affirme avoir studieusement étudié ce sujet pendant huit ans avant de mettre ses idées sous presse. Ce qui signifie qu'il croyait en cette théorie bien avant Rosenthal. Peut-être le plan consistait-il à laisser d'abord l'étudiant sortir son livre, recevoir les réactions des critiques, puis à laisser le maître apporter une présentation plus complète.

Selon moi, le livre est loin d'atteindre son but. Il répond à peu de critiques, confirme de nombreuses objections au livre de Rosenthal et affaiblit sa propre crédibilité par la suggestion bizarre que l'antichrist serait une réincarnation de Adolphe Hitler (208-213). Si la communauté chrétienne devait adhérer à une telle idée, où irions-nous ?

Il semble bien plus raisonnable de penser que les mêmes esprits démoniaques qui ont animé Néboukadnetsar, Néron, Attila le Hun, Adolphe Hitler et bien d'autres tyrans qui voulaient contrôler le monde seront incarnés en l'antichrist pendant la première moitié de la Tribulation.

Cela expliquerait sa haine irrationnelle des Juifs et de quiconque adore Dieu. Cette explication plus simple ne nécessite aucune réincarnation qui ne figure pas dans les Écritures. Non. L'antichrist sera une véritable personne qui ne sera identifiée qu'après l'Enlèvement de l'Église.

VanKampen ne croit pas en l'imminence du retour de Christ

La Tribulation commence par la signature d'une alliance de sept ans entre l'antichrist et la nation juive – même VanKampen le concède.

Mais placer cet événement avant l'Enlèvement détruit l'attente imminente de la venue de Christ que Dieu a voulue pour stimuler l'Église vers la consécration et l'évangélisation. VanKampen dit à ses lecteurs de s'attendre à l'antichrist et aux jugements des sceaux de l'Apocalypse, et non au retour de Jésus. Je crois pour ma part qu'il s'agit là de l'aspect le plus dangereux de son approche.

Hélas, VanKampen se s'est pas contenté de renier le concept de l'imminence du retour de Christ qui a été honoré au fil des siècles. Il y est activement hostile ! Il dit en fait : « Certes, Christ revient, mais sa venue ne sera pas imminente jusqu'à ce que l'Église traverse la mise à l'épreuve du feu par l'antichrist » (304). De tels propos et d'autres distancent l'auteur des positions mi- et post-tribulationnistes qui ne s'en prennent pas à l'imminence. Habituellement, ils se contentent d'ignorer le fait que son retour sera tout à fait prévisible si nous sommes encore là quand l'alliance entre Israël et l'antichrist sera signée. Dans ce cas, nous connaîtrons la date du retour du Seigneur en gloire, car il surviendra exactement sept ans plus tard. Les attaques ouvertes de VanKampen contre l'imminence ne feront rien pour aider la communauté chrétienne à s'identifier à sa théorie. Cette dernière est de toute évidence non biblique.

Nous n'avons pas assez de place pour poursuivre un examen plus approfondi de ce livre – je laisse le soin à d'autres de le faire. Mais bien des points le disqualifient et le privent de prétendre devenir une menace à la position pré-tribulationniste.

Un des problèmes qui doit être exposé est le refus de l'auteur de reconnaître que l'Enlèvement n'est pas mentionné dans le discours de Jésus sur le Mont des Oliviers. Ce « signe » qui inspire le titre de son livre n'est pas l'Enlèvement, mais le retour du Seigneur en gloire à la fin de la Tribulation. L'Enlèvement n'a besoin d'aucun signe. Le simple fait que les disciples soient plus tard devenus membres de l'Église n'est pas une raison de s'attendre à l'Enlèvement dans Matthieu 24. L'Église n'était même pas encore fondée quand Jésus a donné ce message sur le Mont des Oliviers.

VanKampen est-il une autre victime de MacPherson ?

Se pourrait-il que VanKampen soit une autre victime tragique de la *vendetta* de Dave MacPherson contre le pré-tribulationnisme ? Nous étudierons cette attaque sordide et sans fondement dans le chapitre suivant.

De toute évidence, VanKampen connaissait les assauts infondés de MacPherson contre l'imminence de la venue du Seigneur Jésus. Ses notes en bas des pages 445 et 446 le montrent clairement, car il répète tel un perroquet les propos de MacPherson sur l'origine de la position pré-tribulationniste, ce qui, comme je le montrerai, s'avère être un incroyable complot.

Si VanKampen a réellement accepté le complot de MacPherson, il a entrepris ses recherches en se fondant sur une mauvaise base, à savoir que l'Enlèvement pré-tribulationniste est un enseignement erroné. Un principe fondamental de la logique veut que si vous construisez votre raisonnement sur des prémices qui sont erronées, vous arriverez à des conclusions erronées !

VanKampen a de toute évidence commencé par considérer que l'Enlèvement n'arriverait pas avant la Tribulation ; il fallait donc le placer à un autre moment. Insatisfait des positions mi- et post-tribulationnistes, il décida de le situer *entre* les deux. Et s'il a fait un gros travail de recherche créative pendant ces huit années, il en demeure qu'aussi longtemps que vous puissiez étudier le sujet, des prémices erronées garantiront une conclusion erronée. *The Sign* en est l'exemple même.

Nous avons atteint un moment de l'Histoire où les chrétiens et l'Église doivent être exhortés à vivre dans la sainteté et la consécration. Rien n'y contribue autant que le fait de croire au retour imminent de Christ pour son épouse.

L'Enlèvement avant la colère détruit cette attente, et amène plutôt l'Église à chercher les signes annonciateurs de la Tribulation, de l'antichrist et de la colère de Dieu – piètres facteurs de motivation positive !

Je crois que si l'arrangement complexe des événements de la fin des temps tels qu'ils figurent dans *The Sign* – pour la première fois dans l'histoire de l'Église ! – devait devenir la pensée prévalente dans la chrétienté, non seulement notre *« bienheureuse espérance »* serait réduite à néant, mais nous pourrions devenir d'autant plus charnels, mondains et nonchalants.

Fort heureusement, après plusieurs années d'analyse de cette théorie par un large public, il semble bien qu'elle n'ait pas d'avenir. Je ne connais aucun étudiant sérieux de la prophétie qui adhère à de telles idées hormis VanKampen et Rosenthal.

Je prédis que cette position s'avèrera avec le temps avoir été une illusion passagère et une aberration qui, en dépit d'une vaste et coûteuse campagne de promotion, disparaîtra avec le temps.

Chapitre seize

L'accusation la plus absurde

Parmi toutes les attaques lancées contre l'Enlèvement, la plus ridicule de toutes est celle à laquelle ont eu recours les *Illuminati* (les Maîtres Conspirateurs) pour faire taire la communauté évangélique sur le plan politique afin que ceux qui veulent écarter le religieux dans le monde occidental puissent dominer librement dans les gouvernements, l'éducation, l'industrie de la communication et d'autres sphères d'influence. Les partisans de cette approche voudraient même nous faire croire que le Dr C. Scofield, auteur d'une Bible d'étude accompagnée de notes et de références qui ont béni des millions de chrétiens, ferait partie de ce complot.

Robert Pierce, auteur de *The Rapture Cult (« La secte de l'Enlèvement »)*, distribué par la *John Birch Society*, est la première personne dont j'ai lu qu'il considérait le fait de croire en l'Enlèvement comme relevant d'une secte. Même les post-tribulationnistes les plus zélés qui haïssent le pré-tribulationnisme ne sont jamais allés jusqu'à suggérer une chose pareille. En fait, même les apologistes postmillénaristes de Tyler au Texas, qui cherchaient à sauver leur système de croyance théologique de sa mort bien méritée en prenant d'assaut le pré-tribulationnisme, n'ont à ma connaissance jamais émis une telle hypothèse. (1)

Une secte est un groupe religieux qui induit les gens en erreur quant à la réelle identité de Jésus-Christ et au moyen de salut qu'il a offert gratuitement à l'homme par la foi. À la lumière d'une telle définition, un pré-tribulationniste n'a rien de sectaire. Pierce a tort dans son analyse, ainsi que lorsqu'il parle de Scofield et de la position pré-tribulationniste que Scofield a contribué à rendre populaire dans son pays et en Europe.

La source d'inspiration de Pierce n'était autre que l'auteur de la supercherie que nous avons étudiée dans le chapitre précédent, se targuant d'être une autorité en matière prophétique, à savoir Dave MacPherson. Pierce, un activiste de la *John Birch Society* et un étudiant de la théorie de la conspiration, devint chrétien au début des années 60. Il eut recours au venin des distorsions de l'Histoire que MacPherson présentait comme des vérités, en les poussant encore plus loin, au point de les appliquer à « la grande conspiration », le tout sans l'ombre d'une preuve fondée sur des faits.

Je pense être bien placé pour répondre aux attaques de Pierce. En effet, j'ai moi-même étudié depuis cinquante ans cette vieille conspiration d'inspiration satanique qui veut utiliser les gouvernements, l'éducation et les médias pour détruire jusqu'au dernier vestige de l'influence du christianisme dans notre société afin d'y établir un nouvel ordre mondial. Ayant lu au moins cinquante livres sur les *Illuminati*, je suis convaincu que ce mouvement porte la responsabilité de bien des actions dégradantes qu'ont subies bien des hommes ces derniers deux cents ans.

Le Dr Adam Weishaupt, professeur à l'Université Goldestdat, en lancé les *Illuminati* en Bavière le 1er mai 1776. Pendant trente ans, ma femme et moi avons travaillé inlassablement à tout mettre en œuvre pour faire cesser les effets de cette conspiration contre l'Église, le gouvernement, les médias et les écoles publiques ; je ne suis donc pas hostile au fait que l'on parle de conspiration. Il y a quantité de preuves qui montrent de façon évidente que la sécularisation de notre société anciennement judéo-chrétienne n'est pas un accident mais bel et bien le résultat d'une machination diabolique exécutée par cet ordre secret.

Mais suggérer que cette conspiration a utilisé le concept biblique de l'Enlèvement avant la Tribulation, cela est tout simplement ridicule. J'inclus cette accusation dans ce livre dans l'espoir que si quelqu'un a été influencé par de telles suggestions, il trouve la réponse aux questions qu'elles soulèvent. J'aimerais voir la *John Birch Society* se dissocier d'un livre qui a si peu de fondement, car sa diffusion ne fera rien pour attirer la sympathie des quelques soixante-dix millions de chrétiens aux États-Unis qui s'identifient par ailleurs aux objectifs moraux de cette société.

Examinons tout d'abord le point de vue assez nouveau de Pierce sur la façon dont le pré-tribulationnisme s'est propagé à travers les États-Unis :

> « Entre 1862 et 1872, John Darby passa près de sept ans à séjourner ou voyager à travers les États-Unis et le Canada. (2)
>
> Deux de ses convertis les plus influents furent James Hall Brookes, pasteur de l'Église presbytérienne Walnut Street de St-Louis, et Adoniram Judson Gordon, pasteur de l'Église baptiste de Clarendon Street à Boston. Ces deux hommes, tout en demeurant dans leur pastorat respectif, devinrent les leaders d'un mouvement qui a largement propagé les doctrines de Darby dans tout le nord-est et le mid-ouest pendant le dernier quart du siècle. Les doctrines de Darby ont également eu un impact sur Dwight Moody, le célèbre évangéliste de

Chicago, quoique ce dernier semble ne les avoir acceptées que progressivement, et peut-être même partiellement.

La promotion des doctrines de Darby en Amérique du nord a vraiment commencé en 1875 avec l'organisation de conférences annuelles d'été. Après un modeste début, ces conférences se sont développées sous la direction du Dr James Brookes, devenant quasiment une institution sous le nom de *Niagara Bible Conferences,* chaque été de 1883 à 1897 à Niagara-on-the-Lake, Ontario. Les conférences ont eu un franc succès et propagèrent les doctrines de Darby parmi de nombreux dirigeants spirituels de l'Église américaine, surtout parmi les conservateurs qui étaient agacés et préoccupés par l'extension du mouvement dit de la « haute critique » dans leurs Églises...

C'est dans ce contexte que Darby et ses disciples retint surtout l'attention des conservateurs, les uns comme les autres insistant sur l'inerrance de la Bible comme Parole de Dieu. (3)

L'histoire que Pierce a vue comme une conspiration

Pierce puise beaucoup de ses sources chez l'historien de l'Église Sandeen, dont je me suis également inspiré dans ce volume. Mais il prend les événements de l'histoire de l'Église et leur donne un ton de conspiration. Même lorsqu'il admet que le pré-tribulationnisme a balayé la communauté chrétienne évangélique, produisant le fondamentalisme conservateur, il est aussi capable de déclarer qu'un mouvement aussi surprenant a été réalisé par autre chose que l'œuvre du Saint-Esprit !

Sandeen attribua le succès de Darby en partie à ses talents d'organisateur et d'éditeur, tout en observant : "Certains autres facteurs ont bien dû intervenir pour expliquer le succès relatif des dispensationalistes darbystes au début du XXe siècle." [(4)]

Dans les décennies qui suivirent, le leadership du mouvement darbyste s'est renforcé davantage dans l'aile conservatrice du protestantisme, la Bible Scofield étant la première référence. Ils ont si bien réussi que le point de vue purement conservateur a été relégué très loin dans les mémoires, cédant le pas au « fondamentalisme » ; la plus grande division aux yeux du public se situe désormais entre les « libéraux » et les « fondamentalistes », ces derniers étant essentiellement darbystes dans leur doctrine. Les « conservateurs », ceux qui n'acceptent ni la « haute critique » de la Bible, ni la doctrine darbyste, sont complètement ignorés. » [(5)]

Examinons encore les deux hommes qui sont sortis du lot comme leaders « fondamentalistes » à la fin du siècle. Arno Gaebelein (1861-1945) est arrivé aux États-Unis d'Allemagne comme immigrant en 1879 et devint pasteur de la conférence germanique de l'Église méthodiste. Il participa à certaines des réunions de Niagara et fit connaissance de James Brookes qui le félicita pour ses écrits parus dans son magazine *Truth*. Pendant les années 1890, Gaebelein s'impliqua dans l'évangélisation des Juifs dans l'est de la ville de New York. Suite à sa conversion à la doctrine de Darby, Gaebelein décida en 1899 de quitter l'Église méthodiste ; un peu plus tard, il allait aussi abandonner son ministère parmi les Juifs, afin de s'investir à temps plein comme leader de la faction darbyste. À partir de 1900 et pour les trente

> années à venir, Gaebelein conduisit une campagne nationale, visitant quasiment tous les états et la plupart des provinces du Canada pour y tenir réunions et conférences, généralement pour des sessions qui duraient une semaine. Il n'avait pas de liens formels, pendant tout ce temps-là, avec telle ou telle organisation d'églises, mais faisait son œuvre dans chaque ville avec l'aide des églises locales prêtes à lui fournir un local et un auditoire. Son impact dans l'expansion de la doctrine darbyste en Amérique du nord fut extraordinaire. Gaebelein et Scofield semblent être devenus des amis et collègues assez proches pendant la quinzième année des conférences de Niagara-on-the-Lake. »[6]

Quiconque a lu les livres de Gaebelein, en particulier *The Conflict of the Ages (« Le conflit des Âges »)*, ou *Our Hope Magazine (« Magazine Notre Espérance »)*, ne saurait le qualifier de conspirateur. Il était un fondamentaliste des plus respectables.

Le Dr James Brookes fut possiblement le pasteur pré-tribulationniste le plus respecté et le plus influent en Amérique à cette époque. Il nous est dit qu'il a particulièrement influencé son entourage dans l'Église presbytérienne et au-delà avec son enseignement sur le pré-tribulationnisme.

> « Cyrus Ingerson Scofield (1843-1921) est né dans le Michigan mais grandit à Wilson County dans la Tennessee. Il servit dans les rangs de l'armée confédérée pendant la Guerre Civile, reçut la croix d'honneur de la Confédération pour sa bravoure lors de la bataille de Antietam. À la fin de la guerre, Scofield alla vivre à St-Louis avec sa sœur aînée, qui avait épousé un membre d'une famille réputée de pionniers français de la ville. En 1866, il épousa Helene

> Labeau Cerre, catholique romaine et membre d'une autre famille française bien connue.
>
> Après avoir étudié le droit à St-Louis, Scofield fut détaché en 1869 à Atchison dans le Kansas par la famille Cerre pour prendre soin de leurs intérêts financiers dans cette région. Les Cerre lui demandèrent d'y louer les services du meilleur conseiller juridique disponible au Kansas ; Scofield engagea John Ingalls, un avocat et politicien bien connu.
>
> Dans les années qui suivirent, Scofield et Ingalls devinrent autant partenaires qu'alliés politiques. Ils devinrent tous deux membres du *Kansas State Legislature,* où Scofield contribua à faire élire Ingalls au Sénat des États-Unis en 1872. À son tour, Ingalls parviendra en 1873 à faire nommer Scofield, âgé de trente ans, au poste d'avocat général pour le district du Kansas et des territoires indiens. » [7]

Les détracteurs de Scofield et de la Bible qui porte son nom font souvent valoir son passé peu flatteur avant qu'il ne vienne à Christ – un passé qui comprenait une carrière ruinée, un plongeon dans l'alcoolisme, un divorce tragique et une vie exubérante. Mais après sa conversion, il devint l'illustration d'une vie transformée tel que l'enseigne 1 Corinthiens 1 : 18.

Plus tard, il rendait si souvent témoignage publiquement de son passé que son ami évangéliste Dwight Moody lui dit un jour de laisser son passé derrière lui et de ne plus en parler.

Après avoir accepté Christ, Scofield fut enseigné par le Dr James Brookes, pasteur de l'Église presbytérienne de Walnut Street, qui était considéré comme l'un des meilleurs érudits bibliques en Amérique. C'était un ardent prémillénariste et avait étudié les enseignements de John Darby. Cet homme pieux s'investit dans le développement spirituel de Scofield ; cet investissement fut récompensé par quarante années de travail pastoral, de prédication et d'enseignement qui bénirent des millions de gens, ainsi que par une Bible qui a stimulé l'étude de la Bible probablement davantage que toute autre.

En 1882, Scofield devint le pasteur de la First Congregational Church à Dallas, au Texas, où il demeura jusqu'à ce qu'il transfère son œuvre à Northfield dans le Massachussetts en 1895.

> « Scofield commença de travailler sur sa Bible de références en 1903, après que lui et son ami Gaebelein aient pu s'assurer une certaine sécurité financière permettant à Scofield d'abandonner la plus grande partie de sa charge pastorale pour passer presque tout son temps sur ce projet. Certains de ses soutiens financiers étaient assurés par Lyman Stewart, président de Union Oil Co. en Californie ; Francis Fitch, un membre des assemblées de Frères de Plymouth et patron d'une imprimerie travaillant pour la bourse de New-York ; Alwyn Ball Jr., agent immobilier et membre d'une firme importante de New-York ; John Buss, homme d'affaires de St-Louis ; et John Pirie, propriétaire d'un grand magasin de Chicago. Pirie possédait une propriété à Sea Cliff, sur la plage nord de Long Island, où, pendant l'été 1902, fut prise la décision de lancer le projet de cette Bible d'étude.
>
> La "Bible de références Scofield" fut achevée en 1908 et publiée au début de 1909 par nul autre que Oxford University Press, un des plus prestigieux éditeurs du monde anglophone. Gaebelein raconte comment Scofield avait rencontré un certain M. Scott, de Morgan and Scott, éditeur londonien, auquel il rendit visite en Angleterre alors même qu'il était en train de travailler sur la Bible. Pour citer Gaebelein : "M. Scott lui répondit que sa compagnie serait heu-

reuse de réaliser cette édition, mais il craignait que Morgan et Scott ne soit pas en mesure de donner à la Bible de référence la publicité mondiale qu'il lui fallait." Il ajouta : "Il n'y a qu'un éditeur qui puisse correctement vous servir, c'est la Oxford University Press." Quelques jours plus tard, M. Scott accompagna Scofield dans le bureau de M. Henry Frowde, qui dirigeait alors la grande Oxford University Press, qui est si largement et honorablement connue dans le monde anglophone. Il fut intéressé dès le début.

La "Bible Scofield" est essentiellement une version courante (King James Version) qui a été interprétée et annotée à l'aide de notes en bas de page et de commentaires rédigés par Cyrus Scofield, avec le conseil et la collaboration de plusieurs éditeurs consultants. Un d'entre eux fut Arno Gaebelein, spécialiste dans le domaine de la prophétie. Si les commentaires soutiennent une position chrétienne orthodoxe à bien des égards, ils soutiennent dans tous les passages ayant trait à ce sujet la position pré-tribulationniste ainsi que les doctrines auxquelles étaient attachés Irving et Darby vers l'an 1830.

Ernest Sandeen dit de cette Bible : "Elle conjugue un format, une typographie, un découpage des paragraphes, des notes et des références croisées de façon attrayante, en mettant en valeur la théologie darbyste du dispensationnalisme."

C'est ainsi que ce volume a été subtilement mais puissamment influent pour répandre ces points de vue parmi des centaines de milliers de lecteurs réguliers de la Bible, qui n'ont pas toujours fait la distinction entre le texte biblique par lui-même et les interprétations de Scofield.

> Dans les sept décennies qui suivirent sa première parution, la "Bible Scofield" a pris une telle ampleur qu'elle est la seule Bible acceptée dans certains milieux fondamentalistes. Elle a eu une profonde influence sur la pensée religieuse de millions de croyants, amenant les doctrines de Irving et Darby dans tous les recoins de l'Amérique du nord et dans bien des pays du monde. » [8]

La pensée ne semble jamais avoir effleuré l'esprit de Pierce que, dans un pays de libre entreprise, où l'offre et la demande déterminent ce qui réussit et ce qui échoue, si la Oxford University Press a choisi de produire cette Bible, c'était sans doute parce qu'elle en tirerait un réel profit.

Si celle-ci n'avait pas plu aux chrétiens, et si elle n'avait pas répondu à un réel besoin, ils ne l'auraient jamais achetée par millions.

Le lien de la conspiration

En commentant le mouvement de Jésus par lequel des milliers de *hippies* ont donné leur vie à Christ, Pierce note :

> « Quoique ce ne soit pas en rapport direct avec le sujet de ce chapitre, il est intéressant de voir que le foisonnement religieux qui a touché la jeunesse a coïncidé dans le temps avec l'éclosion de la doctrine sur l'Enlèvement. [9]
>
> Puisque la majorité des plus grandes églises protestantes sont "libérales", la doctrine de Scofield tend à être plutôt enseignée dans les petites églises plus indépendantes, si bien que l'étendue de cette doctrine donne l'impression d'un phénomène spontané venant « d'en bas », alors que c'est tout à fait

l'inverse, puisque ce mouvement a été promu du haut vers le bas. (10)

Pour l'observateur attentif, bien sûr, le fait que cette doctrine ait été promue par un effort de communication médiatique contrôlée de l'intérieur suffit à prouver que ce mouvement est loin d'être si spontané qu'il y paraît, pas plus que les réveils religieux qui touchent la jeunesse. » (11)

Pierce poursuit en faisant cette confession incroyable :

« L'auteur reconnaît que les récits donnés dans ce chapitre et le précédent peuvent ne pas suffire à prouver qu'il y ait conspiration dans la croissance phénoménale et la perversion de la doctrine prétribulationniste. Malheureusement, il en est souvent de même quand on tente de sonder les secrets les mieux cachés d'une conspiration. Peut-être serait-il utile d'assembler et d'observer une à une certaines de ces évidences. » (12)

Comment ne pas réagir face à une attaque aussi historiquement faible et sans preuve au point que l'auteur lui-même concède : «… les récits donnés dans ce chapitre et le précédent peuvent ne pas suffire à prouver qu'il y ait conspiration dans la croissance phénoménale et la perversion de la doctrine pré-tribulationniste » ?

L'absurdité de l'auteur me laisse bouche bée. Non seulement est-il incapable de prouver ses dires, mais il va jusqu'à reconnaître qu'il ne l'a pas fait ! Il voudrait pourtant que ses lecteurs le croient sur parole. Mais c'est alors qu'il est encore plus incroyable. Après une longue liste d'accusations sans fondement, il termine par cette conclusion des plus bizarres :

« N'importe laquelle de ces accusations prise seule peut sembler insignifiante, et chacune d'elle pourrait être attribuée à des influences normales ou à des coïncidences. Mais une fois assemblées, elles indiquent une tendance, ou tout au moins la possibilité d'une tendance.

Il n'y a certes aucune preuve comme quoi l'un ou l'autre des individus mentionnés aient été directement impliquée dans la conspiration, et il est possible qu'aucun d'entre eux ne l'ait été. Mais pour paraphraser une expression souvent employée concernant les circonstances qui sont visiblement à l'avantage de la conspiration, s'il n'y avait pas eu de doctrine pré-tribulationniste, la conspiration aurait dû l'inventer.

Il se peut que la conspiration ait eu cette chance que tout cela se soit développé spontanément. Il se peut aussi que tout cela ait commencé spontanément, pour être ensuite récupéré et perverti à un stade ou l'autre par la conspiration.

Quel que soit le mécanisme, il est bien certain que la grande majorité des gens impliqués étaient innocents de toute intention de conspirer, comme dans la plupart des projets de la conspiration. Mais le fait tragique subsiste que cette doctrine a un effet dévastateur aujourd'hui en neutralisant l'opposition actuelle et potentielle à cette conspiration globale qui chercher à asservir le monde. »[13]

La possibilité que Pierce a manquée

Puisque Pierce admet ne pas pouvoir prouver ses allégations, je ne prendrai pas la peine d'énumérer les raisons détaillées pour lesquelles chacune d'elle doit être rejetée. Je suis enclin à penser que chaque chrétien mature verra que tout ce raisonnement relève du mythe. Je voudrais plutôt offrir une alternative qui élimine la théorie de la conspiration.

L'expansion réussie de l'enseignement sur la dispensation et la conscience de l'imminence de la seconde venue de Christ possible à tout moment pour enlever son Église demande plus qu'une simple explication humaine. Cette doctrine nécessite autre chose pour la justifier que les machinations des *Illuminati*.

Je veux parler de l'œuvre du Saint-Esprit !

Le « darbysme » est vraiment l'action de Dieu préparant son Église pour le proche retour de son Fils. Certes, le mouvement a pris un grand essor autour de centaines de leaders connus pour leur piété, tels que de grands gagneurs d'âmes comme Dwight Moody et Ruben Torrey, ainsi que des théologiens tels que Lewis Sperry Chafer et John Walvoord. Il a aussi inclus des milliers de pasteurs et d'enseignants, inspirés par le Saint-Esprit, qui ont apprécié l'enseignement clair et précis de la Bible à ce sujet.

C. Scofield et la « Bible Scofield » n'ont pas créé le mouvement. En fait, c'est le mouvement qui les a créés ! Son édition de la Bible a pris parce qu'elle répondait à l'attente et aux convictions de ce groupe de littéralistes de la Bible qui voulaient étudier la Bible par eux-mêmes et entendre directement la voix de Dieu.

De plus, la « Bible Scofield » parle de bien plus que du seul dispensationnalisme et de l'Enlèvement avant la Tribulation. Elle inclut des notes très utiles sur la divinité de Christ, la Trinité, l'appel à la sainteté, l'assurance du salut et des centaines d'autres aides pratiques qui n'ont rien à voir avec la prophétie.

La théorie selon laquelle il y a eu supercherie et conspiration est elle-même une supercherie. Elle nie le fait que la réelle puissance derrière l'expansion rapide du dispensationnalisme puisse être la vérité de la Parole de Dieu.

Le vrai problème de Pierce

Dans les années 60, Pierce était un anti-communiste, un activiste patriote et un membre de la *John Birch Society*. Quand il a reçu Christ dans sa vie, il a très vite remarqué un phénomène étrange. Qaund d'autres membres très actifs devenaient chrétiens, ils rejoignaient des églises pour grandir dans leur vie en Christ et perdaient bien vite tout intérêt dans les activités de la société. Cela l'a conduit à se lamenter à cause du chrétien « qui a donné toutes ses forces dans la bataille pour ensuite, après s'être découragé, accueille l'idée d'un Enlèvement à bras ouverts pour le dégager de ses responsabilités. La "secte" de l'Enlèvement ne pourrait pas mieux fonctionner pour neutraliser les patriotes que si elle avait été conçue pour cela. »[(14)]

Pierce n'a pas su reconnaître que ce n'est pas la « secte de l'Enlèvement » qui a neutralisé les chrétiens, mais plutôt de fausses notions à l'encontre du mouvement piétiste. En ce temps-là, de nombreux leaders de la société de San Diego venaient à notre église, et j'ai eu la joie de voir nombre d'entre eux recevoir Christ et le suivre par le baptême des croyants. J'ai souvent parlé à des séminaires de cette société ; j'ai connu M. Welch et j'ai partagé l'Évangile personnellement avec lui lors d'un petit déjeuner avant sa mort. Mon ami le Dr Larry McDonald devait devenir le leader suivant de la *John Birch Society* jusqu'à ce qu'il soit tué tragiquement par les communistes soviétiques lors d'un attentat contre le vol 007 de la Korean Airlines. En fait, j'ai conseillé le coordinateur de la région de San Diego quand il est venu me voir, parce qu'il était irrité de voir autant de ses membres se joindre à notre église et être ainsi « neutralisés ». Mais par la grâce de Dieu, il a baissé la tête, a prié pour recevoir Christ ce jour-là dans mon bureau et je l'ai baptisé quelques temps plus tard. Il est mort d'une crise cardiaque quelques années plus tard après avoir participé régulièrement à la vie de son église et avoir grandi spirituellement.

L'enseignement sur l'Enlèvement n'a jamais « neutralisé » le moindre chrétien. Ce qui les neutralise, c'est l'erreur du mouvement piétiste de penser que la politique est mal et que les chrétiens spirituels ne devraient pas s'impliquer pour changer la société. Il est vrai que John Darby ne croyait pas que les chrétiens devraient voter, mais cela n'avait rien à voir avec ses convictions en rapport avec l'Enlèvement avant la Tribulation.

Ceux qui acceptèrent la position pré-tribulationniste ont pu adopter cette idée non biblique du piétisme, mais il n'y a pas de rapport entre les deux sujets. En fait, une des raisons pour lesquelles les conspirateurs *Illuminati* sont très en retard dans leur programme pour instaurer un nouvel ordre mondial est que la droite religieuse dans les années 1980 s'est impliquée et a su amener un nombre record de chrétiens évangéliques à voter pour Ronald Reagan comme Président des États-Unis. Son élection n'a pas réglé tous nos problèmes et tel n'est pas le rôle du Président, mais elle a éclairé le chemin pour que d'autres chrétiens puissent repousser les conspirateurs d'une décennie en tout cas.

Les chrétiens sont le seul groupe en Amérique qui soit suffisamment important pour pouvoir exclure de leur poste des humanistes libéraux afin de ramener notre pays à un certain niveau de bon sens moral. Si nous continuons d'agir ainsi, nous pourrons continuer de jouir de cette même liberté pour prêcher l'Évangile et voir avancer le royaume de Christ comme les Pionniers le désiraient. Il ne faudrait que 10% de plus d'implication de la communauté chrétienne lors des élections avec une bonne information. Cela devrait être la base même de la responsabilité chrétienne pour des gens qui vivent dans un pays libre.

Quiconque n'utilise pas son influence pour préserver sa liberté tandis qu'il en dispose ne mérite pas cette liberté et finira par perdre à la fois sa liberté et son influence. Le futur n'appartient pas aux conspirateurs ; jusqu'à ce que Christ vienne reprendre son Église, le futur nous appartient, nous qui confessons le nom de Christ. Que Dieu ait pitié de ces chrétiens qui sont indifférents au point de ne pas user de leur liberté de voter tandis qu'ils en jouissent encore. Ce sera la tragédie de notre siècle si 60 % de la communauté chrétienne refusent de s'impliquer et, de par leur silence, laissent les libéraux changer ce pays en je ne sais quel « paradis », ce à quoi certains travaillent depuis 90 ans. Si nous les laissons faire, ces humanistes libéraux, par des taxes excessives et des dépenses colossales, feront pour les États-Unis ce que le communisme a fait à l'ancienne Union Soviétique. Cela n'a rien à voir avec la prophétie, mais cela a tout à voir avec l'apathie.

La cause réelle de la passivité est la fausse notion piétiste selon laquelle les chrétiens devraient tellement se préoccuper du ciel qu'ils ne s'impliquent pas, ne serait-ce qu'en étant des citoyens responsables et en votant. Mais cela n'a rien à voir avec une perspective pré-tribulationniste de l'Enlèvement dans le cadre de la prophétie biblique.

Pierce et d'autres qui souscrivent à sa théorie oublient que s'il n'y avait pas eu Scofield, et donc pas de « Bible de références Scofield », le pré-tribulationnisme serait quand même le point de vue le plus populaire sur la fin des temps parmi les évangéliques et tous les chrétiens qui croient en la Bible. Car si Scofield n'avait pas été disponible pour que Dieu l'utilise afin de promouvoir sa Parole concernant le retour imminent de Christ, le Seigneur aurait employé quelqu'un d'autre.

Chapitre dix-sept

Pourquoi agissent-ils ainsi ?

Depuis que j'ai commencé mes recherches pour ce livre, je me suis souvent posé la question : « Pourquoi certains des adversaires du pré-tribulationnisme sont-ils aussi virulents ? » Cette position n'incite pas à la paresse spirituelle ni à la mondanité. En fait, nous avons souvent noté ses effets positifs dans la vie de ceux qui y adhèrent : elle appelle à une vie sainte dans un monde inique, stimule les chrétiens en vue de l'évangélisation d'ici la venue de Christ, et exhorte l'Église à être davantage consciente de sa mission.

John Darby disait lui-même : « Si nous étudions l'histoire de l'Église, nous découvrons que son déclin spirituel est exactement proportionnel à la mise à l'écart de cette doctrine de l'attente du retour du Sauveur. En oubliant cette vérité, l'Église est devenue d'autant plus faible et mondaine. »[1]

J'en reviens donc à ma question : « Pourquoi agissent-ils de la sorte ? » Certaines attaques ont été des plus vicieuses. D'autres ont été truffées de mensonges ou de déformations, comme celles portées contre le Dr Ironside. Des attaques similaires, sans davantage de fondement, ont visé le Dr James Brookes, le professeur W. Moorehead, Ruben Torrey, et même C. Scofield. [2] Toutes ces attaques ont été réfutées par des proches de ces gens-là ou leurs collaborateurs, mais l'existence même de ces accusations, portées par des chrétiens convaincus, nous amène à nous interroger sur les motivations de ces assaillants.

Soyons honnêtes

Je suis bien prêt à concéder que ces attaques ne sont pas universelles. Bien des honorables enseignants de la Bible qui représentent la position post-tribulationniste ne se seraient jamais abaissés à de telles pratiques, et je n'ai pas connaissance d'attaques violentes portées par les mi-tribulationnistes. Toutes les escarmouches dont j'ai connaissance ont été initiées par quelques post-tribulationnistes zélés et bruyants qui sont enclins à vouloir gagner quelques adhérents en discréditant la position pré-tribulationniste.

Par contre, à ma connaissance, aucun pré-tribulationniste n'a mis son point d'honneur à attaquer les post-tribulationnistes. Dans la littérature prophétique, nous ne voyons pas de défenseurs du pré-tribulationnisme investir leur vie à combattre leurs frères post-tribulationnistes. Ils ont tous tellement en commun, quant à leur compréhension des temps de la fin, que le moment exact de l'Enlèvement ne devrait jamais devenir une source de division ou de conflit.

Les attaques lancées par les postmillénaristes sont sans effet, et celles des amillénaristes sont seulement dignes d'être ignorées. Quiconque en vient à élever son système de pensée théologique au dessus de la Parole de Dieu pour « clarifier » ce que Dieu a dit ne saurait être écouté avec le même respect dû à un humble serviteur de Christ qui reçoit la Bible comme la Parole inhérente de Dieu et l'interprète littéralement. Pour la plupart des étudiants de la Bible, il est naturel d'accepter le texte biblique littéralement partout où cela est possible, ce qui explique pourquoi les autres théories sont si impopulaires.

C'est ce qui explique que leurs attaques sont souvent ignorées, car leur problème n'est pas tant en rapport avec l'Écriture ou l'interprétation qu'avec leur eschatologie. Habituellement, quand le pré-tribulationnisme est attaqué, c'est tout le système pré-millénariste qui est visé et non pas seulement le point de vue sur le temps de l'Enlèvement.

Il est difficile de comprendre pourquoi certains avocats du post-tribulationnisme se sentent obligés d'agresser leurs frères pré-tribulationnistes comme si la position qu'ils défendent présentait pour eux une menace personnelle. Ils font habituellement moins appel à l'Écriture qu'à des événements historiques qui ne sont pas présentés fidèlement. Bray, MacPherson et d'autres semblent tellement obsédés par leur point de vue qu'ils vont jusqu'à altérer des dates et des citations ; dans le cas de Margaret MacDonald et de Manuel de Lacunza, ils vont même jusqu'à essayer de faire dire à leurs écrits ou à leurs visions ce qu'ils n'ont jamais déclaré eux-mêmes.

Il est tragique de voir bien des chrétiens se laisser séduire en chemin. Il n'y a aucune raison d'abandonner la bienheureuse espérance du retour de Christ pour son Église avant la Tribulation.

Des voleurs d'espérance ?

Je ne voudrais pas manquer de grâce, mais j'aimerais tout de même contre-attaquer face à certaines attaques portées contre le pré-tribulationnisme, et ce pour le bien des chrétiens plus jeunes et influençables. De tels assauts deviennent en réalité des voleurs d'espérance. Chaque fois que quelqu'un détruit la confiance d'un enfant de Dieu dans le fait que Christ enlèvera son Église avant que l'antichrist n'entre en scène, nous le dépouillons d'une espérance qui a, de tout temps, aidé l'Église à vivre dans cette glorieuse attente.

Comment pourrais-je regarder un jeune croyant dans les yeux et lui insuffler du courage si je croyais qu'il allait devoir affronter la fureur de l'enfer et et l'effusion de la colère du Dieu juste contre un monde qui a rejeté son Fils ? Comment pourrais-je le « réconforter » avec une perspective aussi morbide ? Nous voulons voir les croyants attendre le retour imminent de Christ avec impatience, et non pas l'antichrist et la Tribulation.

Nous en revenons donc à cette question désagréable : « Pourquoi ? Quelle raison peut pousser des prédicateurs ou d'autres chrétiens à se sentir obligés de combattre le pré-tribulationnisme ? »

Quelques raisons possibles de ces attaques

1. La première pourrait bien être la colère.

Lors de nombreux entretiens, j'ai constaté comment la colère nous pousse à de mauvais comportements, peut priver la personne d'un jugement sain et amener l'individu à un comportement obsessionnel. Les attaques de S. Tregelles et de B. Newton contre John Darby étaient motivées par une haine remplie d'amertume. C'est la raison pour laquelle leurs mensonges et leurs fausses accusations peuvent facilement être contrés. Il se peut qu'ils aient été des hommes pieux dans leur vie quotidienne, mais la haine semble avoir aveuglé leurs raisonnements et cultivé l'animosité dans le domaine de l'enseignement prophétique. Certains des relents modernes de ces fausses accusations les plus anciennes peuvent être facilement imputés à l'amertume et à la colère (voir Colossiens 3 : 8-9).

2. La jalousie est une autre possibilité.

Même une simple lecture de certaines de ces attaques modernes dénote clairement de la jalousie, ce qui n'est certes pas une motivation des plus louables.

3. L'orgueil peut aussi être une des motivations les plus fortes de certaines attaques.

Un homme, qui prétendait tout d'abord être pré-tribulationniste à l'école biblique puis changea de position, semble avoir été influencé par un auteur mal disposé qui est mort depuis. Après avoir lu une de ses publications, j'ai réalisé que cet ancien enseignant du pré-tribulationnisme avait lu ces attaques vicieuses et que, s'il n'était pas aussi virulent que son maître, il avait recours aux mêmes arguments. Il a fait part à son entourage et à ceux qui le soutenaient de son changement de position, pleinement conscient qu'il allait ainsi perdre toute crédibilité auprès d'eux. Mais j'ai noté qu'il citait abondamment Lacunza et d'autres, comme l'avaient fait son mentor, plutôt qu'il ne fondait lui-même sa position sur l'Écriture. L'orgueil le poussa à passer à l'offensive contre la position qu'il récusait, cherchant à gagner des adeptes. Malheureusement, bien des conflits doctrinaux au fil des ans peuvent être attribués à l'orgueil, ce péché qui a provoqué la chute de Satan.

4. Dans certains cas, il n'est pas exclu qu'il s'agisse de règlement de compte personnel.

Dans deux de ses livres, écrits à onze ans d'écart, S. Tregelles prétendit que Darby s'était approprié la théorie pré-tribulationniste de deux sources différentes : les Juifs et Margaret MacDonald. De toute évidence, ce ne pouvait être les deux.

Dave MacPherson fut profondément révolté de la façon dont son père fut traité par son église après qu'il ait changé de position. Il allait plus tard être lui-même renvoyé de l'Université Biola pour avoir essayé de distribuer de la littérature post-tribulationniste. Je peux éprouver une certaine compassion pour un jeune homme qui a dû passer par de telles épreuves dans sa jeunesse… Mais de là à conclure qu'une église devrait garder son pasteur même s'il change de position et qu'une école n'a pas le droit de chasser un étudiant parce qu'il fait du prosélytisme et qu'il refuse d'arrêter de propager une autre pensée que celle de l'école, c'est une autre affaire ! La position de l'école était clairement définie avant qu'il n'en devienne étudiant, si bien qu'il ne pouvait s'en prendre qu'à lui-même. Il n'en a pas moins lancé une publication et une campagne tentant de détruire la crédibilité de la position pré-tribulationniste. Ce faisant, il s'est fait du tort à lui-même, car tous ses arguments sont établis sur un fondement tronqué.

Un de ses amis pasteurs (post-tribulationniste) a rédigé une des critiques les plus amicales et les plus objectives qui soient quant à la logique faussée de MacPherson. Selon un article rédigé par Thomas Ice, ce pasteur anonyme, après avoir lu le livre de MacPherson, fut alarmé à la pensée que la logique de ce livre s'écroulerait pour tout lecteur attentif. Il l'appela personnellement pour lui faire part de sa préoccupation. Mais il dira lui-même :

> « Cela ne lui a pas beaucoup plu. J'ai alors rédigé un texte assez long que j'ai partagé avec plusieurs auteurs d'ouvrages post-tribulationnistes de mes connaissances, leur faisant part de mes appréhensions.
>
> Mon plus grand souci était que le lecteur public et pré-tribulationniste discernerait bien vite la faiblesse du fondement du livre (de MacPherson), ce qui pourrait mettre les post-tribulationnistes dans l'embarras, sinon la honte. Je dois dire que j'ai reçu une confirmation quasi unanime de tous ces auteurs qui partageaient mes sentiments...
>
> En observant le dilemme occasionné par la parution de cet ouvrage, je pense que la meilleure façon de faire avancer la cause de la compréhension prophétique serait encore d'ignorer le livre de MacPherson et de continuer d'étudier les autres aspects de la controverse. (Lettre à Thomas Ice datée du 17 avril 1990).

La lettre de ce pasteur incluait aussi un résumé de ses conclusions sur le sujet à partir de ses propres recherches. Elles sont virtuellement les mêmes que celles de Huebner et moi-même, bien qu'il soit post-tribulationniste. Je crois que la raison en est que la véritable analyse historique nous a amenés à ce point. »[3]

Malheureusement, à ce jour, cet homme n'a pas reconnu ses erreurs, ce qui semblerait signifiait que sa *vendetta* personnelle est pour lui plus importante que la recherche de la vérité.

5. Un manque de connaissances sur le sujet pourrait aussi expliquer certaines de ses attaques.

Il est quasiment incroyable que tant de gens aient pu citer des informations frauduleuses venant de sources inconnues comme s'il s'agissait de faits. Le désir de publier dans livre contenant des informations recueillies à la sauvette sous prétexte qu'elles soutiennent la position de l'auteur devient plus déterminant que le fait de vérifier les sources ! Un article de Thomas Ice décrit ceux qui tentent de discréditer le pré-tribulationnisme comme « répétant comme des perroquets des spéculations calomniatrices concernant nos racines théologiques ». Il cite un détracteur comme suit :

« Il semble que Darby ait puisé une large part de ses croyances de deux sources principales : une série de visions d'une jeune fille de quinze ans du nom de Margaret MacDonald et un livre écrit par un prêtre jésuite du nom de Emmanuel de Lacunza (…).

L'auteur de la citation ci-dessus pensait éclairer ses lecteurs par ses propos sur le sujet. Mais il a surtout fait étalage de son ignorance en tentant de concilier deux points de vue en conflit, chacun des deux étant valable si l'on exclut l'autre. De plus, il

> ignore très certainement que les champions des deux sources qu'il cite avec tant d'assurance combattent vigoureusement leurs points de vue respectifs dans leurs écrits. »[4]

J'ai fait référence plus tôt à un livre écrit par un auteur prolixe qui puisait ses arguments dans les accusations calomniatrices de S. Tregelles, qui a été si clairement discrédité par le chercheur Roy Huebner. Il s'agit là d'un manque de connaissances. La sincérité ne saurait compenser l'erreur.

Honorez-vous les uns les autres

Tout ceux qui s'opposent au pré-tribulationnisme ne le font pas par malice ou par hostilité. Beaucoup se conduisent comme de vrais serviteurs de Christ qui souhaitent découvrir honnêtement ce que l'Écriture enseigne à ce sujet. Nous pouvons être en désaccord quant au moment où doit survenir l'Enlèvement, mais nous nous honorons mutuellement en tant que membres de la même famille spirituelle.

Mais d'autres investissent beaucoup d'énergie à attaquer la position pré-tribulationniste avec une véhémence habituellement réservée aux hérétiques qui nient la divinité de notre Seigneur. Ces personnes portent leurs fausses accusations et écrivent leurs livres méprisants à partir de toutes sortes de motivations, dont la plupart ne sont pas bonnes.

Le diable et ses lutins sont ceux qui en tirent le plus grand profit. Satan a toujours été un semeur de discorde parmi les frères et celui qui déforme la vérité. Notre Seigneur l'a appelé *« un menteur et le père du mensonge »* (Jean 8 : 44). Quand la position pré-tribulationniste est attaquée, sapant ainsi la foi de nombreux jeunes chrétiens, ou quand un pasteur choisit d'adopter une autre théorie et qu'il divise son église en l'enseignant, Satan enregistre une nouvelle victoire.

Seul le diable triomphe quand nous renonçons à la vérité que Jésus pourrait revenir à tout moment, car l'Histoire nous montre que, lorsque l'Église a perdu de vue cette espérance, elle est devenue charnelle et mondaine et s'est endurcie face aux réalités éternelles.

Ne laissez pas des attaques sans fondement à l'encontre de l'Enlèvement avant la Tribulation vous priver de votre *« bienheureuse espérance »*, mais vivez chaque jour à la lumière de cette promesse : *« Car le Seigneur lui-même, à un signal donné,... descendra du ciel, et les morts en Christ ressusciteront en premier lieu. Ensuite, nous les vivants, qui serons restés, nous serons enlevés ensemble avec eux dans les nuées, à la rencontre du Seigneur dans les airs, et ainsi nous serons toujours avec le Seigneur. Consolez-vous donc les uns les autres par ces paroles »* (1 Thessaloniciens 4 : 16-18).

Notre bienheureuse espérance : une précieuse vérité

Peu de doctrines bibliques ont apporté davantage d'espoir aux âmes en peine ces deux mille ans passés que celle de notre *« bienheureuse espérance »*, à savoir que Christ reviendra pour son Église, ressuscitera les morts et transportera les croyants encore vivants pour être avec lui pendant que le monde endurera la Tribulation.

L'apôtre Paul présente l'Enlèvement comme une précieuse vérité faite pour réconforter les croyants. Cette doctrine de l'Enlèvement a réconforté de nombreux croyants dans leurs heures de douleur, comme elle l'a fait pour moi quand j'étais encore un jeune garçon de neuf ans.

Dans une église dont j'ai été le pasteur à San Diego, un homme et son épouse s'aimaient tendrement. Charles, un diacre de l'église qui était aussi un de mes amis personnels, avait hérité d'un problème cardiaque qui avait déjà emporté ses trois frères. Un jour, le Seigneur l'a rappelé auprès de lui.

Après son enterrement – que j'ai tout fait pour qu'il soit une célébration de louange au Seigneur qu'il aimait –, sa femme était brisée de douleur. Au cimetière, elle était accompagnée de sa sœur, qui ne partageait pas la foi chrétienne de ce couple et qui pleurait de façon incontrôlable. Au bout de quelques instants, la veuve, en dépit de sa peine, se tourna vers sa sœur avec ces paroles de réconfort : « Esther, ne t'inquiète pas… Je reverrai Charles dès que Jésus viendra reprendre son Église. »

Telle est notre *« bienheureuse espérance »* en action ! Elle est la ferme attente d'une Église confiante ; une attente qui a depuis des siècles nourri sa passion pour la sainteté, l'évangélisation fervente et l'action missionnaire.

Nul besoin de renoncer à notre espérance en cette doctrine biblique si précieuse ! Croyez-y ! Accrochez-vous ! Encouragez-vous les uns les autres par cette promesse : Le Seigneur revient bientôt… peut-être aujourd'hui !

Maranatha !

La préposition *ek* signifie « hors de »

(Our Hope Magazine, août 1950, 86-88)

Dans la Bible, le mot traduit « de » est la préposition grecque *ek*. Elle a diverses connotations qui font référence au fait de sortir *hors de*, se séparer de ce avec quoi il existait une connexion, qu'il s'agisse d'un lieu, d'un groupe, d'une condition ou d'un état, etc. Cette préposition est utilisée deux fois dans Jean 17 : 15, une fois pour signifier « sortir hors de », et la seconde « séparer » (quoique demeurant toujours en présence de l'élément dont l'objet est séparé) : *« Je ne te prie pas, dit notre Seigneur au Père dans sa prière d'intercession, de les ôter du* (ek) *monde, mais de les garder du* (ek) *Malin ».* Ceci constitue un bon argument en faveur de l'interprétation des pré-tribulationnistes de Apocalypse 3 : 10.

Ceci étant dit, cependant, il est utile d'examiner de plus près la préposition, le texte et le contexte.

Concernant la préposition *ek*, qui est utilisée plus de 800 fois dans le Nouveau Testament, il n'existe qu'un seul exemple où ce mot soit traduit par « à travers ». C'est dans Galates 3 : 8 où il est écrit « par la foi » et dont le sens est évident. (NDT : Darby traduit « sur le principe de la foi »).

Ek est traduit par « hors de » des centaines de fois, comme par exemple : *« J'ai appelé mon fils hors d'Égypte »* (Matthieu 2 : 15);

« Ôte premièrement la poutre de ton œil » (Matthieu 7 : 5), *« Car c'est du cœur que viennent les mauvaises pensées »* (Matthieu 15 : 19), *« Ils sortirent des tombeaux »* (Matthieu 27 : 53), *« Je vais te vomir de ma bouche »* (Apocalypse 3 : 16), etc.

Nous avons recherché la préposition *ek* lorsqu'elle est traduite par « de » dans le sens de « hors de » : 150 fois dans le Nouveau Testament. Nous avons constaté qu'il n'y a que cinq occasions ou elle pourrait éventuellement être traduite par « au travers de », ou « en » et un seul exemple (le second usage qui en est fait dans Jean 17 : 15 dont nous venons de parler) où elle a le sens que les post-tribulationnistes lui donnent dans Apocalypse 3 : 10. Le mot grec habituel signifiant « au travers » est *dia*, et pour « dans », *en, eis, eip* et *kata*. Il semblerait que, si l'Esprit de Dieu avait voulu que le lecteur de ce passage comprenne clairement que le Seigneur allait garder son peuple « à travers » ou « dans » l'heure de l'épreuve, il aurait utilisé *dia,* ou *eis,* ou encore *epi* ou *kata* et non pas *ek*, qui signifie « hors de » plutôt que « à travers » ou « dans ».

Il est également utile de considérer le texte. Il est dit de ceux auxquels le Seigneur s'adresse qu'ils ont *« gardé la parole de la persévérance »* (Apocalypse 3 : 10). Cette expression suggère tout au moins le fait de s'attendre patiemment à son retour. *« Que le Seigneur dirige vos cœurs vers l'amour de Dieu et la patience* (ou l'attente patiente) *du Christ »* (2 Thessaloniciens 3 : 5). *« Or, nous savons que, jusqu'à ce jour, la création tout entière soupire et souffre les douleurs de l'enfantement. Bien plus : nous aussi, qui avons les prémices de l'Esprit, nous aussi nous soupirons en nous-mêmes, en attendant l'adoption, la rédemption de notre corps. Car c'est en espérance que nous avons été sauvés. Or, l'espérance qu'on voit n'est plus espérance : ce qu'on voit, peut-on l'espérer encore ? Mais si nous espérons ce que nous ne voyons pas, nous l'attendons avec persévérance »* (Romains 8 : 22-25). La rédemption du corps sera accomplie à la venue de Christ, et nous qui l'attendons gardons de cette façon la parole de sa patience.

Il est important de noter que ce n'est pas seulement de la tentation, ou de la Tribulation, que notre Seigneur a promis de nous garder, mais aussi *« de l'heure de l'épreuve qui va venir sur le monde entier pour éprouver les habitants de la terre »* (Apocalypse 3 : 10). S'il peut être avancé que le Seigneur est capable de garder les siens *de l'épreuve* simplement en les gardant alors qu'ils *traversent* celle-ci, il ne semble pas que cela puisse être affirmé avec la même certitude pendant la période de jugement que le monde va devoir traverser. *L'heure* en question sera vécue par tous ceux qui habiteront la terre à ce moment-là, tandis que la seule façon d'être gardé de cette heure serait d'être enlevé *hors de* ce monde quand elle s'abattra sur lui.

Examinez la fin de Apocalypse 3 : 10 : *« pour éprouver les habitants de la terre »*. Ceux qui doivent traverser cette Tribulation, les *« habitants de la terre »*, constituent la catégorie de personnes à laquelle il est souvent fait référence dans le livre (Apocalypse 6 : 10; 8 : 13; 11 : 10; 12 : 12; 13 : 8, 12, 14; 14 : 6; 17 : 2,8) : ceux qui pensent d'une façon toute terrestre et qui n'ont rien de céleste. Il n'y a pas la moindre suggestion selon laquelle l'Église qui a été rachetée par le sang du Seigneur devrait rester présente pour vivre cette expérience, même en tant que spectateur protégé.

Enfin, le contexte suggère que si Christ gardera ceux qui auront gardé la parole de la persévérance, *« de l'heure de l'épreuve »*, ce sera en les enlevant, *« à un signal donné »*; le verset suivant déclare en effet : *« Je viens bientôt. Tiens ferme ce que tu as, afin que personne ne prenne ta couronne ».* Cette couronne sera une forme de récompense et quand notre Seigneur reviendra, il récompensera les siens. Un de ses tout derniers messages envoyés du ciel est le suivant : *« Voici : je viens bientôt, et j'apporte avec moi ma rétribution pour rendre à chacun selon son œuvre »* (Apocalypse 22 : 12).

Annexe B

Deux clés pour comprendre la prophétie

Il y a longtemps que je suis attristé, comme certainement bien d'autres chrétiens, de voir un tel manque d'unité autour de la question du moment précis du retour de notre Seigneur et des événements entourant ce moment. De tous les enseignements dans l'Église, cette vérité qui est le deuxième thème le plus fréquent devrait être un facteur d'unité, de joie et de bénédiction. Il est bien triste de voir que dans l'Église certains chrétiens ont été tellement critiques et intolérants autour de ce sujet. Seul le diable tire profit de telles attitudes qui tendent à retarder plutôt qu'à promouvoir la sanctification, l'évangélisation et l'accomplissement de notre mission.

Mon espoir est que nos désaccords sur l'avenir soient surmontés dans un esprit d'amour et de respect afin que, alors que nous approchons à grand pas de l'accomplissement de ces promesses, nous soyons tous d'une seule pensée. Comme j'aime le rappeler en souriant à mes amis mi- et post-tribulationnistes, leur point de vue ne détermine pas leur participation à l'Enlèvement. Quand notre Seigneur viendra à un signal donné, nous monterons tous à sa rencontre en même temps ! Le Seigneur ne va pas nous appeler en faisant le tri : « Bon, tous les "*Ek*", montez plus haut ! » Il reviendra selon son agenda, et non le nôtre ; et quand il nous appellera, tous les chrétiens partiront en même temps pour être avec lui pour toujours.

Ces différences d'opinion surviennent probablement parce que tous les chrétiens n'ont pas adopté ces deux clés pour la compréhension de la Parole prophétique de Dieu.

Premièrement, il faut interpréter la Bible littéralement sauf quand le contexte donne de bonnes raisons de faire autrement.

Deuxièmement, nous devons comprendre qu'Israël et l'Église sont deux entités distinctes ! Elles ont connu une naissance distincte, ont des raisons d'être, une mission et un avenir différents.

Dès lors que quelqu'un ne prend pas en compte ces deux faits de l'Écriture, toute discussion devient stérile. La question n'est pas tant le point de vue de la personne sur la prophétie que son approche de l'Écriture et de l'Église.

L'inspiration verbale

La Bible fut écrite pour être comprise de tous, et non pour que des théologiens se chamaillent ou l'utilisent comme matière première pour développer leurs systèmes complexes de théologie. Certains enseignants semblent voir l'Écriture comme la servante de leur théologie plutôt que l'inverse. La Bible nous dit que : *« Toute Écriture est inspirée de Dieu et utile pour enseigner, pour convaincre, pour redresser, pour éduquer dans la justice »* (2 Timothée 3 : 16). En cela, la Bible n'est semblable à aucun autre livre. Historiquement, quand la Bible n'est pas acceptée comme inspirée, authentique et exacte, son sens en a été tordu pour faire dire à l'interprète ce qu'il voulait. Pour éviter ce problème, nous devons prendre les passages de l'Écriture littéralement dans leur contexte autant que possible.

Satan a réussi à tenter Ève en mettant en doute l'exactitude de la Parole de Dieu (*« Dieu a-t-il réellement dit… ? »*) ; il n'a fait que répéter la même séduction à travers les âges. Quand les hommes prennent la Bible littéralement, Satan s'empresse toujours d'offrir une autre méthode d'interprétation ; ceci explique comment tant d'hérésies se sont infiltrées dans l'Église. Pendant les trois premiers siècles, l'Église était tellement persécutée par le gouvernement romain que l'hérésie n'avait aucune chance de prendre de l'ampleur ; la plupart des croyants prenaient la Bible littéralement. Ils s'attendaient donc à ce que Christ revienne d'un moment à l'autre pour établir son règne ici sur terre. Les hommes d'Église des trois premiers siècles étaient appelés des *chiliastes*, ce qui signifie « millennialistes ».

Ce n'est que lorsque les partisans de l'École d'Alexandrie commencèrent à allégoriser les Écritures au IIIe siècle que certains ont commencé à douter du retour de Christ avant le Millenium. Origène, hérétique grec, fut parmi les premiers. Plus tard, Augustin posa le fondement qui allait détruire l'intégrité doctrinale en introduisant des doctrines catholiques qui ont duré jusqu'à nos jours comme une forme de paganisme chrétien, chrétien de nom, païen d'origine et en pratique. Cela ne se serait jamais produit si les gens avaient continué à prendre la Bible littéralement partout où le sens évident de l'Écriture relève du bon sens. Les positions amillénaristes et postmillénaristes n'auraient jamais eu autant d'influence dans l'Église sans ce système non littéral d'interprétation de la Bible.

Pendant les douze siècles qui suivirent Augustin, la Bible fut soit bannie, soit cachée dans les monastères jusqu'à ce que la Réforme la sorte du placard et lui rende sa liberté.

Les étudiants de la Réforme acceptèrent l'autorité de l'Écriture comme étant supérieure à la doctrine de l'Église. Ils ont progressivement accepté toute la Bible littéralement, ce qui a tout naturellement entraîné le réveil du prémillénarisme. Tel est le résultat logique quand on accepte la promesse biblique de Christ qui a dit qu'il reviendrait sur cette terre avec gloire et puissance après que l'antichrist se sera révélé pour un temps de Tribulation. Et quand Jésus viendra, il assujettira les nations et règnera sur elles, anéantira l'antichrist et le faux prophète, liera Satan pour mille ans et ressuscitera les croyants morts qui règneront ensuite avec lui.

Je doute fort que quelqu'un puisse devenir amillénariste ou postmillénariste simplement par une lecture littérale de la Bible. Il faut d'abord appliquer au texte tout un système d'interprétation ou de théologie pour expliquer et écarter les nombreuses promesses d'un royaume à venir et de la période de mille ans dont parle Apocalypse 20. Un tel système est indispensable pour parvenir à la conclusion que ce royaume ne viendra pas ou que nous prendrons autorité sur le monde et que nous l'améliorerons au point que Christ reviendra dans un monde idéal que nous lui aurions préparé.

L'amillénarisme et le postmillénarisme nécessitent des systèmes de croyance imposés au texte de l'Écriture afin d'arriver à certaines conclusions sur les événements des temps de la fin. Dans ce sens, ils sont semblables à la science chrétienne et au système d'aides de Mme Eddy qui a pour fin de fabriquer les conclusions les plus bizarres sur la Bible. La même chose peut être dite des Témoins de Jéhovah et de bien d'autres sectes. Comme un auteur a noté concernant ceux qui ont une perspective réformée :

> « Pour certains chrétiens réformés, le système de doctrine semble être l'autorité finale, et non la Bible. Quand ils sont confrontés à des passages bibliques en conflit avec leurs croyances, ils laissent leurs présupposés réformés trancher quant au conflit apparent qui doit être réglé. Quand on compare par exemple Ésaïe 45 : 23 : *"Tout genou fléchira devant moi, toute langue prêtera serment par moi"*, et les paroles que le Seigneur Jésus lui-même a prononcées dans Luc 18 : 8, *"Mais, quand le Fils de l'homme viendra, trouvera-t-il la foi sur la terre ?"*, ils déclarent que Jésus doit être compris à la lumière d'Ésaïe et non l'inverse. »[1]

Le prémillénarisme

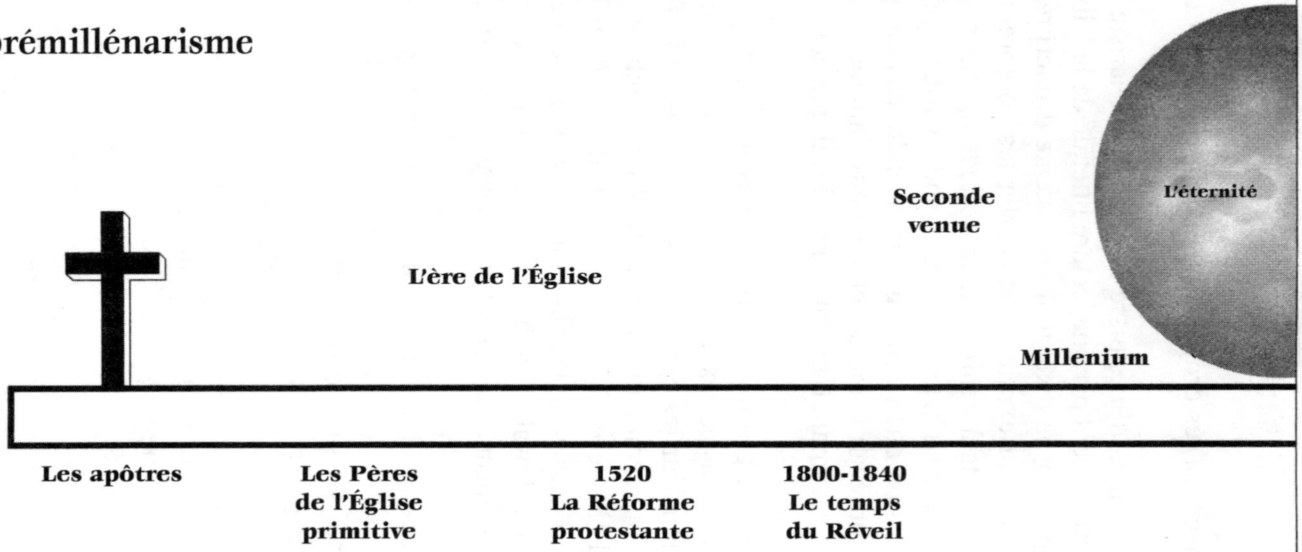

Un prémillénariste croit que Christ reviendra sur terre avec puissance et gloire pour établir son règne pendant mille ans avant la résurrection finale des morts et le jugement dernier. Ce point de vue prédominait pendant les trois premiers siècles de l'Église. Certains chrétiens y croyaient encore au Moyen-Âge. La popularité de ce point de vue est allée grandissant depuis la Réforme, et demeure actuellement le point de vue prédominant dans les Églises évangéliques attachées à la Bible.

L’amillénarisme

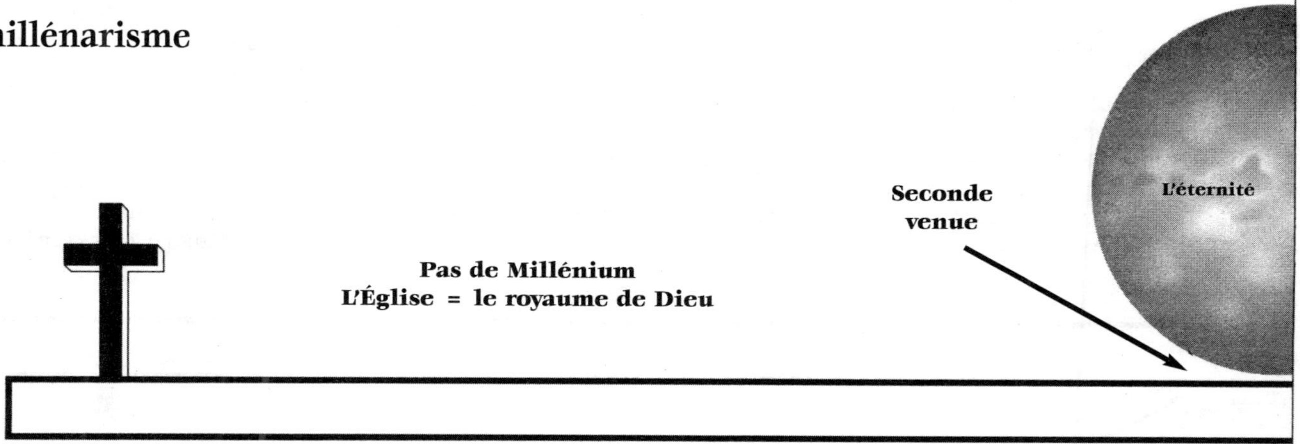

Augustin est à l’origine de l’amillénarisme qui a été la doctrine officielle de l’Église catholique pendant 16 siècles. Cette position interprète le Millenium spirituellement, ainsi que la plupart des prophéties. Les amillénaristes croient que Christ a lié Satan pendant son ministère terrestre, que la première résurrection est la nouvelle naissance du croyant, et que le Millenium correspond à l’ère de l’Église, qui, selon eux, est le royaume de Dieu. Ils croient que Christ viendra pour juger les hommes et établir l’éternité. Selon eux, il n’y aura pas de royaume millénial, et Israël ne verra pas l’accomplissement littéral des promesses qui la concernent en rapport avec le royaume. Cette position est non seulement celle de l’Église catholique, mais aussi de l’Église anglicane, des Églises réformées et d’état, ainsi que des grandes Églises libérales.

Le postmillénarisme

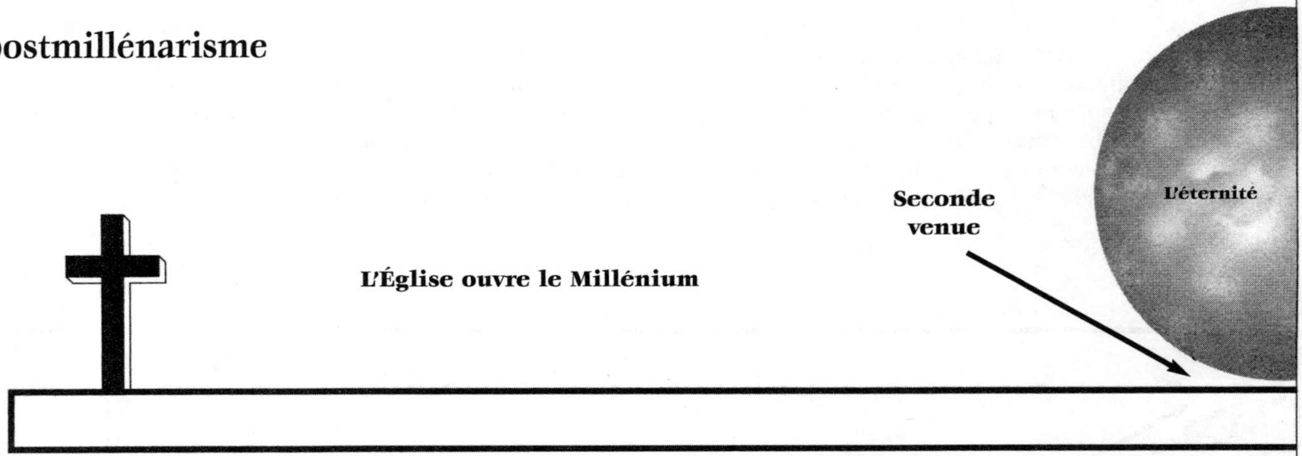

Conçue par Daniel Whitby, un prédicateur libéral unitarien, ce point de vue se base sur une interprétation symbolique de la prophétie qui ouvre la porte à toute une variété d'opinions et à un manque d'unité parmi les postmillénaristes. Ils voient le royaume comme une réalité spirituelle et invisible plutôt que politique et matérielle. La puissance divine du royaume est le Saint-Esprit ; le trône de Christ est dans le ciel. La prédication de l'Évangile et la propagation des principes chrétiens sont actuellement en cours. La venue de Christ est dans un avenir lointain, quand le royaume de Christ – le christianisme – aura rempli toute la terre. Ce point de vue tient pour acquis que le monde va en s'améliorant et culminera par le retour de Christ. Cette théorie a été quasiment détruite à la fin des deux Guerres mondiales, et si 50 ans de confrontation nucléaire auraient dû finir par l'achever, la nouvelle vague de révisionnisme a tenté de la ressusciter. Elle n'a jamais été populaire parmi ceux qui prennent la prophétie biblique littéralement.

Cela m'amène au cœur de ce que je voudrais dire maintenant. Il existe un risque bien réel de laisser vos présupposés théologiques déterminer votre herméneutique – votre façon d'interpréter et de comprendre la Bible – au point de concéder à ces présupposés théologiques une autorité supérieure à la Bible elle-même.

L'Église du Ier siècle n'avait pas d'aides ni de système de compréhension préétabli pour comprendre la Bible. Les croyants lisaient tout simplement une portion de la Bible à laquelle ils avaient accès et l'acceptaient.

Timothée Weber raconte cette charmante histoire.

Quelques étudiants d'un séminaire théologique jouaient au basket-ball dans un gymnase local. Plus tard dans la soirée, le concierge vint pour fermer les lieux. En attendant que le match se termine, il s'assit et se mit à lire sa Bible. Il lisait encore quand les joueurs commencèrent à partir. Un étudiant en théologie remarqua que le concierge lisait dans le livre de l'Apocalypse et lui demanda avec délicatesse s'il comprenait ce qu'il lisait.

« Bien sûr ! » répliqua notre homme. Quelque peu surpris par l'assurance du concierge, l'étudiant, qui n'avait pas encore une véritable vue d'ensemble de l'Apocalypse, lui posa une deuxième question :

« Ha oui ? Et qu'est-ce que ça veut dire ?

– Facile, répondit le concierge. C'est Jésus qui gagne ! »

Voici en peu de mots le résumé du prémillénarisme pour des millions de gens. L'eschatologie prémillénariste insiste sur la promesse que Jésus finira par gagner, même dans un monde qui semble hors de tout contrôle. Cette promesse nous garantit qu'en fin de compte, tout aura un sens et tout finira bien. Dans un monde comme le nôtre, ce n'est pas une petite prouesse. (2)

La règle d'or de l'interprétation

La meilleur guide à l'étude biblique est « la règle d'or de l'interprétation biblique ». S'éloigner de cette règle ouvre l'étudiant à toutes sortes de confusion et parfois même à l'hérésie.

Quand le sens d'un passage biblique relève du simple bon sens, ne cherchez pas plus loin, mais prenez chaque mot dans son sens premier et littéral à moins que les faits liés au contexte immédiat n'indiquent clairement une autre piste.

Quiconque suit cette règle d'or de l'interprétation deviendra prémillénariste. En guise de test, appliquez cette simple règle à ces lectures tirées de Apocalypse 19 et 20 :

> *« Puis je vis le ciel ouvert, et voici un cheval blanc. Celui qui le monte s'appelle Fidèle et Véritable, il juge et combat avec justice. Ses yeux sont une flamme de feu ; sur sa tête (se trouvent) plusieurs diadèmes ; il porte un nom écrit, que nul ne connaît, sinon lui, et il est vêtu d'un manteau trempé de sang. Son nom est la Parole de Dieu. Les armées qui sont dans le ciel le suivaient sur des chevaux blancs, revêtues de fin lin, blanc et pur. De sa bouche sort une épée tranchante pour frapper les nations. Il les fera paître avec un sceptre de fer, et il foulera la cuve du vin de l'ardente colère du Dieu Tout-Puissant. Il a sur son manteau et sur sa cuisse un nom écrit : ROI DES ROIS ET SEIGNEUR DES SEIGNEURS. »*
>
> (Apocalypse 19 : 11-16)
>
> *« Je vis la bête, les rois de la terre et leurs armées, rassemblés pour faire la guerre à celui qui monte le cheval et à son armée. Et la bête fut prise, et avec elle le faux prophète qui avait opéré devant elle les signes par lesquels il avait séduit ceux qui avaient reçu la marque de sa bête et qui se prosternaient devant son image. Tous deux furent jetés vivants dans l'étang de feu où brûle le soufre. Et les autres furent tués par l'épée qui sortait de la bouche de celui qui montait le cheval, et tous les oiseaux se rassasièrent de leur chair.*

Puis je vis descendre du ciel un ange qui tenait la clef de l'abîme et une grande chaîne à la main. Il saisit le dragon, le serpent ancien, qui est le diable et Satan, et il le lia pour mille ans. Il le jeta dans l'abîme, qu'il ferma et scella au-dessus de lui, afin qu'il ne séduise plus les nations, jusqu'à ce que les mille ans soient accomplis. Après cela, il faut qu'il soit délié pour un peu de temps. Je vis des trônes. A ceux qui s'y assirent fut donné le pouvoir de juger. Et (je vis) les âmes de ceux qui étaient morts sous la hache à cause du témoignage de Jésus et de la parole de Dieu, et de ceux qui ne s'étaient pas prosternés devant la bête ni devant son image et qui n'avaient pas reçu la marque sur le front ni sur la main. Ils revinrent à la vie, et ils régnèrent avec Christ, pendant mille ans. Les autres morts ne revinrent pas à la vie jusqu'à ce que les mille ans soient accomplis. C'est la première résurrection. Heureux et saints ceux qui ont part à la première résurrection ! La seconde mort n'a pas de pouvoir sur eux, mais ils seront sacrificateurs de Dieu et du Christ, et ils règneront avec lui pendant les mille ans. »

(Apocalypse 19 : 19-20 : 6)

Le sens évident de ces passages équivaut à la position prémillénariste. L'étude de textes prophétiques n'est pas difficile quand on prend la Bible littéralement autant que possible. Si, au contraire, quelqu'un commence à spiritualiser ou à allégoriser le texte, il est irrémédiablement condamné à la confusion et à l'erreur. Prendre la Bible littéralement rend même les passages difficiles plus compréhensibles.

Lors d'un vol entre Salt Lake City et San Francisco, j'étais assis à côté d'un représentant de commerce qui me disait ne jamais avoir lu la Bible. Le plus près qu'il se soit approché d'une église de sa vie fut pour y déposer sa fille un dimanche sur deux pour l'école du dimanche pendant qu'il allait au golf. Je lui ai demandé s'il accepterait de faire une expérience, ce qu'il fit volontiers.

Bien des gens disent que la Bible est un livre difficile à comprendre, surtout l'Apocalypse. Ouvrant ma Bible dans Apocalypse 20 : 11-15, c'est-à-dire la description du jugement du grand trône blanc, je la lui ai tendue avec des instructions très simples : « Il s'agit là d'une prophétie sur la fin des temps ». J'attendais pendant qu'il lisait. Son humeur plutôt joyeuse devint de suite plus sombre. Puis il s'exclama : « Si cela est vrai, je ferais bien de me mettre en règle avec Dieu. » Cet homme, répondant au sens premier et évident de ce passage prophétique, a suffisamment compris l'avertissement divin pour prendre la précaution de recevoir Christ afin de s'y préparer.

Une distinction vitale

L'Église n'est pas Israël !

Quand notre Seigneur a promis de fonder son Église, Israël existait depuis presque deux mille ans. Dieu créa cette nation toute particulière en accomplissant un miracle biologique à la fois chez Abraham et chez Sara son épouse, qui n'était plus en âge d'avoir d'enfant. Ce nouveau peuple fut d'abord appelé les *Hébreux*, puis les *Israélites*, et enfin les *Juifs*. Dieu leur a donné la promesse toute simple que s'ils l'adoraient et lui obéissaient, il les bénirait. S'ils désobéissaient et adoraient d'autres dieux, il les maudirait.

Le récit de leur désobéissance est bien connu. 600 ans avant que Christ ne vienne dans ce monde, Dieu a permis qu'ils soient amenés en captivité à Babylone pour leur apprendre une leçon de dépendance. Ils n'ont hélas pas profité de cette expérience ni des prophéties de Daniel, Ésaïe, Jérémie et d'autres.

Au lieu de cela, ils furent tellement désobéissants qu'ils n'en ont pas reconnu le Messie promis quand il est venu; en fait, au lieu de l'accueillir, ils l'ont rejeté et crucifié. C'est la raison pour laquelle Dieu a appuyé sur « Pause » dans l'accomplissement de son plan prophétique et que l'Église, que notre Seigneur a fondée le jour de la Pentecôte, devint la priorité de l'attention divine et l'est restée depuis deux mille ans.

Certes, Dieu n'en a pas fini avec Israël. Bien des promesses inachevées d'un royaume de justice seront accomplies pendant le royaume millénial quand Christ, l'héritier légal de David, règnera sur le monde en tant que Roi des rois et Seigneur des seigneurs. Toutes les grandes promesses faites aux enfants d'Israël se réaliseront enfin.

Certains chrétiens essaient de faire d'Israël et de l'Église une seule et même chose, suggérant ainsi que l'Église est désormais l'héritière de toutes les promesses faites à Israël. Certains qui croient en un royaume immédiat, d'autres parmi les postmillénaristes et d'autres encore s'attendent à ce que Israël et l'Église amènent la justice et hâtent le retour de Christ dans son royaume, qu'ils espèrent instituer eux-mêmes ou leurs descendants. Pour arriver à une telle conclusion, ils doivent ignorer l'enseignement clair et précis de la Parole de Dieu en spiritualisant et allégorisant des passages prophétiques bien au delà de leur sens littéral. Il est intéressant d'analyser les écrits de ceux qui appliquent à l'Église les promesses que Dieu a faites à Israël, car ils ne retiennent que les promesses de bénédiction ; ils semblent omettre les promesses de malédiction qu'Israël a dû endurer quand il a désobéi.

L'Église est une entité bien distincte

Près d'un an avant sa crucifixion, notre Seigneur avait prédit qu'il bâtirait son Église sur son propre fondement. C'est ainsi qu'elle a vu le jour au jour de la Pentecôte quand le Saint-Esprit a rempli les croyants et qu'elle est devenue la manifestation de Dieu sur la terre, comme l'était le Temple dans l'Ancien Testament.

L'Église, ou *ekklesia* (« ceux qui sont appelés hors de »), n'est pas un bâtiment fait de mains d'hommes. Elle se compose de ceux qui sont devenus le temple du Saint-Esprit à leur conversion. C'est là un principe que ceux qui ne prennent jamais la Bible au sens littéral ne comprennent toujours pas. De grands bâtiments ou de grandes dénominations ne prouvent en rien la présence de Dieu ni sa bénédiction. Dieu se manifeste aujourd'hui à travers des croyants remplis de l'Esprit qui accomplissent sa volonté. L'Église n'est pas Israël, et Israël n'est pas l'Église. Ceux qui s'attendent à ce que les promesses faites à Israël s'accomplissent dans l'Église attendent en vain. Considérez ces distinctions uniques entre ces deux organismes vivants :

1. Ils ont des sources différentes.

Le Seigneur Dieu a donné vie à Israël de façon unique en choisissant Abraham et Sara, ainsi que dans le choix de la femme de leur fils Isaac afin de préserver l'identité ethnique.

En revanche, Christ s'est chargé lui-même de fonder son Église, comme il l'avait promis dans Matthieu 16 : 13-20, puis il envoya le Saint-Esprit pour demeurer en elle.

2. Ils ont des fondements différents.

Jésus-Christ est le fondement vivant de l'Église (1 Corinthiens 3 : 11). Il n'était pas encore né sur terre quand Israël fut fondée. En fait, l'Église ne pouvait pas être établie jusqu'après la mort de Christ, son ensevelissement, sa résurrection et son ascension au ciel. Comme Paul l'explique dans Éphésiens 2 : 20, Christ lui-même est *« la pierre angulaire ».*

Israël n'a pas été fondée sur l'œuvre accomplie de Christ sur la croix mais sur les promesses que Dieu lui a faites, qui sont toujours valables même si elles restent à être accomplies.

3. Ils ont une mission différente.

Dieu n'a jamais donné le Grand Ordre de Mission à Israël. Israël se devait d'être le porte-flambeau de la fidélité de Dieu envers une nation qui l'adorait et pouvait de ce fait jouir de ses bénédictions. Israël fut proche d'accomplir cette mission en tant que nation pendant la première partie du règne de Salomon. Cependant, pendant la plupart de son histoire, Israël a surtout été le témoignage du jugement de Dieu contre les pécheurs ; il n'en était pas moins cette nation unique et mise à part.

L'Église, par contre, est présentée comme un chandelier contre lequel, selon la promesse de notre Seigneur, *« les portes de l'enfer ne prévaudront point »* (Matthieu 28 : 19-20). En commençant par 3 000 âmes ajoutées au jour de la Pentecôte, 5 000 peu de temps après, elle a continué de grandir jusqu'à environ 500 millions de croyants aujourd'hui dans le monde – sans compter les millions qui ont été gagnés à Christ au fil des siècles pendant toute l'ère de l'Église.

L'Église n'est pas parfaite et elle s'est souvent égarée dans son enseignement, tandis que le diable la détournait ; mais partout où elle a appliqué la Bible littéralement, les bénédictions et la croissance ont suivi. Aucun passage de l'Écriture n'indique que le monde entier recevra Christ par la prédication de l'Église. Mais nous croyons que des *« temps de rafraîchissements »* viennent afin qu'un grand nombre vienne à la foi en lui (voir Actes 3 : 19).

4. Leur avenir prophétique est différent.

Les promesses de Dieu à Israël tournent autour du thème de la restauration du royaume. Après la Réforme, quand les gens se sont mis à relire la Bible et à la prendre littéralement, les chrétiens ont commencé à s'attendre au rétablissement des Juifs en Israël selon Ézéchiel 36-37 et d'autres passages. Ils ont même fondé des sociétés missionnaires pour atteindre les Juifs au début des Réveils dans les années 1740.

Par contre, l'Église n'attend pas un royaume terrestre. Si Israël cherche à s'établir en tant que nation (et ce à juste titre), l'Église attend la venue de son Seigneur afin qu'il l'emmène dans la maison du Père comme il l'a promis. Israël se prépare à rebâtir le temple à Jérusalem, mais l'Église n'a nullement besoin d'un temple terrestre. En tant qu'épouse de Christ, elle attend avec anticipation les noces de l'Agneau dans le ciel, qui lui permettront d'entrer dans une relation unique avec notre Sauveur.

Israël, l'épouse de Dieu, fut rejetée à cause de ses infidélités (voir Ésaïe 54 : 5-8). Il résidera cependant dans la Jérusalem terrestre, et recevra un cœur nouveau qui sera implanté en lui pendant le Millenium.

Aussi pénible que cela puisse être, Israël doit s'attendre à endurer la Tribulation, ce temps qui est appelé *« un temps d'angoisse pour Jacob »* (Jérémie 30 : 7). Après que l'Église aura été enlevée, ce temps d'angoisse commencera. Le plan de l'Apocalypse nous le révèle. Il n'y a nul besoin de l'Église pendant la Tribulation, car la mission consistant à atteindre le monde avec l'Évangile de Christ sera confiée aux Juifs pour ce temps-là. Pourquoi ? Parce que l'Église ne sera plus là.

Trois catégories de personnes

L'apôtre Paul se considérait comme un apôtre chrétien auprès des païens, bien qu'il soit Juif. Il n'y a donc rien d'étrange à ce qu'il établisse clairement pour nous une classification des trois catégories de personnes concernées quand il dit : *« Ne soyez une pierre d'achoppement ni pour les Grecs, ni pour les Juifs, ni pour l'Église de Dieu »* (1 Corinthiens 10 : 32). Aujourd'hui encore, le monde est constitué de ces trois catégories de personnes, Ne pas comprendre ce fait fera forcément obstacle à une bonne compréhension de la prophétie.

Les Juifs sont les descendants d'Abraham par Isaac. Ils ont d'abord commencé comme le peuple hébreu, pour devenir les douze tribus d'Israël, et être appelés Juifs vers la fin de l'Ancien Testament et à l'époque du Nouveau jusqu'à nos jours.

Les Gentils sont tous les peuples du monde qui ne sont pas juifs. Dans le Nouveau Testament, le terme de païen désigne tout être humain qui n'a pas reçu le salut et n'est pas Juif.

L'Église de Dieu est composée d'individus, qu'ils soient Juifs ou grecs, qui sont nés de nouveau par la foi au sacrifice de Christ pour les péchés et à sa résurrection.

Nous chantions un refrain dans les classes d'école du dimanche qui était certes bien intentionné mais peu exact dans ses paroles : « Chaque promesse du livre est pour moi, chaque chapitre, verset et chaque ligne. Tous les bienfaits de son amour divin. Chaque promesse du livre m'appartient. » Non, chaque promesse, chaque verset et chaque ligne ne sont pas pour nous.

Une bonne part de la Bible est orientée vers Israël dans le passé, le présent et l'avenir. Certains passages sont en rapport avec les païens, et beaucoup d'autres concernent l'Église. *« Dispenser droitement la parole de vérité »* (2 Timothée 2 : 15) signifie savoir s'approprier les promesses divines qui nous concernent ; faute de quoi nous nous imaginerons à deux endroits en même temps !

Un ami et auteur mi-tribulationniste essaie souvent de me gagner à son point de vue. Il m'a récemment envoyé un livre en me demandant ce que j'en pensais. Parce que ce livre fusionnait le sort d'Israël et de l'Église, je lui ai montré qu'appliquer les promesses faites à Israël à l'Église allait à l'encontre de 1 Corinthiens 10 : 32 et de bien d'autres passages. Jusque là, je n'ai pas eu de réponse de sa part. Ceux qui adoptent un système d'interprétation autre qu'une interprétation littérale sauf dans les cas où le texte indique le contraire n'aiment généralement pas être confrontés à l'Écriture. Ils pourraient bien dire le vieux dicton : « Ne me troublez pas avec les faits (l'Écriture) ; je me suis déjà fait mon opinion ! » Ces personnes n'aiment pas être confrontées avec des passages qui entrent en conflit avec leur système théologique.

Repères essentiels

En règle générale, quand vous entendez quelqu'un prêcher sur la prophétie biblique, assurez-vous qu'il ait recours à ces deux clés dans l'interprétation de l'Écriture :

1) Interpréter la Bible littéralement (y compris les passages prophétiques de la Bible) à moins que le contexte donne de bonnes raisons d'interpréter le texte autrement.
2) Faire la distinction entre Israël et l'Église.

Annexe C

Le récit manuscrit d'une vision par Margaret MacDonald

Tel que relaté dans l'ouvrage de Robert Norton
The Restoration of Apostles and Prophets in the Catholic Apostolic Church
(« La restauration des apôtres et des prophètes dans l'Église catholique apostolique »)
(1861)

Ce fut d'abord l'état désastreux de la terre qui me choqua. Je vis l'aveuglement et la suffisance énormes des gens. Leur cri pour la liberté n'était que le sifflement du serpent pour les noyer dans la perdition. Leur mot d'ordre était : « Pas de Dieu ».

J'ai répété les mêmes paroles : « Voici que les nations sont dans la détresse, perplexes, les mers et les vagues rugissent, le cœur des hommes défaillent de terreur ; regardez et voyez le signe du Fils de l'homme. » C'est alors que j'ai dû arrêter et pleurer : « Oh ! ils ne savent pas quel est le signe du Fils de l'homme ; le peuple de Dieu pense qu'il attend, mais ils ne savent pas ce qu'ils attendent. » J'ai senti que ceci devait être révélé, et qu'une glorieuse lumière allait éclater en moi.

Je vis que c'était le Seigneur lui-même qui descendait du ciel au signal donné, l'homme glorifié, Jésus lui-même ; mais aussi que tous devaient être, comme Étienne le fut, remplis du Saint-Esprit, afin qu'ils puissent lever les yeux et voir l'éclat de la gloire du Père.

Je vis que l'erreur était que les hommes pensent que tout cela serait visible à l'œil naturel, l'œil de Dieu en son peuple. Bien des passages me furent révélés dans une lumière dans laquelle je ne m'étais jamais tenue.

J'ai alors répété : *« Voici que le royaume des cieux est semblable à dix vierges, qui allèrent à la rencontre de l'Époux, cinq sages et cinq folles ; celles qui étaient folles prirent leurs lampes, mais elles ne prirent pas d'huile avec elles, tandis que celles qui étaient sages prirent de l'huile dans leurs vases avec elles. » « Mais ne soyez pas insensés, mais comprenez quelle est la volonté du Seigneur ; et ne vous enivrez pas de vin, mais soyez remplis de l'Esprit. »* Telle est l'huile que les vierges sages prirent avec elles. C'est la lumière qui doit continuer de luire, la lumière de Dieu, afin que nous puissions discerner ce qui ne saurait venir par l'observation de nos yeux naturels. Seuls ceux qui ont la lumière de Dieu en eux verront le signe de son apparition.

Nul besoin de suivre ceux qui disent : « Voyez ici, ou voyez là », car son jour sera comme l'éclair pour ceux en qui vit le Christ vivant. « C'est Christ en nous qui nous relèvera : il est la lumière. » Seuls ceux qui seront vivants en lui seront enlevés à sa rencontre dans les airs. Je vis que nous devons être dans l'Esprit, afin de voir les choses spirituelles. Jean était dans l'Esprit, quand il vit un trône dressé dans le ciel. Mais je vis que la gloire du ministère de l'Esprit n'avait pas été connue.

Je répétai fréquemment que le temple spirituel doit être dressé et qu'il le sera ; la plénitude de Christ sera déversée en son corps, puis nous serons tous enlevés à sa rencontre. Oh ! Nul ne sera jugé digne de cette vocation sinon son corps, qui est son Église, et qui doit être un chandelier d'or pur.

Je disais souvent : « Oh ! La glorieuse manifestation de Dieu qui est sur le point de se révéler sur la terre ! Oh ! Le glorieux temple qui est à présent sur le point d'être dressé, l'épouse préparée pour l'Époux ! Oh ! Quelle sainte, sainte épouse elle doit être, pour être parée pour un si glorieux époux ! »

J'ai dit : « À présent, le peuple de Dieu devra faire face aux réalités ; à présent, il sera connu ce que c'est pour l'homme que d'être glorifié. Je sentais que la révélation de Jésus-Christ n'avait pas encore été pleinement dévoilée. Je ne parle pas ici de la connaissance sur la personne de Dieu, mais d'entrer en Dieu ; je vis qu'il y avait une glorieuse percée à vivre en Dieu. Je me suis sentie comme Élie, entouré de chariots de feu. Je vis pour ainsi dire le temple spirituel érigé et la pierre angulaire apportée au cri de : "Grâce, grâce !" C'était une glorieuse lumière aussi rayonnante que le soleil et qui brillait tout autour de moi.

Je sentis que ceux qui étaient remplis de l'Esprit pouvaient voir les choses spirituelles, et je me suis sentie marcher au milieu d'eux, tandis que ceux qui n'avaient pas l'Esprit ne pouvaient rien voir. Si bien que deux pourraient être au lit, et l'un serait pris, l'autre laissé, parce que l'un aurait la lumière de Dieu en lui tandis que l'autre ne pourrait pas voir le royaume des cieux.

Je vis le peuple de Dieu dans une situation terrible et dangereuse, entouré de filets et de pièges, sur le point d'être éprouvé ; beaucoup allaient être séduits et tomberaient. À présent, les méchants seront révélés avec toutes sortes de signes et de prodiges mensongers, afin que, si cela est possible, même les élus soient séduits. Tel est le feu qui doit nous éprouver. Il sera pour nous purger et nous purifier, nous qui sommes les vrais membres du corps de Jésus. Mais oh ! Que ce sera une épreuve ardente. Toute âme sera secouée profondément. L'ennemi essaiera d'ébranler tout ce en quoi nous avons cru, mais cette mise à l'épreuve de la foi véritable finira pour l'honneur, la louange et la gloire. Seul ce qui est de Dieu subsistera. Les auditeurs au cœur endurci seront rendus manifestes et l'amour de beaucoup se refroidira. »

J'ai souvent dit, ce soir-là, et souvent depuis, que la vue ignoble du faux christ sera alors manifestée sur la terre, et que seul le Christ vivant en nous pourra détecter la terrible séduction de l'iniquité qu'il accomplira ; il présentera une contrefaçon de toutes les œuvres de l'Esprit. L'Esprit doit être déversé sur l'Église, et il le sera, afin qu'elle soit purifiée et remplie de Dieu ; et il agira en proportion à l'action de l'Esprit en nous. Quand notre Seigneur oindra les hommes de sa puissance, lui fera de même. C'est là tout particulièrement la nature de cette mise à l'épreuve ; ceux qui la traverseront et en sortiront victorieux seront jugés dignes de se tenir devant le Fils de l'homme. Il y aura aussi une mise à l'épreuve extérieure, mais ce sera essentiellement une tentation. Elle va de pair avec l'effusion de l'Esprit, et elle ira grandissant en proportion de l'action de l'Esprit. La mise à l'épreuve de l'Église vient de l'antichrist. L'Église sera remplie de l'Esprit afin d'être gardée.

J'ai souvent dit : Oh ! Soyez remplis de l'Esprit, ayez la lumière de Dieu en vous, afin que vous puissiez détecter Satan, que vos yeux soient grand ouverts, que vous soyez de l'argile dans les mains du potier, soumis pour être remplis, remplis de Dieu. C'est ainsi qu'il bâtira son temple. *"Ce n'est ni par force, ni par puissance, mais par mon Esprit, dit l'Éternel"*. C'est ainsi que nous serons préparés à entrer au repas des noces de l'Agneau. J'ai vu comme la volonté de Dieu que tous puissent être remplis.

Mais ce qui a empêché le peuple de Dieu de recevoir la vraie vie de Dieu, c'est qu'il s'est détourné de Jésus, qui est le chemin vers le Père. Ils ne sont pas passés par la porte. Car il est fidèle, celui qui a dit : *« Si quelqu'un entre par moi, il trouvera des pâturages. »* Ils se sont détournés de la croix, par laquelle chaque goutte de l'Esprit de Dieu coule sur nous. Toute puissance qui ne vient pas par le sang de Christ n'est pas de Dieu. Quand je dis qu'ils se sont détournés de la croix, je crois que cela veut dire beaucoup ; ils se détournent du sang de l'Agneau par lequel seul nous pouvons vaincre et dans lequel nos robes sont lavées et blanchies.

Beaucoup ont une vision bien faible de la sainteté de Dieu et cessent de condamner le péché dans la chair ; ils cessent de chercher celui qui s'est humilié lui-même, et n'a pas cherché à sauver sa réputation. Oh ! Combien nous avons besoin aujourd'hui de revenir à la croix.

J'ai vu cette nuit-là, et souvent depuis, qu'il y aura une effusion de l'Esprit sur le corps, telle qu'il n'y en a jamais eu, un baptême de feu, qui enlèvera toute scorie. Oh ! Il doit y avoir, et il y aura une telle présence du Dieu vivant comme jamais auparavant ; les serviteurs de Dieu seront marqués du sceau de Dieu sur leur front, dans une grande conformité à Jésus, afin que l'épouse soit préparée et que la beauté de l'Époux se reflète en elle. C'est ce pourquoi nous devons actuellement beaucoup prier, afin que nous soyons tous rapidement préparés à rencontrer le Seigneur dans les airs, et il en sera ainsi. Jésus désire son épouse. Son désir se porte sur nous. Celui qui doit venir viendra, et il ne tardera pas. *Amen* et *amen.*

Viens, Seigneur Jésus !

Bibliographie

Bray, John, *The Origin of the Pre-Tribulation Rapture Teaching.* Lakeland, FL : J.L. Bray Ministries, 1982.

Combs, James. *Baptist Bible Tribune*, 24 octobre 1990.

Elmore, Floyd Saunders. *A Critical Examination of the Doctrine of the Two Peoples of God in John Nelson Darby,* 1991.

Ertle, Theodore Revue de *The Pre-Wrath Rapture of the Church* in *The Baptist Bulletin*, décembre 1990.

Froom, Leroy Edwin. *The Prophetic Faith of Our Fathers.* Washington, D.C. : Review and Herald, 1946.

Harrison, Norman. *The End : Rethinking the Revelation, The Rapture : Pre-Mid or Post-Trib?* Grand Rapids, MI : Zondervan Publishing House, 1984.

Huebner, R.A. *Precious Truths Revived and Defended Through J.N. Darby.* Morganville, NJ : Present Truth Publishers, 1991.

Hunt Dave. *'Pre-Wrath' or 'Pre-Trib' Rapture?* The Omega Letter, janvier 1991.

Ice, Thomas. *A Short History of Dispensationalism,* Part II, *Dispensational Distinctives*, vol. 1, n. 2, mars/avril 1991.

Ice, Thomas. *A Short History of Dispensationalism,* Part III, *Dispensational Distinctives*, vol. 1, n. 3, mai/juin 1991.

Ice, Thomas. *New Improved Postmillennialism, Biblical Perspectives*, vol. 2, mars/avril 1988.

Ice, Thomas. *The Origin of the Pre-Trib Rapture,* Part I, *Biblical Perspectives*, vol. 2, n. 1, janvier/février 1989.

Ice, Thomas. *The Origin of the Pre-Trib Rapture,* Part II, *Biblical Perspectives*, vol. 2, n. 2, mars/avril 1989.

Ice, Thomas. *Why the Doctrine of the PreTribulational Rapture Did Not Begin with Margaret MacDonald,'* Bibliotheca Sacra, avril/juin 1990.

Ironside, H.A. *A Historical Sketch of the Brethren Movement.* Neptune, NJ : Loizeaux Brothers, 1985.

Ironside, H.A. *Addresses on the First and Second Epistles of Thessalonians*. New York : Loizeaux Brothers, 1947.

Karleen, Paul. *The Pre-Wrath Rapture of the Church – Is It Biblical?* Langhorne, PA : BF Press 1991.

Karleen, Paul. *Evaluating the Pre-Wrath Rapture of the Church,"* magazine *Voix*, janvier/février 1991 (publié par Grandville Printing, Grandville, Michigan, organe officiel des Églises fondamentales indépendantes d'Amérique).

LaHaye, Tim. *The Beginning of the End*. Wheaton, IL : Tyndale House Publishers, Inc., 1991.

LaHaye, Tim. *How to Study Bible Prophecy for Yourself*. Eugene, OR : Harvest House Publishers, 1990.

LaHaye, Tim. *Revelation unveiled*. Grand Rapids, MI : Zondervan Publishing House, 1999.

Lindsey, Hall. *The Rapture*. New York : Bantam Books, 1983.

Ludwigson, R. *Simplified Classroom Notes on Prophecy*. Wheaton, IL : Litho, 1951.

Mayhue, Richard. *Snatched Before the Storm ! A Case for PreTribulationism*. Winona Lake, IN : BMH Books, 1980.

Pierce, Robert. *The Rapture Cult*. Signal Mountain, TN : Signal Point Press, n.d.

Rosenthal, Marvin. *The Pre-Wrath Rapture of the Church*. Nashville : Thomas Nelson Publishers, 1990.

Ryrie, Charles. *The Basis of the Premillennial Faith*. New York : Loizeaux Brothers, 1953.

Sandeen, Ernest. *The Roots of Fundamentalism, British and American Millenarism 1800-1930*. Chicago : University of Chicago Press, 1970.

Silver, Jesse. *The Lord's Return, Seen in History and in Scripture As Pre-Millennial and Imminent*. New York : Fleming H. Revell Company, 1914.

Stanton, Gerald. *Kept from the Hour*. Miami Springs, FL : Schoettle Publishing, Co., Inc., 1991.

Stedman, Ray. *Personal correspondence*, 18 juillet 1991.

Sumner, Robert. *Did Dr. Ironside Change his Position ?* The Biblical Evangelist, 13 mai 1983.

Walvoord, John. *The Blessed Hope and the Tribulation*. Grand Rapids, MI : Zondervan Publishing House, 1976.

Walvoord, John. *The Millenial Kingdom*. Grand Rapids, MI : Zondervan Publishing House, 1959.

Walvoord, John. *The Rapture Question*. Grand Rapids, MI : Zondervan Publishing House, 1979.

Weber, Timothy. *Living in the Shadow of the Second Coming*. Chicago : University of Chicago Press, 1987.

Notes

Chapitre deux : Saisis - transportés - enlevés !

1. Charles Ryrie, *The Basis of the Premillennial Faith* (New York : Loizeaux Brothers, 1953), 29.
2. *« Lorsque Marthe apprit que Jésus arrivait, elle alla à sa rencontre, tandis que Marie restait assise à la maison. Marthe dit à Jésus : Seigneur, si tu avais été ici, mon frère ne serait pas mort. Mais maintenant même, je sais que tout ce que tu demanderas à Dieu, Dieu te le donnera. Jésus lui dit : Ton frère ressuscitera. Je sais, lui répondit Marthe, qu'il ressuscitera à la résurrection, au dernier jour. Jésus lui dit : Moi, je suis la résurrection et la vie. Celui qui croit en moi vivra, quand même il serait mort ; et quiconque vit et croit en moi ne mourra jamais. Crois-tu cela ? Elle lui dit : Oui, Seigneur, je crois que tu es le Christ, le Fils de Dieu, celui qui vient dans le monde »* (Jean 11 : 20-27).
3. Grant Jeffrey, *Apocalypse* (Toronto, ON : Frontier Research Publications, 1992), 85-94.

Chapitre trois : Gardés à l'heure de la tentation

1. Editor, *Our Hope Magazine* (août 1950), 86.
2. Dr. Gerald Stanton, *Kept from the Hour* (Miami Strings, FL : Schoettle Publishing Co., Inc., 1991), 44-45.
3. Pour plus de détails, voir Stanton, *Kept from the Hour*, 70-91.

Chapitre 4 : La Grande Tribulation

1. Pour plus de détails, voir Tim Lahaye, *Revelation Unveiled* (Grand Rapids, MI : Zondervan Publishing House, 1999), et *How to Study Bible Prophecy for Yourself.* Eugene, OR : Harvest House Publishers, 1990.

Chapitre cinq : Une espérance bienheureuse... ou malheureuse ?

1. Tim Lahaye, *The Beginning of the End.* Wheaton, IL : Tyndale House Publishers, Inc., 1991

Chapitre six : Qui a dit que ce sujet était obscur ?

1. Nous n'avons pas assez de place pour étudier les sept Églises. Pour cela, voir le livre de Tim LaHaye, *Revelation Unveiled* (Grand Rapids, MI : Zondervan Publishing House, 1999).

Chapitre sept : Sa glorieuse apparition

1. Pour d'autres références dans l'Ancien Testament sur la venue de Christ pour ses saints afin d'établir son règne, voir Psaume 72, Ésaïe 24, Ésaïe 40 : 4-10, et Daniel 2 : 44-45.
2. Pour d'autres enseignements dans le Nouveau Testament sur ce point, lire Matthieu 13 : 38-43, 47-50; 24 : 25; Marc 13; Luc 12 : 35-36; 17; 18 : 1-8; 19 : 12-27 et 21.

Chapitre huit : Quelles sont les options ?

1. Hall Lindsey, *The Rapture* (New York : Bantam Books, 1983), 30.

Chapitre neuf : Les arguments contre un Enlèvement pendant la Grande Tribulation

1. Norman Harrison, *The End – Rethinking the Revelation : The Rapture : Pre-, Mid-, or Post-Tribulation ?* (Minneapolis, MN : The Harrison Service, 1941), 31.
2. Dr. Gerald Stanton, *Kept from the Hour*. Miami Springs, FL : Schoettle Publishing, Co., Inc., 1991.

3. Idem, 188.
4. Dr. John Walvoord, *The Rapture Question* (Grand Rapids, MI : Zondervan Publishing House, 1979), 123.
5. Stanton, 197-98.

Chapitre dix : Les arguments contre un Enlèvement après la Tribulation

1. Dr. John Walvoord, *The Blessed Hope and the Tribulation* (Grand Rapids, MI : Zondervan Publishing House, 1976), 12-13.
2. Idem, 12-14.
3. Idem, 17.
4. Dr. John Walvoord, *The Rapture Question* (Grand Rapids, MI : Zondervan Publishing House, 1979), 131-132.
5. Pour plus de détails, voir *The Blessed Hope and the Tribulation* et *The Rapture Question*, tous deux de John Walvoord, et *Kept from the Hour* de Dr. Gerald Stanton.
6. Richard Mayhue, *Snatched Before the Storm! A Case for PreTribulationism* (Winona Lake, IN : BMH Books, 1980), 13.
7. Dr. Gerald Stanton, *Kept from the Hour* (Miami Springs, FL : Schoettle Publishing, Co., Inc., 1991), 250.
8. Idem, 161.
9. Idem, 163-164.

Chapitre onze : L'Enlèvement avant la Tribulation : une vérité à saisir

1. Dr. John Walvoord, *The Blessed Hope and the Tribulation* (Grand Rapids, MI : Zondervan Publishing House, 1976), 167.
2. Idem, 164.
3. Idem, 166.
4. Idem, 159.
5. Idem, 160.
6. Richard Mayhue, *Snatched Before the Storm! A Case for PreTribulationism* (Winona Lake, IN : BMH Books, 1980), 13-14.
7. Idem, 165.
8. Robert Sumner, *Did Dr. Ironside Change his Position?* The Biblical Evangelist, 13 mai 1983, 11.

Chapitre douze : La cible principale

1. Floyd Saunders, *« A Critical Examination of the Doctrine of the Two Peoples of God in John Nelson Darby, »*, une dissertation présentée au Dallas Theological Seminary en théologie systématique en mai 1990 (Ann Arbor, MI : UMI, 1991), 1.
2. Dr. H. Ironside, *A Historical Sketch of the Brethren Movement* (Neptune, NJ : Loizeaux Brothers, 1985), 98.
3. Idem, 81.
4. Elmore, 12.
5. Idem, 13.
6. Idem, 13, tire d'une lettre de Darby, 2 : 310.
7. Thomas Ice, *A Short History of Dispensationalism,* Part II, *Dispensational Distinctives*, vol. 1, n. 2, (mars/avril 1991).
8. R. Huebner, *Precious Truths Revived and Defended Through J.N. Darby*. (Morganville, NJ : Present Truth Publishers, 1991), citant J. Darby dans ses lettres, 3 : 298.
9. Idem, 76.
10. Thomas Ice, *The Origin of the Pre-Trib Rapture* Part I, *Biblical Perspectives*, vol. 2, n. 1, (janvier/février 1989), 6.
11. Huebner, 77.
12. R. Huebner, *The Truth of the Pre-Tribulation Rapture Recovered* (Morganville, NJ : Present Truth Publishers, 1982), 35.
13. Ice, 2-3.
14. Ice, 3.
15. Huebner, *Precious Truths Revived and Defended.*
16. Thomas Ice, *The Origin of the Pre-Trib Rapture,* Part II, *Biblical Perspectives*, vol. 2, n. 1, (janvier/février 1989), 5-6.
17. Idem.
18. Huebner, *Precious Truths Revived and Defended*, 95.
19. St. Victorinus, Bishop of Petau, *The Writings of Tertullianus,* traduit par R. Wallis, *Commentary on the Apocalypse of the Blessed John*, vol. III, published by T. Clark, 1870, 428.

Chapitre treize : Une calomnie à dénoncer

1. John Bray, *The Origin of the Pre-Tribulation Rapture Teaching.* Lakeland, FL : J.L. Bray Ministries, 1982, 25.
2. Dr. Robert Sumner, éditeur, *The Biblical Evangelist* (13 mai 1983), 1, 9.
3. Dr. Ray Stedman, correspondance personnelle, 18 juillet 1991.

4. Sumner, 10-11.
5. Idem, 11.
6. Dr. H. Ironside, *Addresses on the First and Second Epistles of Thessalonians* (New York : Loizeaux Brothers, 1947), 53-54.
7. Sumner, 9.
8. Idem.

Chapitre quatorze : La vendetta *de Dave MacPherson*

1. Dr. Gerald Stanton, *Kept from the Hour* (Miami Springs, FL : Schoettle Publishing, Co., Inc., 1991), 326-28.
2. Idem, 328-29.
3. Idem, 329.
4. Idem, 331.
5. Dr. John Walvoord, *The Rapture Question* (Grand Rapids, MI : Zondervan Publishing House, 1979), 152.
6. Idem, 153-54.
7. Dr. John Walvoord, *The Blessed Hope and the Tribulation* (Grand Rapids, MI : Zondervan Publishing House, 1976), 47.
8. Walvoord, *The Rapture Question*, 154-55.
9. Gary North, Publishers's Foreword.
10. Roy Huebner, *Precious Truths Revived and Defended Through J.N. Darby* (Morganville, NJ : Present Truth Publishers, 1991), 163-164.
11. John Bray, *The Origin of the Pre-Tribulation Rapture Teaching* (Lakeland, FL : J.L. Bray Ministries, 1982), 20-21.
12. Idem, 23.
13. Idem.
14. Dr. Thomas Ice, *Why the Doctrine of the PreTribulational Rapture Did Not Begin with Margaret MacDonald, Bibliotheca Sacra*, (avril/juin 1990), 156.
15. Idem, 156, f.n. 7.
16. Dr. Thomas Ice, *The Origin of the Pre-Trib Rapture,* Part I, *Biblical Perspectives*, vol. 2, n. 1, (janvier/février 1989), 4-5.

Chapitre quinze : Le mythe de l'Enlèvement avant la colère

1. Marvin Rosenthal, *The Pre-Wrath Rapture of the Church* (Nashville : Thomas Nelson Publishers, 1990).

2. Idem, 293.
3 Dr. Gerald Stanton, *A Critique of the Pre-Wrath Rapture Theory, Biblical Perspectives*, vol. IV, n.1, 2 (janvier/février 1991).
4. Idem, 6).
5. Dr. James Combs, *My Opinion of Marvin Rosenthal's Pre-Wrath Rapture, Baptist Bible Tribune*, 24 octobre 1990, 14.
6. Dave Hunt, *'Pre-Wrath'or 'Pre-Trib'Rapture?* (The Omega Letter, janvier 1991), 17-18.
7. Dr. Paul Karleen, *The Pre-Wrath Rapture of the Church – Is It Biblical?* Langhorne, PA : BF Press 1991.
8. Dr. Paul Karleen, *Evaluating the Pre-Wrath Rapture of the Church,* magazine *Voix*, janvier/février 1991 (publié par Grandville Printing, Grandville, Michigan, organe officiel des Églises fondamentales indépendantes d'Amérique).
9. Theodore Ertle, Revue de *The Pre-Wrath Rapture of the Church* in *The Baptist Bulletin, (décembre 1990), 14.*
10. Stanton, 1-3.
11. Idem, 2-3.
12. Idem, 7.
13. Idem, 8.
14. Idem. Une réflexion plus approfondie se trouve dans le livre de Stanton, *Kept from the Hour* aux pages 374-400. (*Bibliotheca Sacra*, janvier/mars 1991), 90-111.

Chapitre seize : L'accusation la plus absurde

1. Une attaque semblable fut lancée par Joseph Caufield en 1984 dans son livre *The Incredible Scofield and His Book.* Le professeur John Hannah du Dallas Theological Seminary y répondit point par point dans le numéro de juillet/septembre de *Bibliotheca Sacra.*
2. Robert Pierce, *The Rapture Cult* (Signal Mountain, TN : Signal Point Press, n.d.), 35.
3. Idem.
4. Idem.
5. Idem.
6. Idem, 38.
7. Idem, 39.
8. Idem, 41.
9. Idem, 48.

10. Idem.
11. Idem.
12. Idem, 49.
13. Idem, 50-51.
14. Idem, 49.

Chapitre dix-sept : Pourquoi agissent-ils ainsi ?

1. John Darby, The Hopes *of the Church of God, In Connection with the Destiny of the Jews and the Nations*, conferences données à Genève en 1840 (London : G. Morris, n.d.), 24.
2. Dr. Robert Sumner, «Did Dr. Ironside Change his Position ?" *The Biblical Evangelist*, (13 mai 1983), 9.
3. Thomas Ice, «Did John Darby Believe in the Pretrib Rapture by 1827 ?" *Dispensational Distinctives*, vol. 1, n. 6 (Novembre/décembre 1991), 2.
4. Idem.

Annexe B : Deux clés pour comprendre la prophétie

1. The Presbyterian Journal, *« Illegitimate Hermeneutics »,* le nom de l'auteur n'est pas disponible (6 septembre 1978).
2. Timothy Weber, *Living in the Shadow of the Second Coming* (Chicago : The University of Chicago Press, 1987), 232-33.

Table des matières

Achevé d'imprimer sur rotative
par l'Imprimerie Darantiere à Dijon-Quetigny
en décembre 2004

Dépôt légal : décembre 2004
N° d'impression : 24-1627

Imprimé en France